1 Angaben zur Person

1.1 Persönliche Daten

- [ ] **first name** *n* ['fɜːstˌneɪm]
- [ ] **Christian name** *n* ['krɪstʃənˌneɪm]
- [ ] **last name** *n* ['lɑːstˌneɪm]
- [ ] **surname** *n* ['sɜːneɪm]
- [ ] **nickname** *n* ['nɪkneɪm]

W0339007

1 Angaben zur Person

1.1 Persönliche Daten

- ☐ **Vorname**
- ☐ **Vorname**
- ☐ **Nachname**
- ☐ **Nachname**
- ☐ **Spitzname**

1 Angaben zur Person

1.1 Persönliche Daten

☐ **gender** *n uncount* [ˈdʒendə]
The job is open to all suitable applicants regardless of age, race or gender.

☐ **citizenship** *n* [ˈsɪtɪznʃɪp]

1 Angaben zur Person

1.1 Persönliche Daten

- [ ] **Geschlecht**
  Diese Stelle steht allen geeigneten Bewerbern/innen offen, unabhängig von Alter, Rasse und Geschlecht.
- [ ] **Staatsangehörigkeit**

1.1 Persönliche Daten

☐ **separated** *adj* ['sepᵊreɪtɪd]

☐ **widowed** *adj* ['wɪdəʊd] widod

1 Angaben zur Person

1.1 Persönliche Daten

- ☐ **getrennt**
- ☐ **verwitwet**

1 Angaben zur Person

1.1 Persönliche Daten

- ☐ **email address** *n* [ˈiːmeɪləˌdres]
- ☐ **phone number** *n* [ˈfəʊnˌnʌmbə]

1 Angaben zur Person

1.1 Persönliche Daten

- [ ] **E-Mail-Adresse**
- [ ] **Telefonnummer**

2.1 Körperteile, Organe

- [ ] **tonsil** *n* ['tɒnsᵊl]
  Did you know Carl has **had his tonsils out**?
- [ ] **lung** *n* [lʌŋ]
- [ ] **liver** *n* ['lɪvə]
- [ ] **bowels** *n pl* [baʊəlz]
- [ ] **appendix** *n* [ə'pendɪks]

2 Der menschliche Körper

2.1 Körperteile, Organe

- ☐ **Mandel (im Rachen)**
  Hast du gewusst, dass Karl sich die Mandeln hat entfernen lassen?
- ☐ **Lunge**
- ☐ **Leber**
- ☐ **(der) Darm, Därme**
- ☐ **Blinddarm**

2.1 Körperteile, Organe

- [ ] **artery** *n* [ˈɑːtᵊri]
- [ ] **tissue** *n uncount* [ˈtɪʃuː]
  brain tissue
- [ ] **nervous system** *n* [ˈnɜːvəsˌsɪstəm]
  The nervous system is made up of the brain and all the body's nerves.

2 Der menschliche Körper

2.1 Körperteile, Organe

- ☐ **Arterie, Schlagader**
- ☐ **Körpergewebe, Zellgewebe**
  Gehirngewebe
- ☐ **Nervensystem**
  Das Nervensystem besteht aus dem Hirn und sämtlichen Körpernerven.

2.1 Körperteile, Organe

- ☐ **forehead** *n* ['fɔːhed]
- ☐ **eyelid** *n* ['aɪlɪd]
- ☐ **eyelashes** *n pl* ['aɪlæʃɪz]
- ☐ **eyebrow** *n* ['aɪbraʊ]

2 Der menschliche Körper

2.1 Körperteile, Organe

- ☐ **Stirn**
- ☐ **Augenlid**
- ☐ **Augenwimpern**
- ☐ **Augenbraue**

2.1 Körperteile, Organe

- ☐ **jaw** *n* [dʒɔː]
- ☐ **limb** *n* [lɪm]

  an artificial limb
- ☐ **joint** *n* [dʒɔɪnt]
- ☐ **rib** *n* [rɪb]

2 Der menschliche Körper

2.1 Körperteile, Organe

- [ ] **Kiefer**
- [ ] **Körperglied (Arm, Bein)**
  eine Prothese
- [ ] **Gelenk**
- [ ] **Rippe**

2.1 Körperteile, Organe

- ☐ **wrist** *n* [rɪst]
- ☐ **palm** *n* [pɑːm]
- ☐ **index finger** *n* [ˈɪndeksˌfɪŋgə]
- ☐ **fingertip** *n* [ˈfɪŋgətɪp]

2 Der menschliche Körper

2.1 Körperteile, Organe

- ☐ **Handgelenk**
- ☐ **Handfläche**
- ☐ **Zeigefinger**
- ☐ **Fingerspitze**

2.1 Körperteile, Organe

- ☐ **hip** *n* [hɪp]
- ☐ **waist** *n* [weɪst]

  After falling down the stairs, Granny was **paralysed from the waist down**.

2 Der menschliche Körper

2.1 Körperteile, Organe

☐ **Hüfte**

☐ **Taille**

Nach ihrem Treppensturz war Oma von der Taille abwärts gelähmt.

2.1 Körperteile, Organe

- ☐ **ankle** *n* ['æŋkᵊl]
- ☐ **tiptoe** *n* ['tɪptəʊ]
  Neela stood **on her tiptoes** so that she could see over the fence.
- ☐ **heel** *n* [hiːl]
- ☐ **barefoot** *adv* ['beəfʊt]
  In the summer, children love running about barefoot.

2 Der menschliche Körper

2.1 Körperteile, Organe

- ☐ **Fußknöchel**
- ☐ **Zehenspitze**
  Neela stand auf Zehenspitzen, damit sie über den Zaun sehen konnte.
- ☐ **Ferse**
- ☐ **barfuß, barfüßig**
  Im Sommer rennen die Kinder sehr gern barfuß herum.

2 Der menschliche Körper

2.1 Körperteile, Organe

☐ **vagina** *n* [və'dʒaɪnə]
☐ **penis** *n* ['piːnɪs]

2 Der menschliche Körper

2.1 Körperteile, Organe

- ☐ **Vagina, Scheide**
- ☐ **Penis, Glied**

2.2 Sexualität, Fortpflanzung

☐ **female** *n form* [ˈfiːmeɪl]
In the European Union, males represent approximately 60 % of the working population, females approximately 40 %.

☐ **male** *n form* [meɪl]

2.2 Sexualität, Fortpflanzung

☐ **Frau, weibliches Wesen**
In der EU sind ca. 60 % der arbeitenden Bevölkerung männlich und ca. 40 % weiblich.

☐ **Mann, männliches Wesen**

2.2 Sexualität, Fortpflanzung

- ☐ **kiss** *n* [kɪs]
- ☐ **snog** *BE v inform* [snɒg]
- ☐ **neck** *AE v inform* [nek]
- ☐ **pet** *v inform* [pet]
- ☐ **sexual intercourse** *n uncount* [ˌsekʃʊəlˈɪntekɔːs]
- ☐ **sexually** *adv* [ˈsekʃʊəli]
  All the girls find Henry **sexually attractive**.

2.2 Sexualität, Fortpflanzung

- ☐ **Kuss**
- ☐ **küssen, knutschen**
- ☐ **knutschen**
- ☐ **fummeln, küssen**
- ☐ **Geschlechtsverkehr**

- ☐ **sexuell**
  Alle Mädchen finden Henry sexuell anziehend.

2.2 Sexualität, Fortpflanzung

- ☐ **sexuality** *n uncount* [ˌsekʃuˈæləti]
- ☐ **heterosexual** *n* [ˌhetərəʊˈsekʃuəl]
- ☐ **homosexual** *n* [ˌhəʊməʊˈsekʃuəl]
- ☐ **homosexuality** *n uncount* [ˌhəʊməˌsekʃuˈæləti]
- ☐ **gay** *adj* [geɪ]
- ☐ **gays** *n pl* [geɪz]

- ☐ **lesbian** *n* [ˈlezbiən]

2.2 Sexualität, Fortpflanzung

- ☐ **Sexualität**
- ☐ **heterosexuell; Heterosexuelle(r)**
- ☐ **homosexuell; Homosexuelle(r)**
- ☐ **Homosexualität**

- ☐ **schwul**
- ☐ **Schwule** *(meist für Männer gebraucht)*
- ☐ **lesbisch; Lesbierin, Lesbe**

2.2 Sexualität, Fortpflanzung

☐ **fertile** *adj* ['fɜːtaɪl]
Human beings become fertile during puberty.

☐ **puberty** *n uncount* ['pjuːbəti]

2.2 Sexualität, Fortpflanzung

- [ ] **fruchtbar, zeugungsfähig**
  Menschen werden im Laufe ihrer Pubertät fruchtbar.
- [ ] **Pubertät**

2.2 Sexualität, Fortpflanzung

- ☐ **pregnancy** *n* ['pregnənsi]
- ☐ **birth control** *n uncount* ['bɜːθkənˌtrəʊl]
- ☐ **contraceptive** *n* [ˌkɒntrə'septɪv]
- ☐ **condom** *n* ['kɒndəm]
- ☐ **abortion** *n* [ə'bɔːʃᵊn]

2.2 Sexualität, Fortpflanzung

- [ ] **Schwangerschaft**
- [ ] **Geburtenkontrolle**

- [ ] **Verhütungsmittel**
- [ ] **Kondom**
- [ ] **Schwangerschaftsabbruch, Abtreibung**

2.3 Geburt, Lebensentwicklung, Tod

☐ **birth parent** *n* [ˈbɜːθˌpeərᵊnt]
☐ **birth rate** *n* [ˈbɜːθreɪt]

☐ **childhood** *n* [ˈtʃaɪldhʊd]

2.3 Geburt, Lebensentwicklung, Tod

- ☐ **leibliche Mutter / leiblicher Vater**
- ☐ **Geburtenquote/-rate** *(pro Jahr oder Region)*
- ☐ **Kindheit**

2.3 Geburt, Lebensentwicklung, Tod

☐ **mature** *adj* [mə'tjʊə]
Mary's only 13, but she's very mature for her age.

☐ **grown-up** *adj; n* [ˌgrəʊn'ʌp; 'grəʊnʌp]
Tim has three grown-up daughters – 32, 28 and 21 years of age.
There are two grown-ups and four children in our family.

☐ **adult** *adj* ['ædʌlt]

2.3 Geburt, Lebensentwicklung, Tod

☐ **reif**

Mary ist erst 13, aber für ihr Alter schon sehr weit entwickelt.

☐ **erwachsen; Erwachsene(r)**

Tim hat drei erwachsene Töchter – im Alter von 32, 28 und 21 Jahren.
Unsere Familie besteht aus zwei Erwachsenen und vier Kindern.

☐ **erwachsen**

2.3 Geburt, Lebensentwicklung, Tod

☐ **middle-aged** *adj* [ˌmɪdəlˈeɪdʒd]
The man was middle-aged, about fifty, and very tall.

☐ **old age** *n uncount* [ˈəʊldˌeɪdʒ]

- [ ] **im mittleren Alter**
  Der Mann war mittleren Alters, so um die 50, und sehr groß.
- [ ] **(das) hohe Alter**

2.3 Geburt, Lebensentwicklung, Tod

☐ **hospice** *n* ['hɒspɪs]

☐ **suicide** *n* ['sjʊɪsaɪd]
commit suicide

☐ **corpse** *n* [kɔːps]
After the explosion, the market square was **littered with corpses**.

- [ ] **Hospiz, Haus für unheilbar Kranke bzw. Sterbende**
- [ ] **Selbstmord, Freitod**
  Selbstmord begehen
- [ ] **Leiche**
  Nach der Bombenexplosion war der Marktplatz mit Leichen übersät.

2.3 Geburt, Lebensentwicklung, Tod

- ☐ **cemetery** *n* ['semətri]
- ☐ **graveyard** *n* ['greɪvjɑːd]
- ☐ **gravestone** *n* ['greɪvstəʊn]
- ☐ **crematorium** *n* [kremə'tɔːriəm]

2 Der menschliche Körper

2.3 Geburt, Lebensentwicklung, Tod

- ☐ **Friedhof**
- ☐ **Friedhof**
- ☐ **Grabstein**
- ☐ **Krematorium**

2.4 Sinne und Wahrnehmungen

☐ **sensitive** *adj* ['sensɪtɪv]
Babies are very **sensitive to** the cold.

2.4 Sinne und Wahrnehmungen

☐ **empfindlich**
Babys sind sehr kälteempfindlich.

2.4 Sinne und Wahrnehmungen

☐ **vision** *n uncount* [ˈvɪʒᵊn]
I had an eye test recently and I have **perfect vision**.

☐ **short-sighted** *BE adj* [ˌʃɔːtˈsaɪtɪd]
☐ **near-sighted** *AE adj* [ˌnɪrˈsaɪt̬ɪd]
☐ **long-sighted** *BE adj* [ˌlɒŋˈsaɪtɪd]
☐ **far-sighted** *AE adj* [fɑːrˈsaɪt̬ɪd]
☐ **blindness** *n uncount* [ˈblaɪndnəs]

2.4 Sinne und Wahrnehmungen

- [ ] **Sehkraft, Sehfähigkeit**
  Ich habe kürzlich einen Sehtest gemacht – meine Sehfähigkeit ist bestens.
- [ ] **kurzsichtig**
- [ ] **kurzsichtig**
- [ ] **weitsichtig**
- [ ] **weitsichtig**
- [ ] **Blindheit**

2.4 Sinne und Wahrnehmungen

- ☐ **glasses** *n pl* [ˈglɑːsɪz]
- ☐ **sunglasses** *n pl* [ˈsʌnˌglɑːsɪz]
- ☐ **contact lens** *n* [ˈkɒntæktˌlenz]

Nowadays, a lot of people **wear contact lenses** instead of glasses.

2.4 Sinne und Wahrnehmungen

- [ ] **Brille**
- [ ] **Sonnenbrille**
- [ ] **Kontaktlinse**

Heutzutage tragen sehr viele Leute Kontaktlinsen statt Brille.

2.4 Sinne und Wahrnehmungen

☐ **glance** *n* [glɑːns]
The new computer program shows us **at a glance** where the spreadsheet files are stored.

☐ **spot** *v* [spɒt]
It was amazing how quickly Rex spotted his girlfriend in the crowd.

2.4 Sinne und Wahrnehmungen

☐ **Blick**
Das neue Computerprogramm zeigt uns auf einen Blick, wo die Tabellenkalkulationsdateien gespeichert sind.

☐ **ausfindig machen, finden**
Es war erstaunlich, wie schnell Rex seine Freundin in der Menschenmenge fand.

2.4 Sinne und Wahrnehmungen

☐ **deafness** *n uncount* ['defnəs]

☐ **Taubheit, Gehörlosigkeit**

2.4 Sinne und Wahrnehmungen

☐ **scent** *n* [sent]
Most people love the **sweet scent** of roses.

☐ **nasty** *adj* [ˈnɑːsti]
a nasty smell/taste

2.4 Sinne und Wahrnehmungen

☐ **Duft**

Die meisten Menschen lieben den süßen Duft der Rosen.

☐ **übel, scheußlich**

ein scheußlicher Geruch/Geschmack

2.5 Bewegungen und Aktivitäten

☐ **wander** *v* [ˈwɒndə]
He **wandered around** the streets until it got dark.

☐ **crawl** *v* [krɔːl]
We used to **crawl through** the bushes into the park.

2.5 Bewegungen und Aktivitäten

- [ ] **ziellos umherwandern/-streifen**
  Er streifte ziellos durch die Straßen, bis es dunkel wurde.
- [ ] **krabbeln, kriechen, robben**
  Wir krochen immer durchs Gebüsch, um in den Park zu kommen.

2.5 Bewegungen und Aktivitäten

☐ **forwards** *BE adj* ['fɔːwədz]
Sally made a sudden **forwards movement** and bumped into the person standing in front of her.

☐ **forwards** *mainly BE adv* ['fɔːwədz]
Liz **took** two **steps forwards** and then suddenly stopped.

☐ **backward** *adj* ['bækwəd]

2.5 Bewegungen und Aktivitäten

- [ ] **Vorwärts-**
  Sally machte eine plötzliche Vorwärtsbewegung und prallte mit der Person zusammen, die vor ihr stand.
- [ ] **vorwärts, voran**
  Liz machte zwei Schritte vorwärts, dann blieb sie plötzlich stehen.
- [ ] **rückwärts; Rückwärts-**

2.5 Bewegungen und Aktivitäten

☐ **jump** *n* [dʒʌmp]

It was my very first **bungee jump** and I was awfully afraid.

2.5 Bewegungen und Aktivitäten

☐ **Sprung**

Es war mein erster Bungee-Sprung und ich hatte schreckliche Angst.

2.5 Bewegungen und Aktivitäten

☐ **fetch** *v* [fetʃ]

Can you bring me a fresh towel from the cupboard, please? – Sorry, you'll have to fetch it yourself. I'm already downstairs.

2.5 Bewegungen und Aktivitäten

☐ **holen**

Kannst du mir ein frisches Handtuch bringen? – Tut mir leid, du musst dir selbst eins holen. Ich bin schon unten im Erdgeschoss.

2.5 Bewegungen und Aktivitäten

☐ **seize** *v* [siːz]
Kate **seized** Molly **by** the arm and wouldn't let her go.

2.5 Bewegungen und Aktivitäten

☐ **packen, ergreifen**

Kate packte Molly am Arm und wollte sie nicht gehen lassen.

2.5 Bewegungen und Aktivitäten

- [ ] **right-handed** *adj* [ˌraɪtˈhændɪd]
  He's right-handed/left-handed.
- [ ] **left-handed** *adj* [ˌleftˈhændɪd]

2.5 Bewegungen und Aktivitäten

☐ **rechtshändig, Rechtshänder-**
Er ist Rechtshänder/Linkshänder.

☐ **linkshändig, Linkshänder-**

2.5 Bewegungen und Aktivitäten

☐ **tremble** *v* ['tremb^{ə}l]

Hours after the attack, Joseph was still **trembling with fear**.

2.5 Bewegungen und Aktivitäten

☐ **zittern, beben**

Noch Stunden nach dem Angriff zitterte Joseph vor Angst.

2.5 Bewegungen und Aktivitäten

☐ **wrap** *v* [ræp]

The mother **wrapped** her baby **in** a blanket before taking him upstairs.

☐ **strip** *v* [strɪp]

The children stripped and ran into the water.

2.5 Bewegungen und Aktivitäten

- [ ] **(ein)wickeln, einpacken**
  Die Mutter wickelte das Baby in eine Decke, bevor sie es hinauftrug.
- [ ] **(sich) ausziehen**
  Die Kinder zogen sich aus und rannten ins Wasser.

2.5 Bewegungen und Aktivitäten

☐ **kneel**, knelt, knelt *v* [niːl, nelt]
Lucy **knelt down** and looked under the bed.

2.5 Bewegungen und Aktivitäten

☐ **knien**

Lucy kniete sich hin und schaute unters Bett.

2.5 Bewegungen und Aktivitäten

☐ **exhausted** *adj* [ɪɡˈzɔːstɪd]

2.5 Bewegungen und Aktivitäten

☐ **erschöpft**

2.5 Bewegungen und Aktivitäten

- ☐ **yawn** *v* [jɔːn]
- ☐ **breathe** *v* [briːð]
  Today our yoga teacher showed us how to **breathe deeply**.
- ☐ **breath** *n* [breθ]
  Nora was **out of breath** after the long walk.
- ☐ **breathing** *n uncount* [ˈbriːðɪŋ]

2.5 Bewegungen und Aktivitäten

☐ **gähnen**

☐ **atmen**

Heute hat uns unser(e) Yogalehrer(in) gezeigt, wie man tief atmet.

☐ **Atem(zug)**

Nach dem langen Spaziergang war Nora außer Atem.

☐ **Atem, Atmen**

2.5 Bewegungen und Aktivitäten

☐ **clap** *v* [klæp]
They **clapped their hands** in time to the music.

☐ **bump** *v* [bʌmp]
Tom **bumped** his elbow **on** the old armchair.

☐ **knock** *n* [nɒk]
Wasn't that **a knock at the door**?

☐ **slam** *v* [slæm]
slam the door

☐ **punch** *v* [pʌntʃ]
Ted **punched** his brother **on** the nose.

2.5 Bewegungen und Aktivitäten

☐ **klatschen**
Sie klatschten zur Musik in die Hände.

☐ **(sich) stoßen**
Tom stieß sich mit dem Ellbogen am alten Ohrensessel.

☐ **Klopfen**
War da nicht ein Klopfen an der Tür?

☐ **zuknallen**
die Tür zuknallen

☐ **boxen; schlagen**
Ted boxte seinen Bruder auf die Nase.

2.5 Bewegungen und Aktivitäten

☐ **scratch** *v* [skrætʃ]
The mosquito bite was itching so badly, I just had to scratch it.
In the morning our cat always **scratches at** the bedroom window.

☐ **pet** *v* [pet]

☐ **stroke** *v* [strəʊk]
Sarah **gently stroked** her son's cheek.

2.5 Bewegungen und Aktivitäten

- [ ] **(sich) kratzen**

  Der Fliegenstich juckte so stark, dass ich einfach kratzen musste.
  Am Morgen kratzt unsere Katze immer am Schlafzimmerfenster.
- [ ] **(ein Tier) streicheln, liebkosen**
- [ ] **streicheln**

  Sarah streichelte sanft die Wange ihres Sohns.

2.5 Bewegungen und Aktivitäten

☐ **signal** *v* [ˈsɪgnəl]
He **signalled to** the waiter to bring him the bill.

☐ **shrug** *v* [ʃrʌg]
I asked Emma when the guests were arriving, but she just shrugged.

2.5 Bewegungen und Aktivitäten

☐ **Zeichen geben, winken**
Er gab dem Ober ein Zeichen, dass er ihm die Rechnung bringen solle.

☐ **mit den Schultern zucken**
Ich fragte Emma, wann die Gäste ankämen – aber sie zuckte nur mit den Schultern.

2.5 Bewegungen und Aktivitäten

☐ **shout** *n* [ʃaʊt]

Gillian **gave a shout** of joy when her best friend scored a goal.

☐ **scream** *n; v* [skriːm]

a scream for help

Why are you **screaming at** me?

☐ **yell** *v* [jel]

☐ **whistle** *n; v* [ˈwɪsəl]

2.5 Bewegungen und Aktivitäten

- [ ] **Schrei, Brüllen**
  Gillian stieß einen Freudenschrei aus, als ihre beste Freundin ein Tor schoss.
- [ ] **schriller Aufschrei, Kreischen; schreien, kreischen**
  ein Hilfeschrei
  Warum schreist du mich an?
- [ ] **gellend schreien**
- [ ] **Pfiff; pfeifen**

2.5 Bewegungen und Aktivitäten

☐ **suck** *v* [sʌk]
Jack left the house sucking a sweet.

The children **sucked** the juice **out of** the oranges.

☐ **spit**, spat, spat *v* [spɪt, spæt]
No spitting!

2.5 Bewegungen und Aktivitäten

- [ ] **lutschen; saugen**
  Jack verließ – ein Bonbon lutschend – das Haus.
  Die Kinder saugten den Saft aus den Orangen.
- [ ] **spucken**
  Nicht auf den Boden spucken! *(Verbotsschild)*

2.6 Aussehen

☐ **feminine** *adj* ['femɪnɪn]
☐ **masculine** *adj* ['mæskjʊlɪn]

2.6 Aussehen

- [ ] **weiblich, Frauen-**
- [ ] **männlich, Männer-**

2.6 Aussehen

- [ ] **pretty** *adj* ['prɪti]

- [ ] **lovely** *adj* ['lʌvli]
  Grandma still has lovely brown hair.

- [ ] **good-looking** *adj* [ˌgʊd'lʊkɪŋ]

- [ ] **sexy** *adj* ['seksi]
- [ ] **overweight** *adj* [əʊvə'weɪt]
- [ ] **unattractive** *adj* [ˌʌnə'træktɪv]

2.6 Aussehen

- [ ] **hübsch** *(Anwendung: Frauen und Kinder)*
- [ ] **wunderschön**
  Oma hat immer noch wunderschönes braunes Haar.
- [ ] **gut aussehend** *(Anwendung: Frauen und Männer)*
- [ ] **sexy, attraktiv**
- [ ] **übergewichtig**
- [ ] **unattraktiv, nicht gut aussehend**

2.6 Aussehen

☐ **suntan** *n* ['sʌntæn]
You've got a great suntan!

2.6 Aussehen

☐ **Sonnenbräune**

Du bist aber schön braun!

2.6 Aussehen

- [ ] **blond(e)** *adj* [blɒnd]
- [ ] **blonde** *n* [blɒnd]

  Sue's **a natural blonde**.
- [ ] **curly** *adj* ['kɜːli]

  Would you prefer your **hair** to be **curly** or straight?
- [ ] **straight** *adj* [streɪt]
- [ ] **greasy** *adj* ['griːsi]

  greasy hair
- [ ] **bald** *adj* [bɔːld]

  Men quite often **go bald** in their forties or fifties.

2.6 Aussehen

- [ ] **blond**
- [ ] **Blondine**
  Sue ist eine echte Blondine.
- [ ] **lockig, gewellt**
  Hättest du dein Haar lieber lockig oder glatt?
- [ ] **glatt, nicht gewellt**
- [ ] **fettig, ölig, schmierig**
  fettiges Haar
- [ ] **kahl-/glatzköpfig**
  Sehr oft bekommen Männer in den Vierziger- oder Fünfzigerjahren eine Glatze.

2.7 Körperpflege und Kosmetik

- ☐ **flannel** *BE n* ['flænᵊl]
- ☐ **washcloth** *AE n* ['wɑːʃklɑːθ]
- ☐ **shampoo** *n* [ʃæm'puː]
- ☐ **gel** *n uncount* [dʒel]
  shower gel
- ☐ **hygiene** *n uncount* ['haɪdʒiːn]
  Many infections can be prevented by good **personal hygiene**.
- ☐ **toothbrush** *n* ['tuːθbrʌʃ]
- ☐ **toothpaste** *n uncount* ['tuːθpeɪst]

2.7 Körperpflege und Kosmetik

- ☐ **Waschlappen**
- ☐ **Waschlappen**
- ☐ **Shampoo, Haarwaschmittel**
- ☐ **Gel**
  Duschgel
- ☐ **Hygiene, Sauberkeit**
  Viele Infektionen lassen sich durch gute persönliche Hygiene vermeiden.
- ☐ **Zahnbürste**
- ☐ **Zahnpasta**

2.7 Körperpflege und Kosmetik

- [ ] **comb** *n; v* [kəʊm]
  He **ran a comb through** his hair and then ran out the door.
- [ ] **haircut** *n* [ˈheəkʌt]
  I'll be **needing a haircut** soon.

- [ ] **hairdo** *n inform* [ˈheəduː]
- [ ] **barber** *n* [ˈbɑːbə]
  at the barber's
- [ ] **hairdresser** *n* [ˈheəˌdresə]
  at the hairdresser's

2.7 Körperpflege und Kosmetik

- ☐ **Kamm; kämmen**
  Er fuhr sich mit einem Kamm durchs Haar, dann lief er zur Tür hinaus.
- ☐ **Herren-Haarschnitt/-Frisur**
  Ich muss mir bald die Haare schneiden lassen.
- ☐ **Damenfrisur**
- ☐ **(Herren-)Friseur**
  beim (Herren-)Friseur
- ☐ **Friseur(in)**
  im Friseur(salon), beim Friseur

2.7 Körperpflege und Kosmetik

☐ **make-up** *n* [ˈmeɪkʌp]
Judy's coming in a minute; she's just **putting on** some **make-up**.

☐ **lipstick** *n uncount* [ˈlɪpstɪk]

☐ **perfume** *n* [ˈpɜːfjuːm]

☐ **nail file** *n* [ˈneɪlˌfaɪl]

☐ **nail polish** *n uncount* [ˈneɪlˌpɒlɪʃ]

☐ **tissue** *n* [ˈtɪʃuː]
a box of tissues

2.7 Körperpflege und Kosmetik

- ☐ **Make-up**
  Judy kommt gleich; sie legt nur ihr Make-up auf.
- ☐ **Lippenstift**
- ☐ **Parfüm, Duft**
- ☐ **Nagelfeile**
- ☐ **Nagellack**
- ☐ **Papiertaschentuch, Tempo**
  eine Packung Tempos

2.7 Körperpflege und Kosmetik

☐ **shave** *n; v* [ʃeɪv]
I think I **need a shave**.

Oliver has to shave every other day now.

☐ **shaver** *n* [ˈʃeɪvə]

☐ **razor** *n* [ˈreɪzə]
an electric razor

2.7 Körperpflege und Kosmetik

☐ **Rasur; (sich) rasieren**
Ich glaube, ich muss mich mal rasieren.
Oliver muss sich jetzt jeden zweiten Tag rasieren.

☐ **Elektrorasierer**

☐ **Rasiermesser; Nassrasierer**
ein Elektrorasierer

3.1 Gesundheit, Krankheit

☐ **unhealthy** *adj* [ʌn'helθi]
Pete has a very **unhealthy lifestyle**; he drinks and smokes too much.

3 Gesundheit und Medizin

3.1 Gesundheit, Krankheit

☐ **krank; ungesund**

Pete lebt sehr ungesund: Er trinkt und raucht zu viel.

3 Gesundheit und Medizin

3.1 Gesundheit, Krankheit

- [ ] **physically** *adv* [ˈfɪzɪkᵊli]
  Although our grandfather is almost eighty, he's still **physically fit**.
- [ ] **strength** *n uncount* [streŋθ]
  After her difficult operation Cynthia slowly **got her strength back**.

3 Gesundheit und Medizin

3.1 Gesundheit, Krankheit

- [ ] **körperlich**
  Obwohl Großvater schon fast achtzig ist, ist er körperlich noch ganz fit.
- [ ] **Robustheit, Kraft, Kräfte**
  Nach ihrer schweren Operation kam Cynthia langsam wieder zu Kräften.

3.1 Gesundheit, Krankheit

☐ **acute** *adj* [əˈkjuːt]
Daniel's father was admitted to hospital with **acute pain** in his chest.

☐ **chronic** *adj* [ˈkrɒnɪk]
Patricia suffers from diabetes which is a **chronic condition**.

3 Gesundheit und Medizin

3.1 Gesundheit, Krankheit

☐ **akut, heftig, scharf**
Daniels Vater wurde mit heftigen Akutschmerzen in der Brust ins Krankenhaus eingeliefert.

☐ **chronisch**
Patricia leidet an Diabetes *(„Zucker“)*, einer chronischen Krankheit.

3.1 Gesundheit, Krankheit

- ☐ **infectious** *adj* [ɪn'fekʃəs]
  Flu is **highly infectious**.
- ☐ **inflammation** *n* [ˌɪnflə'meɪʃᵊn]
- ☐ **bacteria** *n pl* [bæk'tɪəriə]

3 Gesundheit und Medizin

3.1 Gesundheit, Krankheit

- [ ] **ansteckend, Infektions-**
  Grippe ist hochansteckend.
- [ ] **Entzündung**
- [ ] **Bakterien**

3.1 Gesundheit, Krankheit

- ☐ **measles** *n uncount* [ˈmiːzᵊlz]
- ☐ **mumps** *n uncount* [mʌmps]
- ☐ **pneumonia** *n uncount* [njuːˈməʊniə]
- ☐ **polio** *n uncount* [ˈpəʊliəʊ]
- ☐ **diabetes** *n uncount* [ˌdaɪəˈbiːtiːz]
- ☐ **AIDS** *n uncount* [eɪdz]
- ☐ **HIV-positive** *adj* [ˌeɪtʃaɪviːˈpɒzətɪv]

3 Gesundheit und Medizin

3.1 Gesundheit, Krankheit

- ☐ **Masern**
- ☐ **Mumps**
- ☐ **Lungenentzündung**
- ☐ **Kinderlähmung, Polio**
- ☐ **Diabetes, Zuckerkrankheit**
- ☐ **Aids**
- ☐ **HIV-positiv**

3.1 Gesundheit, Krankheit

☐ **flu** *n* [fluː]

Sheila's only got **a mild case of flu**; she'll be back at work in no time.

☐ **runny** *adj* [ˈrʌni]

☐ **cough** *n* [kɒf]

Before Christmas, I had **a bad cough**, a runny nose and a sore throat.

☐ **fever** *n* [ˈfiːvə]

☐ **sweat** *n; v* [swet]

3 Gesundheit und Medizin

3.1 Gesundheit, Krankheit

- [ ] **Grippe**
  Sheila hat nur eine leichte Grippe; sie kann sehr bald wieder arbeiten gehen.
- [ ] **laufend** *(Nase bei Schnupfen)*
- [ ] **Husten**
  Vor Weihnachten hatte ich einen üblen Husten, eine laufende Nase und Halsschmerzen.
- [ ] **Fieber**
- [ ] **Schweiß; schwitzen**

3 Gesundheit und Medizin

3.1 Gesundheit, Krankheit

- ☐ **allergy** *n* [ˈælədʒi]
- ☐ **allergic** *adj* [əˈlɜːdʒɪk]
  Mike's **allergic to** all milk products.

- ☐ **hay fever** *n* [ˈheɪˌfiːvə]
- ☐ **asthma** *n uncount* [ˈæsθmə]
- ☐ **rash** *n* [ræʃ]

3 Gesundheit und Medizin

3.1 Gesundheit, Krankheit

☐ **Allergie**

☐ **allergisch**

Mike ist gegen alle Milchprodukte allergisch.

☐ **Heuschnupfen**

☐ **Asthma**

☐ **Ausschlag (auf der Haut)**

3.1 Gesundheit, Krankheit

- ☐ **ulcer** *n* [ˈʌlsə]
- ☐ **disorder** *n* [dɪsˈɔːdə]
- ☐ **eating disorder** *n* [ˈiːtɪŋdɪsˌɔːdə]
  Anorexia and bulimia are serious eating disorders that mainly affect young women.
- ☐ **anorexia** *n uncount* [ˌænəˈrˈeksiə]
- ☐ **bulimia** *n uncount* [bʊˈlɪmiə]

3 Gesundheit und Medizin

3.1 Gesundheit, Krankheit

- ☐ **(Magen-)Geschwür**
- ☐ **Funktionsstörung**
- ☐ **Essstörung**

  Anorexie und Bulimie sind sehr ernste Essstörungen, die vor allem bei jungen Frauen auftreten.
- ☐ **Anorexie, Magersucht**
- ☐ **Bulimie, Ess-Brech-Sucht**

3.1 Gesundheit, Krankheit

- ☐ **heart attack** *n* [ˈhɑːtˌətæk]
- ☐ **heart disease** *n* [ˈhɑːtdɪˌziːz]
- ☐ **blood pressure** *n uncount* [ˈblʌdˌpreʃə]
  high/low blood pressure
- ☐ **stroke** *n* [strəʊk]
  Wayne's father **had a stroke** and died last year.

3 Gesundheit und Medizin

3.1 Gesundheit, Krankheit

- [ ] **Herzanfall, Herzinfarkt**
- [ ] **Herzkrankheit**
- [ ] **Blutdruck**

  hoher/niedriger Blutdruck
- [ ] **Schlaganfall**

  Waynes Vater ist letztes Jahr nach einem Schlaganfall gestorben.

3.1 Gesundheit, Krankheit

☐ **injured** *adj* [ˈɪndʒəd]
The injured person was taken to hospital.

☐ **hurt** *adj* [hɜːt]

☐ **bruise** *n; v* [bruːz]
I bruised my left ankle playing football.

3 Gesundheit und Medizin

3.1 Gesundheit, Krankheit

☐ **verletzt**
Die/Der Verletzte wurde ins Krankenhaus eingeliefert.

☐ **verletzt**

☐ **Prellung; prellen**
Ich habe mir beim Fußballspielen den linken Knöchel geprellt.

3.1 Gesundheit, Krankheit

- ☐ **wound** *v* [wuːnd]
- ☐ **wounded** *adj* [wuːndɪd]
- ☐ **bleed**, bled, bled *v* [bliːd, bled]
- ☐ **bump** *n* [bʌmp]
- ☐ **fracture** *n* [ˈfræktʃə]

3 Gesundheit und Medizin

3.1 Gesundheit, Krankheit

☐ **schwer verwunden/verletzen**
☐ **schwer verwundet/verletzt**
☐ **bluten**
☐ **Beule**
☐ **Knochenbruch**

3 Gesundheit und Medizin

3.1 Gesundheit, Krankheit

- ☐ **first aid** *n* [ˌfɜːst'eɪd]
- ☐ **bandage** *n; v* ['bændɪdʒ]
- ☐ **plaster** *BE n* ['plɑːstə]
- ☐ **Band-Aid** *AE n* ['bændeɪd]
- ☐ **cast** *n* [kɑːst]

  Toby's had his leg in a cast since his accident two months ago!

3 Gesundheit und Medizin

3.1 Gesundheit, Krankheit

- [ ] **Erste Hilfe**
- [ ] **Verband; verbinden**
- [ ] **(Heft-)Pflaster**
- [ ] **(Heft-)Pflaster**
- [ ] **Gipsverband**

  Toby hat seit seinem Unfall vor zwei Monaten das Bein im Gips!

3.1 Gesundheit, Krankheit

☐ **ache** *n* [eɪk]

Uncle Edward is only 35, but he's got the **aches and pains** of a sixty-year-old.

☐ **ache** *v* [eɪk]

After my morning swim, my ears started to ache.

☐ **stomach ache** *n* ['stʌmək͵eɪk]

☐ **backache** *n* ['bækeɪk]

☐ **toothache** *n uncount sing* ['tuːθeɪk]

Jim's got such **terrible toothache** that he has to see the dentist.

3 Gesundheit und Medizin

3.1 Gesundheit, Krankheit

- ☐ **(leichte, länger anhaltende) Schmerzen**
  Onkel Edward ist erst 35, aber er hat die Wehwehchen eines Sechzigjährigen.
- ☐ **schmerzen, wehtun**
  Nach dem morgendlichen Schwimmen begannen meine Ohren zu schmerzen.
- ☐ **Bauchschmerzen**
- ☐ **Rückenschmerzen**
- ☐ **Zahnschmerzen**
  Jim hat so fürchterliche Zahnschmerzen, dass er zum Zahnarzt muss.

3.1 Gesundheit, Krankheit

☐ **sore** *adj* [sɔː]
I think I'm getting **a sore throat**.

☐ **tender** *adj* [ˈtendə]
a tender spot

☐ **swollen** *adj* [ˈswəʊlən]
Tim's face was still **badly swollen** two weeks after his operation.

☐ **inflamed** *adj* [ɪnˈfleɪmd]

3 Gesundheit und Medizin

3.1 Gesundheit, Krankheit

- [ ] **schmerzend, entzündet**
  Ich glaube, ich bekomme eine Halsentzündung.
- [ ] **empfindlich, zart**
  eine empfindliche Stelle
- [ ] **geschwollen**
  Tims Gesicht war zwei Wochen nach seiner Operation immer noch stark geschwollen.
- [ ] **entzündet und geschwollen**

3.1 Gesundheit, Krankheit

☐ **dizzy** *adj* [ˈdɪzi]

Sophie quickly jumped out of bed to answer the doorbell and immediately **felt dizzy**.

☐ **faint** *v* [feɪnt]

The injured boy **fainted from** loss of blood.

☐ **unconscious** *adj* [ʌnˈkɒnʃəs]

☐ **come to**, came to, come to *phrasal v* [ˌkʌmˈtuː, ˌkeɪmˈtuː]

When he came to in hospital, he did not know who he was any more.

3 Gesundheit und Medizin

3.1 Gesundheit, Krankheit

☐ **schwindlig**
Sophie sprang blitzschnell aus dem Bett, um die Tür zu öffnen, und sofort war ihr schwindlig.

☐ **in Ohnmacht fallen**
Der verletzte Junge fiel wegen seines Blutverlusts in Ohnmacht.

☐ **bewusstlos**

☐ **wieder zu Bewusstsein kommen**

Als er im Krankenhaus wieder zu sich kam, wusste er nicht mehr, wer er war.

3 Gesundheit und Medizin

3.1 Gesundheit, Krankheit

- [ ] **well-balanced** *adj* [ˌwelˈbælənst]

- [ ] **mentally** *adv* [ˈmentəli]
  mentally ill
- [ ] **sane** *adj* [seɪn]
- [ ] **insane** *adj* [ɪnˈseɪn]

3 Gesundheit und Medizin

3.1 Gesundheit, Krankheit

- [ ] **sensibel und zugleich psychisch stabil**
- [ ] **psychisch, seelisch**
  psychisch krank
- [ ] **geistig gesund, normal**
- [ ] **geisteskrank, verrückt**

3.1 Gesundheit, Krankheit

- ☐ **tic** *n* [tɪk]
  When Nigel's under stress, he often gets **a nervous tic**.
- ☐ **nervous breakdown** *n* [ˌnɜːvəsˈbreɪkdaʊn]
- ☐ **severely** *adv* [sɪˈvɪəli]

3 Gesundheit und Medizin

3.1 Gesundheit, Krankheit

- [ ] **Tic, Zucken** *(oft im Gesicht)*
  Unter Stress bekommt Nigel oft ein nervöses Zucken.
- [ ] **Nervenzusammenbruch**

- [ ] **schwer, ernst**

3.2 Medizinische Versorgung

- ☐ **health insurance** *n uncount* ['helθɪnˌʃʊərᵊns]
  private health insurance
- ☐ **health care** *n uncount* ['helθˌkeə]
- ☐ **health service** *n* ['helθˌsɜːvɪs]
- ☐ **National Health Service** *BE n uncount* [ˌnæʃᵊnᵊl'helθˌsɜːvɪs]
- ☐ **Medicaid** *AE n uncount* ['medɪkeɪd]
- ☐ **Medicare** *AE n uncount* ['medɪker]
- ☐ **health centre** *BE n* ['helθˌsentə]

3.2 Medizinische Versorgung

☐ **Krankenversicherung**

private Krankenversicherung

☐ **Gesundheitsfürsorge**

☐ **Gesundheitsdienst(e)**

☐ **Nationaler Gesundheitsdienst** *(in GB)*

☐ *US-Gesundheitsfürsorgeprogramm für einkommensschwache Gruppen*

☐ *US-Gesundheitsfürsorge für Seniorinnen und Senioren*

☐ **Gesundheitszentrum, Ärztehaus** *(in GB)*

3.2 Medizinische Versorgung

☐ **dentist** *n* ['dentɪst]
at the dentist's

3.2 Medizinische Versorgung

☐ **Zahnarzt, Zahnärztin**
beim Zahnarzt, in der Zahnarztpraxis

3.2 Medizinische Versorgung

- ☐ **ward** *n* [wɔːd]
- ☐ **operating theatre** *BE n* [ˈɒpəreɪtɪŋˌθiːətə]
- ☐ **operating room** *AE n* [ˈɑːpəreɪt̬ɪŋˌrʊm]

3 Gesundheit und Medizin

3.2 Medizinische Versorgung

- [ ] **Krankenstation (im Krankenhaus)**
- [ ] **Operationssaal**

- [ ] **Operationssaal**

3.2 Medizinische Versorgung

- [ ] **check-up** *n* [ˈtʃekʌp]
- [ ] **X-ray** *n* [ˈeksreɪ]

have an X-ray

3.2 Medizinische Versorgung

- [ ] **gründliche Kontrolluntersuchung**
- [ ] **Röntgenaufnahme/-untersuchung**
  geröntgt werden

3.2 Medizinische Versorgung

☐ **surgeon** *n* ['sɜːdʒᵊn]

☐ **stitch** *n* [stɪtʃ]

It was only a small cut, but Neil still had to **have stitches**.

☐ **filling** *n* ['fɪlɪŋ]

Oh no, my **filling's come out**!

☐ **have out**, had out, had out *phrasal v* [ˌhæv'aʊt, ˌhæd'aʊt]

I'm **having a tooth out** today!

3.2 Medizinische Versorgung

☐ **Chirurg(in)**

☐ **Stich** *(beim Nähen einer Wunde)*
Neil hatte nur eine kleine Schnittwunde, aber sie musste trotzdem genäht werden.

☐ **Zahnfüllung, Plombe**
Ach du Schreck, mir ist die Zahnplombe rausgefallen!

☐ **entfernen lassen**

Ich muss mir heute einen Zahn ziehen lassen!

3.2 Medizinische Versorgung

☐ **prescribe** *v* [prɪˈskraɪb]
The doctor **prescribed** tablets **for** our son's rash.

☐ **prescription** *n* [prɪˈskrɪpʃᵊn]
This medication is available **on prescription** only.

☐ **medication** *n uncount* [ˌmedɪˈkeɪʃᵊn]
Myriam can only eat light food because she is **on** stomach **medication**.

3.2 Medizinische Versorgung

☐ **verschreiben, verordnen**
Der Arzt hat unserem Sohn Tabletten gegen seinen Ausschlag verschrieben.

☐ **Rezept, Verordnung**
Diese(s) Medikament(e) ist/sind rezeptpflichtig.

☐ **Medikament(e)**
Myriam kann nur Leichtes essen, weil sie Magen-Medikamente einnimmt.

3.2 Medizinische Versorgung

- ☐ **chemist** *BE n* ['kemɪst]
- ☐ **chemist's** *BE n* ['kemɪsts]
- ☐ **pharmacist** *n* ['fɑːməsɪst]
- ☐ **pharmacy** *n* ['fɑːməsi]
- ☐ **drugstore** *AE n* ['drʌgstɔːr]

3.2 Medizinische Versorgung

- [ ] **Drogist(in); Apotheker(in)**
- [ ] **Apotheke, Drogerie**
- [ ] **Drogist(in); Apotheker(in)**
- [ ] **Apotheke**
- [ ] **Drogerie; Apotheke**

3.2 Medizinische Versorgung

- ☐ **cure** *v* [kjʊə]
- ☐ **heal** *v* [hiːl]

3 Gesundheit und Medizin

3.2 Medizinische Versorgung

- [ ] **heilen, kurieren**
- [ ] **heilen; verheilen, abheilen**

3.3 Genussmittel, Drogen

☐ **smoking** *n uncount* [ˈsməʊkɪŋ]
No smoking!

☐ **non-smoking** *adj* [ˌnɒnˈsməʊkɪŋ]
Sorry, but you can't smoke here; it's **a non-smoking area**.

☐ **smoker** *n* [ˈsməʊkə]
Eric's **a heavy smoker**. He smokes three packets a day.

☐ **non-smoker** *n* [ˌnɒnˈsməʊkə]

3.3 Genussmittel, Drogen

- [ ] **(das) Rauchen**
  Rauchen verboten!
- [ ] **Nichtraucher-, rauchfrei**
  Tut mir leid, aber Sie können hier nicht rauchen. Das ist ein Nichtraucher-Bereich!
- [ ] **Raucher(in)**
  Eric ist ein starker Raucher. Er raucht drei Schachteln am Tag.
- [ ] **Nichtraucher(in)**

3.3 Genussmittel, Drogen

- [ ] **fag** *BE n inform* [fæg]
- [ ] **roll-up** *BE n inform* [ˈrəʊlʌp]
- [ ] **cigar** *n* [sɪˈgɑː]
- [ ] **tobacco** *n* [təˈbækəʊ]

3.3 Genussmittel, Drogen

- ☐ **Glimmstängel, Kippe**
- ☐ **selbst gedrehte Zigarette**
- ☐ **Zigarre**
- ☐ **Tabak**

3.3 Genussmittel, Drogen

- ☐ **alcoholic** *adj; n* [ˌælkəˈhɒlɪk]
- ☐ **alcoholism** *n uncount* [ˈælkəhɒlɪzᵊm]
- ☐ **sober** *adj* [ˈsəʊbə]

3 Gesundheit und Medizin

3.3 Genussmittel, Drogen

- ☐ **alkoholisch; Alkoholiker(in)**
- ☐ **Alkoholismus, Alkoholkrankheit**
- ☐ **nüchtern**

3.3 Genussmittel, Drogen

- [ ] **abuse** *n uncount* [ə'bjuːs]
  drug abuse
- [ ] **stoned** *adj inform* [stəʊnd]
- [ ] **addicted** *adj* [ə'dɪktɪd]
  Judy's **addicted to** heroin.
- [ ] **addict** *n* ['ædɪkt]
  a drug addict
- [ ] **dealer** *n* ['diːlə]

3 Gesundheit und Medizin

3.3 Genussmittel, Drogen

☐ **Missbrauch**
Drogenmissbrauch

☐ **zugedröhnt** *(unter Drogen)*

☐ **drogenabhängig**
Judy ist heroinabhängig.

☐ **Abhängige(r), Süchtige(r)**
ein(e) Drogenabhängige(r)

☐ **Drogenhändler(in), Dealer(in)**

3.3 Genussmittel, Drogen

- [ ] **hard drug** *n* [ˌhɑːdˈdrʌg]

- [ ] **heroin** *n uncount* [ˈherəʊɪn]
- [ ] **cocaine** *n uncount* [kəʊˈkeɪn]
- [ ] **crack** *n uncount* [kræk]

- [ ] **ecstasy** *n uncount* [ˈekstəsi]
- [ ] **amphetamine** *n* [æmˈfetəmiːn]

3.3 Genussmittel, Drogen

- ☐ **harte Droge** *(die illegal ist und körperlich abhängig macht)*
- ☐ **Heroin**
- ☐ **Kokain**
- ☐ **Crack** *(besonders reine Form von Kokain)*
- ☐ **Ecstasy**
- ☐ **Amphetamin** *(Ersatzdroge)*

3.3 Genussmittel, Drogen

- [ ] **soft drug** *n* [ˌsɒftˈdrʌg]

- [ ] **marijuana** *n uncount* [ˌmærɪˈhwaːnə]
- [ ] **grass** *n uncount* [graːs]
- [ ] **joint** *n inform* [dʒɔɪnt]

3.3 Genussmittel, Drogen

- ☐ **weiche Droge** *(die oft auch illegal ist, aber nicht körperlich, sondern psychisch abhängig macht)*
- ☐ **Marihuana, Cannabis**
- ☐ **Gras** *(Marihuana)*
- ☐ **Joint** *(Zigarette mit Marihuana)*

3.3 Genussmittel, Drogen

- [ ] **detox** *n uncount inform* ['diːtɒks]
- [ ] **withdrawal** *n uncount* [wɪð'drɔːəl]

withdrawal symptoms

3 Gesundheit und Medizin

3.3 Genussmittel, Drogen

☐ **Entgiftung**

☐ **Alkohol-/Drogenentzug**

Entzugserscheinungen

4.1 Gefühle

- ☐ **jealousy** *n uncount* ['dʒeləsi]
- ☐ **envious** *adj* ['enviəs]
  Gareth has always been **envious of** his brother.
- ☐ **envy** *n uncount; v* ['envi]

4 Psyche, Geist, Verhalten

4.1 Gefühle

- ☐ **Eifersucht**
- ☐ **neidisch**
  Gareth ist schon immer auf seinen Bruder neidisch gewesen.
- ☐ **Neid; beneiden**

☐ **eager** *adj* [ˈiːɡə]
The children were very eager to open their presents.

☐ **unwilling** *adj* [ʌnˈwɪlɪŋ]
Sharon was unwilling to admit that she had made a mistake.

4 Psyche, Geist, Verhalten

4.1 Gefühle

☐ **ungeduldig, begierig**
Die Kinder brannten darauf, ihre Geschenke auszupacken.

☐ **nicht gewillt/bereit**
Sharon war nicht bereit zuzugeben, dass sie einen Fehler gemacht hatte.

4.1 Gefühle

☐ **weep**, wept, wept *v* [wiːp, wept]
Wayne wept when he heard the bad news.

4 Psyche, Geist, Verhalten

4.1 Gefühle

☐ **weinen, Tränen vergießen**
Wayne weinte, als er die schlimme Nachricht erfuhr.

4.1 Gefühle

☐ **worry** *n* ['wʌri]
Doris hasn't got any **money worries**.

☐ **anxiety** *n uncount* [æŋ'zaɪəti]
Keith has finally learnt to **cope with** his **anxiety**.

☐ **tense** *adj* [tens]

4 Psyche, Geist, Verhalten

4.1 Gefühle

- ☐ **Sorge**
  Doris hat keine Geldsorgen.
- ☐ **Sorge, Besorgnis, Angst**
  Keith hat endlich gelernt, mit seinen Angstgefühlen fertig zu werden.
- ☐ **emotional angespannt, nervös**

4 Psyche, Geist, Verhalten

4.1 Gefühle

- [ ] **hatred** *n uncount formal* ['heɪtrɪd]
- [ ] **contempt** *n uncount* [kən'tempt]
- [ ] **prejudice** *n* ['predʒədɪs]

  My father has his prejudices and one of them is a **prejudice against** foreigners.

4 Psyche, Geist, Verhalten

4.1 Gefühle

- [ ] **Hass**
- [ ] **Verachtung**
- [ ] **Vorurteil**

  Mein Vater hat so seine Vorurteile; eins davon ist sein Vorurteil gegen Ausländer.

4.1 Gefühle

☐ **guilt** *n uncount* [gɪlt]
Ruth discovered that her fits of depression were caused by **feelings of guilt**.

☐ **ashamed** *adj* [əˈʃeɪmd]
Kevin was truly **ashamed of** what he had done.

4 Psyche, Geist, Verhalten

4.1 Gefühle

- [ ] **Schuld**
  Ruth fand heraus, dass ihre Depressionsschübe von Schuldgefühlen ausgelöst wurden.
- [ ] **beschämt, voll Scham**
  Kevin schämte sich ernsthaft für seine Handlungen.

4.1 Gefühle

☐ **enjoyment** *n uncount* [ɪnˈdʒɔɪmənt]

☐ **delight** *n* [dɪˈlaɪt]

It was a delight having you here.

☐ **delighted** *adj* [dɪˈlaɪtɪd]

She was **delighted with** her exam results.

4 Psyche, Geist, Verhalten

4.1 Gefühle

- ☐ **Vergnügen**
- ☐ **Freude, Vergnügen**
  Es war eine Freude, Sie zu Besuch zu haben.
- ☐ **entzückt, hocherfreut**
  Sie war über ihre Prüfungsergebnisse hocherfreut.

4.1 Gefühle

☐ **fancy** *BE v inform* ['fænsi]
I didn't know you fancied Phoebe.

☐ **madly** *adv* ['mædli]
Betty's **madly in love** with her boyfriend.

4 Psyche, Geist, Verhalten

4.1 Gefühle

- [ ] **attraktiv finden, auf (jdn) stehen**
  Ich wusste gar nicht, dass du Phoebe attraktiv findest.
- [ ] **wahnsinnig, heiß und innig**
  Betty ist heiß und innig in ihren Freund verliebt.

4.1 Gefühle

☐ **attraction** *n uncount* [əˈtrækʃᵊn]

☐ **desire** *v* [dɪˈzaɪə]

4.1 Gefühle

- ☐ **erotische Anziehungskraft, Attraktivität**
- ☐ **begehren**

4.1 Gefühle

☐ **relieved** *adj* [rɪˈliːvd]

☐ **sigh** *n; v* [saɪ]

She **sighed with relief** when her guests finally left.

4.1 Gefühle

☐ **erleichtert**
☐ **Seufzer; seufzen**

Sie atmete erleichtert auf, als ihre Gäste endlich gingen.

4.1 Gefühle

☐ **horror** *n uncount* ['hɒrə]

The woman looked on **in horror** as the car hit the child.

☐ **panic** *n uncount* ['pænɪk]

Total panic broke out when the fire alarm went off.

4 Psyche, Geist, Verhalten

4.1 Gefühle

- [ ] **Entsetzen, Grauen, Horror**
  Die Frau sah es voller Entsetzen mit an, als das Auto das Kind erfasste.
- [ ] **Panik**
  Als der Feuermelder Alarm schlug, brach die totale Panik aus.

4.1 Gefühle

- ☐ **angrily** *adv* ['æŋgrɪli]
- ☐ **hostile** *adj* ['hɒstaɪl]
- ☐ **rage** *n uncount* [reɪdʒ]
  When Jennifer saw the damage to her car, she **flew into a rage**.
- ☐ **furious** *adj* ['fjʊəriəs]
  Nick's mother wasn't just angry; she was furious!
- ☐ **fit** *n* [fɪt]
  When my wife heard I was going out for a pint, she **had a fit**.

- ☐ **temper** *n* ['tempə]
  John's got an awful temper.
  The boss is really **in a terrible temper** this morning.

4 Psyche, Geist, Verhalten

4.1 Gefühle

☐ **ärgerlich, verärgert, wütend**

☐ **feindlich, feindselig**

☐ **Wut, Rasen, Toben**

Als Jennifer den Schaden an ihrem Wagen sah, rastete sie total aus.

☐ **sehr wütend, rasend vor Wut**

Nicks Mutter war nicht bloß wütend, sie war rasend vor Wut!

☐ **Anfall**

Als meine Frau hörte, dass ich auf ein Bier ausgehe, bekam sie einen Wutanfall.

☐ **Laune, Jähzorn**

John ist sehr jähzornig.
Der Chef hat heute Morgen wirklich furchtbar schlechte Laune.

4.1 Gefühle

☐ **suppress** *v* [sə'pres]

If you suppress your feelings, it may only make things worse.

4.1 Gefühle

☐ **unterdrücken**

Wenn man seine Gefühle unterdrückt, macht man möglicherweise alles nur noch schlimmer.

4.1 Gefühle

☐ **satisfactory** *adj* [ˌsætɪsˈfæktᵊri]

☐ **satisfied** *adj* [ˈsætɪsfaɪd]

He's not really **satisfied with** his present salary.

☐ **content** *adj* [kənˈtent]

Her job is not all that interesting, but she's **quite content** anyway.

☐ **dissatisfied** *adj* [dɪsˈsætɪsfaɪd]

4 Psyche, Geist, Verhalten

4.1 Gefühle

☐ **zufriedenstellend**

☐ **zufrieden**
Er ist mit seinem jetzigen Gehalt eigentlich gar nicht zufrieden.

☐ **zufrieden**
Ihre Arbeit ist nicht besonders interessant, aber sie ist trotzdem ganz zufrieden.

☐ **unzufrieden**

4.1 Gefühle

☐ **happiness** *n uncount* [ˈhæpɪnəs]
Their happiness seemed complete when their baby was born.

☐ **joy** *n* [dʒɔɪ]
She **jumped for joy** when she heard she'd passed her French exam.

4 Psyche, Geist, Verhalten

4.1 Gefühle

☐ **Glück**
Ihr Glück schien vollkommen, als ihr Kind zur Welt kam.

☐ **Freude**
Sie machte einen Freudensprung, als sie erfuhr, dass sie ihre Französisch-Klausur bestanden hatte.

4.1 Gefühle

☐ **sympathetic** *adj* [ˌsɪmpəˈθetɪk]
Jane is very **sympathetic to** people in trouble.

4 Psyche, Geist, Verhalten

4.1 Gefühle

☐ **mitfühlend, verständnisvoll**
Jane hat sehr viel Verständnis für Menschen in Not.

4 Psyche, Geist, Verhalten

4.1 Gefühle

- ☐ **despair** *n* [dɪˈspeə]
- ☐ **grief** *n* [griːf]
- ☐ **comfort** *v* [ˈkʌmfət]

4 Psyche, Geist, Verhalten

4.1 Gefühle

- [ ] **Verzweiflung**
- [ ] **Trauer, tiefer Kummer**
- [ ] **trösten**

4.1 Gefühle

☐ **affection** *n* [əˈfekʃᵊn]

☐ **tender** *adj* [ˈtendə]

Brian can be quite tender when he wants to be.

4 Psyche, Geist, Verhalten

4.1 Gefühle

☐ **Zuneigung**

☐ **zärtlich**

Brian kann ganz zärtlich sein, wenn er mag.

4.1 Gefühle

☐ **oh** *interj* [əʊ]
Oh, what a great car you have!

☐ **oops** *interj inform* [uːps]

4 Psyche, Geist, Verhalten

4.1 Gefühle

- [ ] **oh!**
  Oh, du hast ja ein super Auto!
- [ ] **oh/hoppla!**

4.2 Denken, Vorstellen, Wollen

☐ **grasp** *v* [grɑːsp]
After I explained it to him, Jimmy easily grasped how memory works.

4.2 Denken, Vorstellen, Wollen

☐ **erfassen, begreifen**
Als ich es ihm erklärte, begriff Jimmy spielend, wie das Gedächtnis arbeitet.

☐ **reality check** *n sing inform*
[ri'æləti ˌtʃek]
I think someone needs a reality check here. We can't possibly finish this book in six months!

☐ **fantasy** *n* ['fæntəsi]

☐ **Augenöffner** ***(zur Wiederherstellung des Realitätssinns einer Person)***
Ich denke, jemand braucht hier eine Aufrischung seines Realtitätssinns. Wir können dieses Buch unmöglich in sechs Monaten abschließen!

☐ **Fantasie, Wunschvorstellung; Hirngespinst**

4.2 Denken, Vorstellen, Wollen

☐ **assumption** *n* [əˈsʌmpʃᵊn]
The police are **working on the assumption** that he killed his wife out of jealousy.

☐ **determine** *v* [dɪˈtɜːmɪn]
The quality of the results is determined by the standard of the experiment.

4.2 Denken, Vorstellen, Wollen

☐ **Annahme, Vermutung**
Die Polizei geht von der Vermutung aus, dass er seine Frau aus Eifersucht ermordet hat.

☐ **feststellen, entscheiden**
Die Qualität der Ergebnisse wird vom Qualitätsstandard des Experiments bestimmt.

4.3 Charakter, Verhalten

☐ **sensitive** *adj* ['sensɪtɪv]
Diana's a sensitive child whose feelings are easily hurt.

☐ **modest** *adj* ['mɒdɪst]
Nigel is rather modest and doesn't like to talk about his successes.

☐ **reserved** *adj* [rɪ'zɜːvd]
Stella's very reserved and it's difficult to know what's on her mind.

☐ **moderate** *adj* ['mɒdᵊrət]
Steve's a man of **fairly moderate** views so he's easy to get along with.

☐ **bold** *adj* [bəʊld]
William is a bold leader.

4.3 Charakter, Verhalten

- ☐ **empfindlich, sensibel**
  Diana ist ein sensibles Kind und emotional leicht verletzbar.
- ☐ **bescheiden**
  Nigel ist ziemlich bescheiden und spricht nicht gern über seine Erfolge.
- ☐ **reserviert, verschlossen**
  Stella ist sehr verschlossen und es ist schwer zu erraten, was sie gerade beschäftigt.
- ☐ **gemäßigt, vernünftig**
  Steve ist ein Mensch mit ziemlich vernünftigen Ansichten; deshalb kann man gut mit ihm auskommen.
- ☐ **selbstbewusst, forsch**
  William ist eine forsche Führungspersönlichkeit.

4.3 Charakter, Verhalten

- ☐ **competent** *adj* [ˈkɒmpətᵊnt]
- ☐ **convincing** *adj* [kənˈvɪnsɪŋ]
  Michael can be so convincing sometimes; he'd have made a great lawyer.
- ☐ **fool** *n* [fuːl]
  He's a bigger fool than I thought.
- ☐ **foolish** *adj* [ˈfuːlɪʃ]

4.3 Charakter, Verhalten

- [ ] **kompetent, fähig**
- [ ] **überzeugend**
  Michael kann manchmal so überzeugend sein; er wäre ein großartiger Rechtsanwalt geworden.
- [ ] **Narr, Dummkopf**
  Er ist ein größerer Narr, als ich dachte.
- [ ] **unklug, dumm, töricht**

4.3 Charakter, Verhalten

☐ **stingy** *adj* ['stɪndʒi]

☐ **decent** *adj* ['diːsᵊnt]

Dave's the kind of decent guy you'd want as a son-in-law.

☐ **openly** *adv* ['əʊpᵊnli]

Jack was finally able to **talk openly about** his problem with drugs.

4.3 Charakter, Verhalten

- [ ] **geizig, knickerig**
- [ ] **anständig**
  Dave ist der Typ von anständigem Jungen, den man sich als Schwiegersohn wünscht.
- [ ] **offen, ehrlich**
  Endlich konnte Jack offen über seine Drogenprobleme reden.

☐ **nosy** *adj pejor* [ˈnəʊzi]
My neighbour's a nosy old cow! She's always watching us from her window.

☐ **neugierig**

Meine Nachbarin ist eine neugierige alte Kuh! Sie steht ständig am Fenster und beobachtet uns.

4.3 Charakter, Verhalten

☐ **will** *n* [wɪl]
Mike has the **strong will** necessary to succeed in business.

☐ **spirit** *n uncount* [ˈspɪrɪt]
He always shows a great deal of spirit, no matter what he does.

4.3 Charakter, Verhalten

☐ **Wille**
Mike hat den starken Willen, den man braucht, um im Geschäftsleben Erfolg zu haben.

☐ **Elan, Temperament, Enthusiasmus**
Er ist immer voller Enthusiasmus, egal was er tut.

☐ **cautious** *adj* ['kɔːʃəs]

Ruth has always been **extremely cautious about** how she spends her money.

☐ **vorsichtig, umsichtig**

Ruth war schon immer sehr umsichtig beim Ausgeben ihres Gelds.

4.3 Charakter, Verhalten

- ☐ **charming** *adj* ['tʃɑːmɪŋ]
- ☐ **spoilt** *adj* [spɔɪlt]
  a spoilt child
- ☐ **popularity** *n uncount* [ˌpɒpjəˈlærəti]
  Former US President Bill Clinton still **enjoys great popularity** worldwide.

4.3 Charakter, Verhalten

- [ ] **entzückend, liebenswürdig**
- [ ] **verwöhnt, verzogen**
  ein verzogenes Kind
- [ ] **Beliebtheit**
  Der frühere US-Präsident Bill Clinton erfreut sich weltweit immer noch großer Beliebtheit.

4.3 Charakter, Verhalten

☐ **self**, *pl* selves *n* [self, selvz]
James is finally **his old self** again.

☐ **conscience** *n* [ˈkɒnʃᵊns]
a clear/guilty conscience

4.3 Charakter, Verhalten

☐ **(das) Ich, (das) Selbst**
James ist endlich wieder der Alte.

☐ **Gewissen**
ein reines/schlechtes Gewissen

4.3 Charakter, Verhalten

- [ ] **amusing** *adj* [ə'mjuːzɪŋ]
  Sue's so amusing when she tells a story.
- [ ] **joke** *v* [dʒəʊk]
- [ ] **cheerful** *adj* ['tʃɪəfʊl]
  I'm not a morning person, but my husband's always wide awake and cheerful.
- [ ] **optimistic** *adj* [ˌɒptɪ'mɪstɪk]
- [ ] **lively** *adj* ['laɪvli]
  When I take my young daughter shopping, she is so lively I can hardly keep her in her pushchair.

4.3 Charakter, Verhalten

☐ **lustig, unterhaltsam, amüsant**
Sue ist sehr amüsant, wenn sie Geschichten erzählt.

☐ **witzeln, Witze reißen**

☐ **fröhlich, gut gelaunt**
Ich bin ein Morgenmuffel, aber mein Mann ist immer hellwach und gut gelaunt.

☐ **optimistisch**

☐ **lebhaft**
Wenn ich meine kleine Tochter zum Einkaufen mitnehme, ist sie so lebhaft, dass ich sie kaum in ihrem Buggy halten kann.

4.3 Charakter, Verhalten

☐ **superior** *adj* [suːˈpɪəriə]
He makes me so angry with that superior smile of his!

4.3 Charakter, Verhalten

- [ ] **überheblich**
  Er macht mich mit seinem überheblichen Lächeln richtig wütend!

4.3 Charakter, Verhalten

- [ ] **nasty** *adj* ['nɑːsti]
  Sarah was **really nasty to** her husband after he lost his job.

- [ ] **wicked** *adj* ['wɪkɪd]
  That was a wicked thing to do!

- [ ] **gemein, gehässig**
  Nachdem er seine Arbeit verlor, war Sarah wirklich gehässig zu ihrem Mann.
- [ ] **heimtückisch, niederträchtig**
  Das war wirklich niederträchtig!

4.4 Fähigkeiten, Aktivitäten

☐ **discourage** *v* [dɪˈskʌrɪdʒ]

We tried to **discourage** Bill **from** leaving his wife, but he wouldn't listen.

☐ **jdm von etw. abraten**

Wir haben versucht, Bill davon abzubringen, seine Frau zu verlassen, aber er wollte einfach nicht hören.

4.4 Fähigkeiten, Aktivitäten

☐ **try** *n* [traɪ]
It's certainly worth a try.

☐ **Versuch**

Es ist bestimmt einen Versuch wert.

5.1 Lebensmittel, Kochen, Mahlzeiten

☐ **cook** *n* [kʊk]
Bob's a better cook than his father, isn't he?

☐ **cooked** *adj* [kʊkt]
lightly cooked vegetables

☐ **cooking** *n uncount* ['kʊkɪŋ]

☐ **ingredient** *n* [ɪn'griːdiənt]
Exclusive meals **use** only the best **ingredients**.

5 Ernährung, Kleidung, Einkaufen

5.1 Lebensmittel, Kochen, Mahlzeiten

- [ ] **Koch, Köchin**
  Bob kocht besser als sein Vater, nicht wahr?
- [ ] **gekocht; gebraten**
  leicht angekochtes Gemüse
- [ ] **Zubereitung; Kochen**
- [ ] **Zutat**
  Für ein exklusives Essen verwendet man nur die besten Zutaten.

5.1 Lebensmittel, Kochen, Mahlzeiten

- ☐ **soft drink** *n* [ˌsɒftˈdrɪŋk]
- ☐ **non-alcoholic** *adj* [ˌnɒnælkəˈhɒlɪk]
  a non-alcoholic drink
- ☐ **milkshake** *n* [ˈmɪlkˌʃeɪk]
- ☐ **lemonade** *n uncount* [ˌleməˈneɪd]
- ☐ **cola** *n uncount* [ˈkəʊlə]

5.1 Lebensmittel, Kochen, Mahlzeiten

- [ ] **alkoholfreies Getränk**
- [ ] **alkoholfrei**

  ein alkoholfreies Getränk
- [ ] **Milchmixgetränk, Milchshake**
- [ ] **Zitronenlimonade; Limonade (BE)**
- [ ] **Cola**

5.1 Lebensmittel, Kochen, Mahlzeiten

- [ ] **teapot** *n* ['tiːpɒt]
- [ ] **saucepan** *n* ['sɔːspən]
- [ ] **frying pan** *n* ['fraɪɪŋˌpæn]
- [ ] **kettle** *n* ['ketᵊl]

Can you please **put the kettle on**?
The kettle's boiling.

5 Ernährung, Kleidung, Einkaufen

5.1 Lebensmittel, Kochen, Mahlzeiten

- [ ] **Teekanne**
- [ ] **Kochtopf mit Stiel**
- [ ] **Bratpfanne**
- [ ] **Wasserkessel**

Setzt du bitte den Wasserkessel auf?
Das Wasser kocht.

☐ **mustard** *n uncount* [ˈmʌstəd]
☐ **vinegar** *n uncount* [ˈvɪnɪɡə]

5 Ernährung, Kleidung, Einkaufen

5.1 Lebensmittel, Kochen, Mahlzeiten

- [ ] **Senf**
- [ ] **Essig**

5.1 Lebensmittel, Kochen, Mahlzeiten

☐ **sweet** *BE n* [swiːt]
Would you like a sweet or some chewing gum?
a bag of sweets/candy

☐ **candy** *AE n uncount* [ˈkændi]
Would you like **a piece of candy**? I've just found some in my coat pocket.

☐ **chewing gum** *n uncount* [ˈtʃuːɪŋˌgʌm]

☐ **popcorn** *n uncount* [ˈpɒpkɔːn]

5 Ernährung, Kleidung, Einkaufen

5.1 Lebensmittel, Kochen, Mahlzeiten

☐ **Bonbon, Süßigkeit**
Möchtest du einen Bonbon oder einen Kaugummi?
eine Tüte Bonbons

☐ **Süßigkeiten, Bonbons**
Hast du Lust auf einen Bonbon? Ich habe eben ein paar in meiner Manteltasche gefunden.

☐ **Kaugummi**

☐ **Popcorn**

5.1 Lebensmittel, Kochen, Mahlzeiten

- ☐ **tea bag** *n* [ˈtiːˌbæg]
- ☐ **hot chocolate** *n uncount* [ˌhɒtˈtʃɒkələt]
- ☐ **mineral water** *n uncount* [ˈmɪnərəlˌwɔːtə]
- ☐ **tap water** *n uncount* [ˈtæpˌwɔːtə]

5 Ernährung, Kleidung, Einkaufen

5.1 Lebensmittel, Kochen, Mahlzeiten

- [ ] **Teebeutel**
- [ ] **heiße Schokolade, Kakao**
- [ ] **Mineralwasser**

- [ ] **Leitungswasser**

5.1 Lebensmittel, Kochen, Mahlzeiten

- ☐ **pancake** *n* [ˈpænkeɪk]
- ☐ **syrup** *n uncount* [ˈsɪrəp]
  Today we're having pancakes with **maple syrup** for breakfast.
- ☐ **pastry** *n* [ˈpeɪstri]
  They served cakes and pastries with the tea.
- ☐ **doughnut** *n* [ˈdəʊnʌt]

5 Ernährung, Kleidung, Einkaufen

5.1 Lebensmittel, Kochen, Mahlzeiten

- [ ] **Pfannkuchen**
- [ ] **Sirup**
  Heute gibt es bei uns Pfannkuchen mit Ahornsirup zum Frühstück.
- [ ] **süßes Gebäck**
  Zum Tee wurde Kuchen und süßes Gebäck serviert.
- [ ] **Donut** *(ringförmiger Krapfen)*

5.1 Lebensmittel, Kochen, Mahlzeiten

☐ **lean** *adj* [liːn]

lean meat

☐ **fatty** *adj* [ˈfæti]

fatty food

5.1 Lebensmittel, Kochen, Mahlzeiten

- [ ] **mager, fettarm**
  mageres Fleisch
- [ ] **fett(haltig)**
  fettes Essen

5.1 Lebensmittel, Kochen, Mahlzeiten

- **honey** *n uncount* ['hʌni]
- **jam** *n uncount* [dʒæm]

  The kids love toast and jam for breakfast, but they hate marmalade.

  strawberry/raspberry jam
- **marmalade** *n uncount* ['mɑːmleɪd]

  orange/lemon marmalade
- **jar** *n* [dʒɑː]

  a jar of cherry jam

5.1 Lebensmittel, Kochen, Mahlzeiten

- [ ] **Honig**
- [ ] **Konfitüre, Marmelade**
  Die Kinder essen gerne Toast und Konfitüre zum Frühstück, aber sie hassen Zitrusmarmelade.
  Erdbeer-/Himbeermarmelade
- [ ] **Marmelade aus Zitrusfrüchten**
  Orangen-/Zitronenmarmelade
- [ ] **Glasgefäß, Glas**
  ein Glas Kirschkonfitüre

5.1 Lebensmittel, Kochen, Mahlzeiten

- [ ] **spice** *n* [spaɪs]
- [ ] **mint** *n uncount* [mɪnt]

  Roast lamb with **mint sauce** is my favourite dish.
- [ ] **garlic** *n uncount* [ˈɡɑːlɪk]

5 Ernährung, Kleidung, Einkaufen

5.1 Lebensmittel, Kochen, Mahlzeiten

- [ ] **Gewürz**
- [ ] **Minze**
  Lammbraten mit Minzesoße ist mein Lieblingsgericht.
- [ ] **Knoblauch**

5.1 Lebensmittel, Kochen, Mahlzeiten

- ☐ **starter** *mainly BE n* ['stɑːtə]
- ☐ **sweet** *BE n* [swiːt]
  What about a sweet? Chocolate ice cream?
- ☐ **pudding** *n uncount* ['pʊdɪŋ]
- ☐ **fruit salad** *n uncount* [ˌfruːt'sæləd]
- ☐ **leftovers** *n pl* ['leftˌəʊvəz]
  What's for supper? – Just leftovers, I'm afraid.

5.1 Lebensmittel, Kochen, Mahlzeiten

- ☐ **Vorspeise**
- ☐ **süße Nachspeise**
  Wie wär's mit einer Nachspeise: Schokoladeneis?
- ☐ **Süßspeise; Nachtisch (BE)**
- ☐ **Obstsalat**
- ☐ **Reste (von früheren Mahlzeiten)**
  Was gibt's zum Abendessen? – Leider nur Aufgewärmtes.

5.1 Lebensmittel, Kochen, Mahlzeiten

- ☐ **ice cream** *n uncount* [ˌaɪsˈkriːm]
  What about some dessert? There's some ice cream left.
- ☐ **ice cream** *BE n* [ˌaɪsˈkriːm]
  Three ice creams, please.
- ☐ **vanilla** *n uncount* [vəˈnɪlə]
  vanilla ice cream

5 Ernährung, Kleidung, Einkaufen

5.1 Lebensmittel, Kochen, Mahlzeiten

☐ **Speiseeis, Eiskrem**
Wie wär's mit einem Nachtisch? Es ist noch etwas Eiskrem da.

☐ **Portion Eiskrem**
Drei Portionen Eis, bitte!

☐ **Vanille**
Vanilleeis

5.1 Lebensmittel, Kochen, Mahlzeiten

☐ **spicy** *adj* ['spaɪsi]
☐ **curry** *n* ['kʌri]

How about a spicy **chicken curry** for dinner tonight?

☐ **chilli** *n uncount* ['tʃɪli]
☐ **salty** *adj* ['sɔːlti]
☐ **sour** *adj* ['saʊə]

sour cream

The milk's **gone sour**.

- [ ] **würzig, stark gewürzt**
- [ ] **Curry** *(mit Curry gewürztes indisches Gericht)*
  Wie wär's heute zum Abendessen mit einem würzigen Curry mit Huhn?
- [ ] **Chili** *(scharfes mexikanisches Gericht)*
- [ ] **salzig**
- [ ] **sauer**
  saure Sahne
  Die Milch ist sauer geworden.

5.1 Lebensmittel, Kochen, Mahlzeiten

☐ **curry powder** *n uncount* [ˈkʌriˌpaʊdə]

☐ **pepper** *n uncount* [ˈpepə]
white/black pepper

☐ **chilli**, *pl* chillies *n* [ˈtʃɪli, ˈtʃɪliz]
For good Mexican chilli, you need beans, onions, mince and oil as well as **green** and **red chillies**.

5.1 Lebensmittel, Kochen, Mahlzeiten

- [ ] **Currypulver** *(indische Gewürzmischung)*
- [ ] **Pfeffer**
  weißer/schwarzer Pfeffer
- [ ] **Chilischote**
  Für ein gutes mexikanisches Chili-Gericht braucht man Bohnen, Zwiebeln, Hackfleisch und Öl sowie grüne und rote Chilischoten.

5.1 Lebensmittel, Kochen, Mahlzeiten

☐ **sip** *v* [sɪp]

Maggie just **sipped at** her whisky.

☐ **straw** *n* [strɔː]

Can I have a straw for my cocktail, please?

☐ **pour** *v* [pɔː]

May I pour you another drink?

5 Ernährung, Kleidung, Einkaufen

5.1 Lebensmittel, Kochen, Mahlzeiten

- [ ] **nippen, schlürfen**
  Maggie nippte nur an ihrem Whisky.
- [ ] **Strohhalm, Trinkhalm**
  Kann ich bitte einen Strohhalm zu meinem Cocktail haben?
- [ ] **eingießen**
  Darf ich dir noch etwas einschenken?

5.1 Lebensmittel, Kochen, Mahlzeiten

☐ **supper** *n* ['sʌpə]
Have you had supper yet, love?

☐ **snack** *n* [snæk]
I haven't got time for a real meal;
I think I'll just have **a quick snack**.

☐ **portion** *n* ['pɔːʃᵊn]
They serve **generous portions** at the new Thai restaurant in High Street.

5 Ernährung, Kleidung, Einkaufen

5.1 Lebensmittel, Kochen, Mahlzeiten

- [ ] **(das) Abendessen**
  Hast du schon zu Abend gegessen, Liebling?
- [ ] **Imbiss, kleine Mahlzeit**
  Ich habe keine Zeit richtig zu essen; ich denke, ich esse nur schnell eine Kleinigkeit.
- [ ] **Portion**
  Im neuen Thai-Restaurant in der High Street bekommt man große Portionen.

5.1 Lebensmittel, Kochen, Mahlzeiten

- [ ] **carrot** *n* ['kærət]
- [ ] **cabbage** *n* ['kæbɪdʒ]
- [ ] **lettuce** *n uncount* ['letɪs]
- [ ] **tomato** *n* [tə'mɑːtəʊ]
- [ ] **cucumber** *n* ['kjuːkʌmbə]
- [ ] **onion** *n* ['ʌnjən]
- [ ] **mushroom** *n* ['mʌʃrʊm]

5 Ernährung, Kleidung, Einkaufen

5.1 Lebensmittel, Kochen, Mahlzeiten

- ☐ **Karotte, Mohrrübe**
- ☐ **Kohl, Kraut**
- ☐ **Blattsalat**
- ☐ **Tomate**
- ☐ **(Salat-)Gurke**
- ☐ **Zwiebel**
- ☐ **essbarer Pilz, Zuchtpilz**

5.1 Lebensmittel, Kochen, Mahlzeiten

- ☐ **flour** *n uncount* ['flaʊə]
- ☐ **loaf**, *pl* loaves *n* [ləʊf, ləʊvz]
  a loaf of bread
- ☐ **toast** *n uncount* [təʊst]
  Have another **piece of toast**.

5 Ernährung, Kleidung, Einkaufen

5.1 Lebensmittel, Kochen, Mahlzeiten

- [ ] **Mehl**
- [ ] **Laib**

  ein Laib Brot
- [ ] **Toast(brot)**

  Iss doch noch einen Toast!

5 Ernährung, Kleidung, Einkaufen

5.1 Lebensmittel, Kochen, Mahlzeiten

- [ ] **grill** *BE v* [grɪl]
- [ ] **broil** *AE v* [brɔɪl]
- [ ] **well-done** *adj* [ˌwelˈdʌn]
- [ ] **steak** *n* [steɪk]
- [ ] **roast** *adj* [rəʊst]

roast beef/chicken/pork/lamb

5 Ernährung, Kleidung, Einkaufen

5.1 Lebensmittel, Kochen, Mahlzeiten

- [ ] **im Ofen grillen**
- [ ] **im Ofen grillen**
- [ ] **durchgebraten**
- [ ] **Steak** *(Scheibe Fleisch oder Fisch)*
- [ ] **gebraten, Brat-, -braten**
  Rinderbraten/Brathähnchen/
  Schweinebraten/Lammbraten

5.1 Lebensmittel, Kochen, Mahlzeiten

- ☐ **mug** *n* [mʌg]
  a coffee/tea mug
- ☐ **teacup** *n* [ˈtiːkʌp]
- ☐ **saucer** *n* [ˈsɔːsə]
- ☐ **tray** *n* [treɪ]

5 Ernährung, Kleidung, Einkaufen

5.1 Lebensmittel, Kochen, Mahlzeiten

- [ ] **Becher (oft mit Henkel)**
  ein Kaffee-/Teebecher
- [ ] **Teetasse**
- [ ] **Untertasse**
- [ ] **Tablett**

5.1 Lebensmittel, Kochen, Mahlzeiten

☐ **bacon** *n uncount* [ˈbeɪkᵊn]
bacon and eggs

☐ **ham** *n uncount* [hæm]
cooked ham

☐ **sausage** *n* [ˈsɒsɪdʒ]
pork/beef sausages

☐ **hot dog** *n* [ˈhɒtdɒg]

☐ **burger** *n* [ˈbɜːgə]

☐ **chop** *n* [tʃɒp]
a pork/lamb chop

5 Ernährung, Kleidung, Einkaufen

5.1 Lebensmittel, Kochen, Mahlzeiten

- ☐ **durchwachsener Speck**
  Eier mit Speck
- ☐ **Schinken**
  gekochter Schinken
- ☐ **Würstchen**
  Schweins-/Rindsbratwürste
- ☐ **Hotdog** *(heißes Würstchen im Brötchen)*
- ☐ **Burger, Hamburger**
- ☐ **Kotelett**
  ein Schweine-/Lammkotelett

5.1 Lebensmittel, Kochen, Mahlzeiten

☐ **fast food** *n uncount* [ˌfɑːstˈfuːd]

☐ **health food** *n uncount* [ˈhelθˌfuːd]

5 Ernährung, Kleidung, Einkaufen

5.1 Lebensmittel, Kochen, Mahlzeiten

- [ ] **Fast Food** *(schnell verzehrbares Essen, oft zum Mitnehmen)*
- [ ] **Vollwertkost**

5.1 Lebensmittel, Kochen, Mahlzeiten

☐ **barbecue** *n; v* [ˈbɑːbɪkjuː]

☐ **picnic** *n* [ˈpɪknɪk]
have a picnic

5 Ernährung, Kleidung, Einkaufen

5.1 Lebensmittel, Kochen, Mahlzeiten

☐ **Grill/Grillessen im Freien; im Freien grillen**

☐ **Picknick**
picknicken, ein Picknick machen

5.1 Lebensmittel, Kochen, Mahlzeiten

☐ **cereal** *n uncount* [ˈsɪəriəl]

Would you like some cereal for breakfast this morning?

☐ **cornflakes** *n pl* [ˈkɔːnfleɪks]

5 Ernährung, Kleidung, Einkaufen

5.1 Lebensmittel, Kochen, Mahlzeiten

- [ ] **Getreideflocken** *(z. B. Cornflakes, Müsli)*
  Hättest du heute gerne Getreideflocken zum Frühstück?
- [ ] **Cornflakes**

5.1 Lebensmittel, Kochen, Mahlzeiten

☐ **tablespoon** *n* [ˈteɪbəlspuːn]
☐ **teaspoon** *n* [ˈtiːspuːn]

5 Ernährung, Kleidung, Einkaufen

5.1 Lebensmittel, Kochen, Mahlzeiten

- [ ] **Esslöffel**
- [ ] **Teelöffel**

5.1 Lebensmittel, Kochen, Mahlzeiten

☐ **tasty** *adj* ['teɪsti]

☐ **yum!** *interj* [jʌm]

Yum, that's the tastiest strawberry ice cream I've ever had!

☐ **fantastic** *adj* [fæn'tæstɪk]

My mum's a fantastic/marvellous cook, isn't she?

☐ **marvellous** *adj* ['mɑːvələs]

☐ **disgusting** *adj* [dɪs'gʌstɪŋ]

5.1 Lebensmittel, Kochen, Mahlzeiten

- ☐ **schmackhaft, wohlschmeckend**
- ☐ **hm!, lecker!**
  Hm, das ist das beste Erdbeereis, das ich je gegessen habe!
- ☐ **fantastisch, wunderbar**
  Meine Mutter ist eine fantastische/ wunderbare Köchin, nicht wahr?
- ☐ **wunderbar, großartig**
- ☐ **widerlich, ekelhaft**

5.1 Lebensmittel, Kochen, Mahlzeiten

- [ ] **pork** *n uncount* [pɔːk]
- [ ] **veal** *n uncount* [viːl]
- [ ] **lamb** *n uncount* [læm]

roast leg of lamb

5 Ernährung, Kleidung, Einkaufen

5.1 Lebensmittel, Kochen, Mahlzeiten

- [ ] **Schweinefleisch**
- [ ] **Kalbfleisch**
- [ ] **Lammfleisch**

gebratene Lammkeule

5 Ernährung, Kleidung, Einkaufen

5.1 Lebensmittel, Kochen, Mahlzeiten

- [ ] **pear** *n* [peə]
- [ ] **lemon** *n* ['lemən]
- [ ] **grapefruit** *n* ['greɪpfruːt]
- [ ] **banana** *n* [bə'nɑːnə]
- [ ] **cherry** *n* ['tʃeri]
- [ ] **strawberry** *n* ['strɔːbərɪ]
- [ ] **raspberry** *n* ['rɑːzbərɪ]

5 Ernährung, Kleidung, Einkaufen

5.1 Lebensmittel, Kochen, Mahlzeiten

- ☐ **Birne**
- ☐ **Zitrone**
- ☐ **Grapefruit**
- ☐ **Banane**
- ☐ **Kirsche**
- ☐ **Erdbeere**
- ☐ **Himbeere**

5.1 Lebensmittel, Kochen, Mahlzeiten

☐ **pie** *n* [paɪ]

a fruit pie / an apple pie

a meat pie

☐ **biscuit** *BE n* [ˈbɪskɪt]

☐ **cookie** *AE n* [ˈkʊki]

5.1 Lebensmittel, Kochen, Mahlzeiten

- [ ] **gedeckter Obstkuchen; Pastete**
  ein gedeckter Obstkuchen/
  Apfelkuchen
  eine Fleischpastete
- [ ] **Keks, Plätzchen**
- [ ] **Keks, Plätzchen**

5.1 Lebensmittel, Kochen, Mahlzeiten

☐ **blend** *v* [blend]

Blend the sugar **with** a little vanilla powder.

☐ **peel** *v* [piːl]

peel potatoes

☐ **mash** *v* [mæʃ]

Mash the boiled potatoes with some milk and butter.

mashed potatoes

5 Ernährung, Kleidung, Einkaufen

5.1 Lebensmittel, Kochen, Mahlzeiten

- [ ] **(ver)mischen, vermengen**
  Vermischen Sie den Zucker mit ein wenig Vanillepulver.
- [ ] **schälen, pellen**
  Kartoffeln schälen
- [ ] **zerdrücken, stampfen**
  Zerdrücken Sie die gekochten Kartoffeln mit etwas Milch und Butter.
  Kartoffelpüree

5.1 Lebensmittel, Kochen, Mahlzeiten

☐ **dressing** *n uncount* ['dresɪŋ]

☐ **salad dressing** *n uncount* ['sæləd,dresɪŋ]

☐ **season** *v* ['siːzᵊn]

☐ **toss** *v* [tɒs]

Season with salt and pepper and then **toss the salad** well.

☐ **gravy** *n uncount* ['greɪvɪ]

5 Ernährung, Kleidung, Einkaufen

5.1 Lebensmittel, Kochen, Mahlzeiten

- ☐ **Salatsoße**
- ☐ **Salatsoße**

- ☐ **würzen, abschmecken**
- ☐ **mischen, anmachen**

  Würzen Sie den Salat mit Salz und Pfeffer, dann mischen Sie ihn kräftig durch.
- ☐ **Bratensoße**

5.1 Lebensmittel, Kochen, Mahlzeiten

☐ **dairy** *adj* ['deəri]
a dairy product
Milk has to be processed before it can be bottled.

☐ **processed** *adj* ['prəʊsest]
processed cheese

5 Ernährung, Kleidung, Einkaufen

5.1 Lebensmittel, Kochen, Mahlzeiten

☐ **Molkerei-, Milch-**
ein Michprodukt
Milch muss verarbeitet werden,
bevor man sie abfüllen kann.

☐ **verarbeitet, bearbeitet**
Schmelzkäse

5.1 Lebensmittel, Kochen, Mahlzeiten

☐ **groceries** *n pl* [ˈɡrəʊsəriz]

☐ **tinned** *BE adj* [tɪnd]

tinned food

☐ **canned** *AE adj* [kænd]

canned food

5 Ernährung, Kleidung, Einkaufen

5.1 Lebensmittel, Kochen, Mahlzeiten

- [ ] **Lebensmittel**
- [ ] **in Dosen, Dosen-**
  Lebensmittel in Dosen
- [ ] **in Dosen, Dosen-**
  Lebensmittel in Dosen

5.1 Lebensmittel, Kochen, Mahlzeiten

- ☐ **mince** *BE n uncount* [mɪns]
- ☐ **ground beef** *AE n uncount* [ˌgraʊndˈbiːf]
- ☐ **liver** *n uncount* [ˈlɪvə]

5 Ernährung, Kleidung, Einkaufen

5.1 Lebensmittel, Kochen, Mahlzeiten

- [ ] **Hackfleisch**
- [ ] **Hackfleisch**

- [ ] **Leber**

5.1 Lebensmittel, Kochen, Mahlzeiten

- ☐ **baked potato** *n* [ˌbeɪktpəˈteɪtəʊ]
- ☐ **bean** *n* [biːn]
- ☐ **green bean** *n* [ˌgriːnˈbiːn]
- ☐ **baked beans** *n pl* [ˌbeɪktˈbiːnz]

5 Ernährung, Kleidung, Einkaufen

5.1 Lebensmittel, Kochen, Mahlzeiten

- ☐ **in der Schale gebackene Kartoffel**
- ☐ **Bohne**
- ☐ **grüne Bohne, Stangenbohne**
- ☐ **weiße Bohnen in Tomatensoße**

5.1 Lebensmittel, Kochen, Mahlzeiten

- [ ] **bitter** *BE n uncount* [ˈbɪtə]
  a pint of bitter
- [ ] **lager** *BE n uncount* [ˈlɑːgə]

  Half of lager, please.
- [ ] **pint** *n* [paɪnt]
- [ ] **barrel** *n* [ˈbærᵊl]
  a barrel of wine/beer
- [ ] **draught** *adj* [drɑːft]
  draught beer
- [ ] **bottled** *adj* [ˈbɒtᵊld]
  bottled beer/water

5 Ernährung, Kleidung, Einkaufen

5.1 Lebensmittel, Kochen, Mahlzeiten

- ☐ **Bitter** *(halbdunkle Biersorte)*
  eine „Pint“ Bitter
- ☐ **Lager** *(helle herbe Biersorte ähnlich Pils)*
  Ein kleines Lager, bitte!
- ☐ **Pint (0,57 Liter),** *etwa:* **eine Halbe**
- ☐ **Fass**
  ein Fass Wein/Bier
- ☐ **vom Fass, Fass-**
  Bier vom Fass, Fassbier
- ☐ **in der Flasche, Flaschen-**
  Flaschenbier / Wasser in Flaschen

5.1 Lebensmittel, Kochen, Mahlzeiten

☐ **whisk(e)y** *n uncount* ['wɪski]
A **double whisk(e)y**, please.

☐ **Scotch** *n* [skɒtʃ]
Scotch whisky

☐ **gin** *n uncount* [dʒɪn]

☐ **sherry** *n uncount* ['ʃeri]

☐ **cider** *n uncount* ['saɪdə]

5.1 Lebensmittel, Kochen, Mahlzeiten

- [ ] **Whisk(e)y**
  Bitte einen doppelten Whisky!
- [ ] **Scotch, schottischer Whisky**
  schottischer Whisky, Scotch
- [ ] **Gin**
- [ ] **Sherry**
- [ ] **Apfelwein (BE), Apfelsaft (AE)**

5.2 Kleidung und Zubehör

☐ **raincoat** *n* ['reɪnkəʊt]

☐ **glove** *n* [glʌv]

What **a** lovely **pair of gloves**!

☐ **umbrella** *n* [ʌm'brelə]

5 Ernährung, Kleidung, Einkaufen

5.2 Kleidung und Zubehör

- [ ] **Regenmantel**
- [ ] **Handschuh**
  Was für wunderschöne Handschuhe!
- [ ] **Regenschirm**

5.2 Kleidung und Zubehör

- [ ] **nightdress** *BE n* [ˈnaɪtdres]
- [ ] **nightie** *n inform* [ˈnaɪti]
- [ ] **pyjamas** *n pl* [pəˈdʒɑːməz]

a pair of pyjamas

5.2 Kleidung und Zubehör

- [ ] **(Damen-)Nachthemd**
- [ ] **Nachthemd**
- [ ] **Schlafanzug**

  ein Schlafanzug

5.2 Kleidung und Zubehör

- [ ] **T-shirt** *n* ['tiːʃɜːt]
- [ ] **sweatshirt** *n* ['swetʃɜːt]
- [ ] **sweater** *n* ['swetə]
- [ ] **cardigan** *n* ['kɑːdɪgən]

5 Ernährung, Kleidung, Einkaufen

5.2 Kleidung und Zubehör

- [ ] **T-Shirt**
- [ ] **Sweatshirt**
- [ ] **Pullover**
- [ ] **Strickjacke**

5.2 Kleidung und Zubehör

- ☐ **vest** *BE n* [vest]
- ☐ **undershirt** *AE n* [ˈʌndɚrʃɜːrt]
- ☐ **slip** *n* [slɪp]
- ☐ **bra** *n* [brɑː]

5.2 Kleidung und Zubehör

- ☐ **Unterhemd**
- ☐ **Unterhemd**
- ☐ **Unterrock**
- ☐ **BH, Büstenhalter**

5.2 Kleidung und Zubehör

- [ ] **handbag** *n* ['hændbæg]
- [ ] **wallet** *n* ['wɒlɪt]
- [ ] **high heels** *n pl* [ˌhaɪ'hiːlz]
- [ ] **trainers** *BE n pl* ['treɪnəz]
- [ ] **sneakers** *AE n pl* ['sniːkəz]
- [ ] **shoelace** *n* ['ʃuːleɪs]

5.2 Kleidung und Zubehör

- [ ] **Handtasche**
- [ ] **Brieftasche**
- [ ] **Stöckelschuhe, hochhackige Schuhe**
- [ ] **Turnschuhe, Sportschuhe**
- [ ] **Turnschuhe, Sportschuhe**
- [ ] **Schnürsenkel**

5.2 Kleidung und Zubehör

☐ **underwear** *n* ['ʌndəweə]
☐ **briefs** *n pl* [bri:fs]

☐ **pants** *BE n pl* [pænts]
Maude bought some panties for herself and five **pairs of pants** for her husband.
☐ **underpants** *mainly AE n pl* ['ʌndɚpænts]
☐ **panties** *n pl* ['pæntiz]

5.2 Kleidung und Zubehör

- [ ] **Unterwäsche**
- [ ] **kurze enge Damen-/ Herrenunterhose(n) (BE); kurze enge Herrenunterhose(n) (AE)**
- [ ] **Damen-/Herrenunterhose(n)**
  Maude kaufte sich ein paar Slips und für ihren Mann fünf Unterhosen.

- [ ] **Damen-/Herrenunterhose(n)**

- [ ] **Damenslip(s)**

5.2 Kleidung und Zubehör

☐ **blouse** *n* [blaʊz]
☐ **tailor** *n* [ˈteɪlə]

5.2 Kleidung und Zubehör

- [ ] **Bluse**
- [ ] **(Herren-)Schneider(in)**

5.2 Kleidung und Zubehör

☐ **fibre** *n* ['faɪbə]

natural fibres

☐ **silk** *n uncount* [sɪlk]

Basil wore a silk shirt to the party.

Both silk and linen are made from natural fibres.

☐ **linen** *n uncount* ['lɪnɪn]

Beth bought her mother a linen tablecloth.

☐ **synthetic** *adj* [sɪn'θetɪk]

synthetic fibres

5.2 Kleidung und Zubehör

- [ ] **Textilfaser**
  Naturfasern
- [ ] **Seide, Seiden-**
  Basil trug zur Party ein Seidenhemd. Seide und Leinen werden beide aus Naturfasern hergestellt.
- [ ] **Leinen-; Wäsche, Leinen**
  Beth kaufte ihrer Mutter ein Leinentischtuch.
- [ ] **synthetisch, Kunst-**
  Kunstfasern

5.2 Kleidung und Zubehör

- [ ] **swimsuit** *n* ['swɪmsuːt]
- [ ] **trunks** *n pl* [trʌŋks]

5.2 Kleidung und Zubehör

- ☐ **Badeanzug**
- ☐ **Badehose(n)**

5.2 Kleidung und Zubehör

- [ ] **waistcoat** *BE* *n* [ˈweɪstkəʊt]
- [ ] **vest** *AE* *n* [vest]
- [ ] **sleeve** *n* [sliːv]

  a shirt sleeve

5 Ernährung, Kleidung, Einkaufen

5.2 Kleidung und Zubehör

- ☐ **Weste**
- ☐ **Weste**
- ☐ **Ärmel**

  ein Hemdsärmel

5.2 Kleidung und Zubehör

☐ **stripe** *n* [straɪp]
Ann wore a blue blouse with white stripes and dots.

☐ **dot** *n* [dɒt]

5.2 Kleidung und Zubehör

☐ **Streifen**

Ann trug eine blaue Bluse mit weißen Streifen und kleinen Punkten.

☐ **kleiner Farbpunkt**

5.2 Kleidung und Zubehör

☐ **zip** *BE n* [zɪp]

☐ **zipper** *AE n* [ˈzɪpɚ]

☐ **zip up** *phrasal v* [ˌzɪpˈʌp]

Paul zipped up his raincoat and stepped outside.

☐ **undo**, undid, undone *v*
[ʌnˈduː, ʌnˈdɪd, ʌnˈdʌn]

Herbert **undid the zip/zipper** on his jacket and took it off.

☐ **unzip** *v* [ʌnˈzɪp]

Wendy unzipped her boots and took them off.

- [ ] **Reißverschluss**
- [ ] **Reißverschluss**
- [ ] **(Reißverschluss) zumachen**
  Paul machte den Reißverschluss seines Regenmantels zu und trat hinaus.
- [ ] **öffnen, aufmachen**

  Herbert öffnete den Reißverschluss seiner Jacke und zog sie aus.
- [ ] **(Reißverschluss) aufmachen, öffnen**
  Wendy machte den Reißverschluss ihrer Stiefel auf und zog sie aus.

5.3 Schmuck

- ☐ **jewel** *n* [ˈdʒuːəl]
- ☐ **valuables** *n pl* [ˈvæluːəbəlz]
  Don't leave any valuables in your hotel room.
- ☐ **gold** *adj* [gəʊld]
- ☐ **silver** *adj* [ˈsɪlvə]
- ☐ **pearl** *n* [pɜːl]
  Dr Smithers gave his wife pearls for their twelfth wedding anniversary.

5.3 Schmuck

- ☐ **Edelstein, Juwel**
- ☐ **Wertsachen**

  Lassen Sie keine Wertsachen in Ihrem Hotelzimmer!
- ☐ **golden, Gold-**
- ☐ **silbern, Silber-**
- ☐ **Perle**

  Dr. Smithers schenkte seiner Frau zum 12. Hochzeitstag Perlen.

5.3 Schmuck

- [ ] **earring** *n* ['ɪərɪŋ]
- [ ] **pierce** *v* [pɪəs]
  Dennis had his ears and nose pierced.
- [ ] **piercing** *n uncount* ['pɪəsɪŋ]
  18-year-old Sandra has told our reporter that she definitely prefers body piercing to tattoos.
- [ ] **piercing** *n* ['pɪəsɪŋ]
  Sandra's younger brother has twelve piercings in his face and a big tattoo on his back.
- [ ] **tattoo** *n; v* [tæt'uː]
  The boxer's arms and shoulders **were covered in tattoos**.
  Amy had her name tattooed on her back.

5.3 Schmuck

- [ ] **Ohrring**
- [ ] **piercen, (Haut) durchstechen**
  Dennis ließ sich die Ohren und die Nase piercen.
- [ ] **Piercing (allgemein)**
  Die 18-jährige Sandra sagte unserem Reporter, dass sie das Körperpiercing eindeutig Tätowierungen vorzieht.
- [ ] **Piercing (einzeln)**
  Sandras jüngerer Bruder hat zwölf Piercings im Gesicht und eine große Tätowierung auf dem Rücken.
- [ ] **Tätowierung; tätowieren**
  Die Arme und Schultern des Boxers waren von Tätowierungen bedeckt. Amy ließ sich ihren Namen auf den Rücken tätowieren.

5.4 Einkaufen

☐ **bargain** *n* ['bɑːgɪn]
These boots are **an amazing bargain** – just £30!

☐ **economical** *adj* [ˌiːkə'nɒmɪkəl]
It's more economical to buy things in the sales or in a second-hand shop.

☐ **second-hand** *adj* [ˌsekənd'hænd]
second-hand clothes

☐ **discount** *n* ['dɪskaʊnt]
The local hypermarket is **offering a** 20 % **discount on** clothes.

5.4 Einkaufen

☐ **Gelegenheitskauf, Schnäppchen**
Diese Stiefel sind ein erstaunliches Schnäppchen – nur 30 Pfund!

☐ **sparsam; günstig**
Es ist günstiger, Sachen im Schlussverkauf oder in einem Secondhand-Laden zu kaufen.

☐ **gebraucht, Gebraucht-**
gebrauchte Kleider

☐ **Rabatt**
Der örtliche Verbrauchermarkt bietet gerade 20 % Rabatt auf Kleidung an.

5.4 Einkaufen

☐ **price tag** *n* [ˈpraɪsˌtæg]
Why doesn't this CD player have a price tag on it?

☐ **excluding** *prep* [ɪksˈkluːdɪŋ]

5 Ernährung, Kleidung, Einkaufen

5.4 Einkaufen

- [ ] **Preisschild**
  Warum hat dieser CD-Spieler keine Preisschild?
- [ ] **exklusive, ohne**

5.4 Einkaufen

☐ **shop assistant** *BE n* [ˈʃɒpəˌsɪstənt]
A good shop assistant knows a lot about the things she or he sells.

☐ **salesperson**, *pl* salespeople *n*
[ˈseɪlzˌpɜːsᵊn,ˈseɪlzˌpiːpᵊl]

☐ **counter** *n* [ˈkaʊntə]
I was the only customer in the shop and three salespeople were waiting for me **behind the counter**.

☐ **shopkeeper** *n* [ˈʃɒpˌkiːpə]

☐ **self-service** *adj* [ˌselfˈsɜːvɪs]
Many **self-service petrol stations** have developed into supermarkets.

5.4 Einkaufen

- [ ] **Verkäufer(in)**
  Ein(e) gute(r) Verkäufer(in) ist bestens informiert über die Waren, die sie/er verkauft.
- [ ] **Verkäufer(in)**

- [ ] **Ladentisch; Tresen**
  Ich war die einzige Kundin im Laden und drei Verkäufer erwarteten mich hinter dem Ladentisch.
- [ ] **Ladenbesitzer(in)**
- [ ] **Selbstbedienungs-**
  Viele Tankstellen mit Selbstbedienung haben sich zu Supermärkten entwickelt.

5.4 Einkaufen

- ☐ **boutique** *n* [buːˈtiːk]
- ☐ **shop** *v* [ʃɒp]
  go shopping
- ☐ **shop around** *phrasal v* [ˌʃɒpəˈraʊnd]
  Linda wanted to **shop around** before she decided what to buy.

- ☐ **window-shopping** *n uncount* [ˈwɪndəʊʃɒpɪŋ]

5.4 Einkaufen

- ☐ **Boutique, kleines Modegeschäft**
- ☐ **einkaufen**
  einkaufen gehen
- ☐ **sich in mehreren Läden umsehen**
  Linda wollte sich vor der Kaufentscheidung noch ein bisschen in anderen Läden umsehen.
- ☐ **Schaufensterbummel**

5.4 Einkaufen

☐ **ready-made** *adj* [ˌredɪˈmeɪd]
ready-made clothes

5.4 Einkaufen

☐ **seriengefertigt, Konfektions-**
Konfektionskleidung

5.4 Einkaufen

- ☐ **bookshop** *BE* *n* [ˈbʊkʃɒp]
- ☐ **bookstore** *mainly AE* *n* [ˈbʊkstɔːr]
- ☐ **department store** *n* [dɪˈpɑːtmәntˌstɔː]
- ☐ **hypermarket** *n* [ˈhaɪpәˌmɑːkɪt]
- ☐ **shopping centre** *n* [ˈʃɒpɪŋˌsentә]
- ☐ **mall** *n* [mɔːl]

5.4 Einkaufen

- ☐ **Buchhandlung**
- ☐ **Buchhandlung**
- ☐ **Warenhaus, Kaufhaus**
- ☐ **(sehr großer) Verbrauchermarkt**
- ☐ **Einkaufszentrum**
- ☐ **Einkaufszentrum**

5.4 Einkaufen

☐ **purchase** *n form* ['pɜːtʃəs]
The managing director's latest purchase was a red Porsche.

☐ **purchase** *v form* ['pɜːtʃəs]

5.4 Einkaufen

☐ **Kauf, Erwerbung**
Die jüngste Erwerbung des Generaldirektors war ein roter Porsche.

☐ **erwerben**

5.4 Einkaufen

☐ **baker** *n* ['beɪkə]
Could you please go to the baker's round the corner and buy some bread?

☐ **butcher** *n* ['bʊtʃə]

☐ **grocer** *n* ['grəʊsə]

☐ **greengrocer** *mainly BE n* ['griːnˌgrəʊsə]
Where can I get fresh vegetables around here? – At the greengrocer's in Market Street.

5.4 Einkaufen

- [ ] **Bäcker(in)**

  Könntest du bitte zum Bäckerladen um die Ecke gehen und Brot kaufen?

- [ ] **Metzger(in), Fleischer(in)**
- [ ] **Lebensmittelhändler(in)**
- [ ] **Obst- und Gemüsehändler(in)**

  Wo bekomme ich hier in der Nähe frisches Gemüse? – Beim Gemüseladen in der Market Street.

5.4 Einkaufen

- ☐ **carrier bag** *BE n* ['kæriə,bæg]
- ☐ **shopping bag** *n* ['ʃɒpɪŋ,bæg]
- ☐ **trolley** *BE n* ['trɒlɪ]
- ☐ **shopping cart** *AE n* ['ʃaːpɪŋ,kaːrt]

5.4 Einkaufen

- ☐ **Einkaufstasche**
- ☐ **Einkaufstasche**
- ☐ **Einkaufswagen**
- ☐ **Einkaufswagen**

5.4 Einkaufen

☐ **label** *v* ['leɪbᵊl]

In Great Britain genetically modified foods must be labelled "GM".

☐ **bar code** *n* ['bɑːkəʊd]
bar code reader
☐ **checkout** *n* ['tʃekaʊt]
☐ **self checkout** *n* [ˌself'tʃekaʊt]

☐ **cash desk** *BE* *n* ['kæʃdesk]
☐ **cashier** *n* [kə'ʃɪə]

- ☐ **etikettieren; mit einer Aufschrift versehen**
  In Großbritannien müssen genveränderte Lebensmittel die Aufschrift „GM“ tragen.
- ☐ **Strichcode (auf Waren)**
  Strichcode-Lesegerät/Scanner
- ☐ **Warenhaus-, Supermarkt-Kasse**
- ☐ **Selbstbedienungskasse** *(Automat ohne Bedienung im Warenhaus oder Supermarkt)*
- ☐ **Kasse** *(in normalen Läden)*
- ☐ **Kassierer(in)**

5.4 Einkaufen

☐ **check against** *phrasal v* [ˌtʃekəˈgenst]

☐ **refund** *n* [ˈriːfʌnd]

Sally received **a full refund for** the new TV set which did not work properly.

☐ **refund** *v* [ˌriːˈfʌnd]

The shopkeeper **refunded** the full price **to** the customer.

- [ ] **kontrollieren, mit etw. vergleichen**
- [ ] **Rückzahlung/-erstattung**
  Sally wurde die volle Summe für den neuen Fernseher erstattet, der nicht richtig funktionierte.
- [ ] **zurückzahlen**
  Der Ladenbesitzer erstattete dem Kunden den vollen Preis.

6.1 Bauen, Haus, Gebäude, Bewohner

☐ **site** *n* [saɪt]

a building site

☐ **architect** *n* ['ɑːkɪtekt]

☐ **architecture** *n* ['ɑːkɪtektʃə]

6 Wohnen

6.1 Bauen, Haus, Gebäude, Bewohner

☐ **Grundstück**
ein Bauplatz

☐ **Architekt(in)**

☐ **Architektur**

6.1 Bauen, Haus, Gebäude, Bewohner

- ☐ **concrete** *n uncount* [ˈkɒŋkriːt]
  The cellar of our house is **made (out) of concrete**.
- ☐ **timber** *n uncount* [ˈtɪmbə]
  The farmhouse had **solid timber** doors.
- ☐ **beam** *n* [biːm]

6 Wohnen

6.1 Bauen, Haus, Gebäude, Bewohner

- [ ] **Beton**
  Der Keller unseres Hauses ist aus Beton.
- [ ] **Bauholz**
  Das Bauernhaus hatte Türen aus massivem Holz.
- [ ] **langer, dicker Träger (aus Holz, Stahl, Beton)**

6.1 Bauen, Haus, Gebäude, Bewohner

- ☐ **bricklayer** *n* [ˈbrɪkleɪə]
- ☐ **joiner** *n* [ˈdʒɔɪnə]
- ☐ **carpenter** *n* [ˈkɑːpᵊntə]
- ☐ **painter** *n* [ˈpeɪntə]

6 Wohnen

6.1 Bauen, Haus, Gebäude, Bewohner

- ☐ **Maurer(in)**
- ☐ **Zimmerer(in)**
- ☐ **Schreiner(in), Tischler(in)**
- ☐ **Anstreicher(in), Maler(in)**

6.1 Bauen, Haus, Gebäude, Bewohner

☐ **patio** *n* [ˈpætɪəʊ]

☐ **terrace** *BE n* [ˈterəs]

We like to have our meals **on the terrace** when the weather's nice.

☐ **porch** *n* [pɔːtʃ]

☐ **balcony** *n* [ˈbælkəni]

☐ **chimney** *n* [ˈtʃɪmni]

6 Wohnen

6.1 Bauen, Haus, Gebäude, Bewohner

☐ **Terrasse**

☐ **Terrasse**

Wir essen gerne auf der Terrasse, wenn das Wetter schön ist.

☐ **Vorbau, Vordach (BE); Veranda (AE)**

☐ **Balkon**

☐ **Schornstein**

6.1 Bauen, Haus, Gebäude, Bewohner

☐ **ground floor** *BE n sing* [ˌgraʊnd'flɔː]
The Browns live **on the ground floor**.

☐ the **first floor** *n sing* [ˌfɜːst'flɔː]

☐ **cellar** *n* ['selə]

☐ **basement** *n* ['beɪsmənt]
a basement flat

☐ **attic** *n* ['ætɪk]

6 Wohnen

6.1 Bauen, Haus, Gebäude, Bewohner

☐ **Erdgeschoss**
Die Browns wohnen im Erdgeschoss.

☐ **das Erdgeschoss (AE) / der erste Stock (BE)**

☐ **Keller**

☐ **Unter-/Kellergeschoss; Souterrain**
eine Wohnung im Souterrain

☐ **Dachboden**

6.1 Bauen, Haus, Gebäude, Bewohner

- ☐ **staircase** *n* ['steəkeɪs]
- ☐ **banister** *n* ['bænɪstə]
- ☐ **landing** *n* ['lændɪŋ]
- ☐ **escalator** *n* ['eskəleɪtə]

6 Wohnen

6.1 Bauen, Haus, Gebäude, Bewohner

- ☐ **Treppe, Treppenhaus**
- ☐ **Treppengeländer**
- ☐ **Treppenabsatz, Etagenabsatz**
- ☐ **Rolltreppe**

6.1 Bauen, Haus, Gebäude, Bewohner

☐ **exterior** *adj; n* [ɪk'stɪəriə]

an exterior wall

The exterior of the hotel was rather plain, but inside it was very nice.

☐ **interior** *adj; n* [ɪn'tɪəriə]

☐ **driveway** *n* ['draɪvweɪ]

6 Wohnen

6.1 Bauen, Haus, Gebäude, Bewohner

- [ ] **Außen-; Fassade (eines Gebäudes)**
  eine Außenwand
  Die Fassade des Hotels war ziemlich unattraktiv, aber innen war es sehr schön.
- [ ] **Innen-; Innenraum/-gestaltung**
- [ ] **Hauseinfahrt, Zufahrt**

6.1 Bauen, Haus, Gebäude, Bewohner

☐ **way out** *BE n* [ˌweɪˈaʊt]

☐ **Ausgang**

6.1 Bauen, Haus, Gebäude, Bewohner

☐ **skyscraper** *n* [ˈskaɪˌskreɪpə]

6 Wohnen

6.1 Bauen, Haus, Gebäude, Bewohner

☐ **Wolkenkratzer, Hochhaus**

6.1 Bauen, Haus, Gebäude, Bewohner

- ☐ **farmhouse** *n* [ˈfɑːmhaʊs]
- ☐ **cabin** *n* [ˈkæbɪn]

- ☐ **shed** *n* [ʃed]

6 Wohnen

6.1 Bauen, Haus, Gebäude, Bewohner

- ☐ **Bauernhaus**
- ☐ **kleines Holzhaus (im Wald/Gebirge), Hütte**
- ☐ **kleiner Lagerschuppen**

6.1 Bauen, Haus, Gebäude, Bewohner

- ☐ **bungalow** *n* [ˈbʌŋgəlәʊ]
- ☐ **detached house** *BE n* [dɪˈtætʃtˌhaʊs]
- ☐ **semi-detached house** *BE n* [ˌsemɪdɪˈtætʃtˌhaʊs]
- ☐ **duplex** *AE n* [ˈduːpleks]
- ☐ **terraced house** *BE n* [ˈterɪstˌhaʊs]
- ☐ **row house** *AE n* [ˈroʊˌhaʊs]
- ☐ **owner-occupied flat** *BE n* [ˌəʊnəˈɒkjəpaɪdˌflæt]
- ☐ **condominium** *AE n* [ˌkɑːndəˈmɪnɪəm]

6 Wohnen

6.1 Bauen, Haus, Gebäude, Bewohner

- ☐ **Bungalow, einstöckiges Haus**
- ☐ **freistehendes Haus, Einzelhaus**
- ☐ **Doppelhaushälfte**

- ☐ **Doppelhaushälfte**
- ☐ **Reihenhaus**
- ☐ **Reihenhaus**
- ☐ **Eigentumswohnung**

- ☐ **Eigentumswohnanlage; Eigentumswohnung**

6.2 Wohnung, Einrichtung

- [ ] **council house** *BE n* ['kaʊnsᵊlˌhaʊs]

- [ ] **council flat** *BE n* ['kaʊnsᵊlˌflæt]
- [ ] **bedsit** *BE n* ['bedsɪt]
- [ ] **rented room** *AE n* [ˌrentɪd'ruːm]
- [ ] **furnished** *adj* ['fɜːnɪʃt]

Sandra has been looking for **a furnished room/flat** in Central London for quite some time.

6 Wohnen

6.2 Wohnung, Einrichtung

- ☐ **preiswertes Mietshaus** *(im kommunalen Besitz)*
- ☐ **Sozialwohnung**
- ☐ **möbliertes Zimmer**
- ☐ **möbliertes Zimmer**
- ☐ **möbliert**

  Sandra sucht schon eine ganze Weile ein möbliertes Zimmer / eine möblierte Wohnung im Zentrum von London.

6.2 Wohnung, Einrichtung

- ☐ **landlady** *n* ['læn,leɪdi]
- ☐ **landlord** *n* ['lænlɔːd]
- ☐ **tenant** *n* ['tenənt]
- ☐ **neighbourhood** *n* ['neɪbəhʊd]

6.2 Wohnung, Einrichtung

- ☐ **Vermieterin**
- ☐ **Vermieter**
- ☐ **Mieter(in)**
- ☐ **Nachbarschaft**

6.2 Wohnung, Einrichtung

☐ **doorbell** *n* [ˈdɔːbel]

☐ **unlock** *v* [ʌnˈlɒk]

☐ **hook** *n* [hʊk]

a coat hook

6 Wohnen

6.2 Wohnung, Einrichtung

- ☐ **Türklingel/-glocke**
- ☐ **aufschließen, öffnen**
- ☐ **Haken, Kleiderhaken**
  ein Kleiderhaken

6.2 Wohnung, Einrichtung

☐ **dining room** *n* ['daɪnɪŋˌrʊm]

☐ **living room** *n* ['lɪvɪŋrʊm]

☐ **lounge** *BE n* [laʊndʒ]

☐ **fireplace** *n* ['faɪəpleɪs]

On winter evenings, we love to **sit by the fireplace** and read a book.

☐ **cosy** *adj* ['kəʊzi]

Virginia's study was **a cosy little room**.

☐ **spare room** *n* [ˌspeə'ruːm]

6 Wohnen

6.2 Wohnung, Einrichtung

- [ ] **Esszimmer**
- [ ] **Wohnzimmer**
- [ ] **Wohnzimmer**
- [ ] **(offener) Kamin**
  An Winterabenden sitzen wir sehr gern am offenen Kamin und lesen ein Buch.
- [ ] **gemütlich**
  Virginias Arbeitszimmer war ein gemütlicher kleiner Raum.
- [ ] **Gästezimmer**

6.2 Wohnung, Einrichtung

- [ ] **heating** *n uncount* ['hiːtɪŋ]
- [ ] **central heating** *n uncount* [ˌsentrᵊl'hiːtɪŋ]
- [ ] **radiator** *n* ['reɪdieɪtə]
- [ ] **turn up** *phrasal v* [ˌtɜːn'ʌp]
  Could you please **turn the heating up** a bit? It's cold in here!
- [ ] **turn down** *phrasal v* [ˌtɜːn'daʊn]

6.2 Wohnung, Einrichtung

- [ ] **Heizung**
- [ ] **Zentralheizung**

- [ ] **Heizkörper**
- [ ] **aufdrehen, wärmer einstellen**
  Könntest du bitte die Heizung etwas aufdrehen? Es ist kalt hier!
- [ ] **zurückdrehen, kälter einstellen**

6.2 Wohnung, Einrichtung

- [ ] **lavatory** *n* [ˈlævətrɪ]
- [ ] **loo** *BE n inform* [luː]
- [ ] **washbasin** *n* [ˈwɒʃˌbeɪsᵊn]
- [ ] **flush** *v* [flʌʃ]

Please don't forget to **flush the toilet** after use.

6.2 Wohnung, Einrichtung

- ☐ **Toilette**
- ☐ **Klo**
- ☐ **Waschbecken**
- ☐ **(das WC) spülen**

Bitte vergessen Sie nicht, die Toilette nach Gebrauch zu spülen.
(Hinweisschild)

6.2 Wohnung, Einrichtung

☐ **furnish** *v* [ˈfɜːnɪʃ]

Furnishing an empty flat can be very expensive.

☐ **wallpaper** *n* [ˈwɔːlˌpeɪpə]

☐ **fitted** *BE adj* [ˈfɪtɪd]

a fitted carpet *BE*

6.2 Wohnung, Einrichtung

- [ ] **möblieren, einrichten**
  Die Einrichtung einer Leerwohnung kann sehr teuer werden.
- [ ] **Tapete(n)**
- [ ] **eingebaut, Einbau-**
  ein Teppichboden

6.2 Wohnung, Einrichtung

- ☐ **mattress** *n* ['mætrɪs]
- ☐ **pillow** *n* ['pɪləʊ]
- ☐ **pillowcase** *n* ['pɪləʊkeɪs]
- ☐ **blanket** *n* ['blæŋkɪt]
- ☐ **quilt** *n* [kwɪlt]
- ☐ **bedclothes** *n pl* ['bedkləʊðz]
- ☐ **rug** *n* [rʌg]
  a bedside rug
- ☐ **alarm clock** *n* [ə'lɑːmˌklɒk]

6 Wohnen

6.2 Wohnung, Einrichtung

- ☐ **Matratze**
- ☐ **Kopfkissen**
- ☐ **Kopfkissenbezug**
- ☐ **(Bett-)Decke**
- ☐ **Steppdecke, Bettdecke**
- ☐ **Bettwäsche, Bettzeug**
- ☐ **kleiner Teppich**
  ein Bettvorleger
- ☐ **Wecker**

6.2 Wohnung, Einrichtung

- [ ] **armchair** *n* ['ɑːmtʃeə]
- [ ] **stool** *n* [stuːl]
- [ ] **sofa** *n* ['səʊfə]
- [ ] **couch** *n* [kaʊtʃ]
- [ ] **cushion** *n* ['kʊʃən]
- [ ] **bench** *n* [benʃ]
- [ ] **bookshelf**, *pl* bookshelves *n* ['bʊkʃelf]

6.2 Wohnung, Einrichtung

- [ ] **Sessel, Lehnstuhl**
- [ ] **Hocker**
- [ ] **Sofa, Couch**
- [ ] **Couch, Sofa**
- [ ] **Sofa-/Sitzkissen**
- [ ] **Sitzbank**
- [ ] **Bücherbord/-brett, Bücherregal**

6.2 Wohnung, Einrichtung

- ☐ **tablecloth** *n* [ˈteɪbᵊlklɒθ]
- ☐ **china** *n uncount* [ˈtʃaɪnə]
- ☐ **vase** *n* [vɑːz]
- ☐ **ashtray** *n* [ˈæʃtreɪ]
- ☐ **tick** *v* [tɪk]

6.2 Wohnung, Einrichtung

- [ ] **Tischdecke**
- [ ] **Porzellangeschirr**
- [ ] **Vase**
- [ ] **Aschenbecher**
- [ ] **ticken**

6.2 Wohnung, Einrichtung

- [ ] **wardrobe** *n* ['wɔːdrəʊb]
- [ ] **closet** *AE n* ['klaːzɪt]

6.2 Wohnung, Einrichtung

- ☐ **Kleiderschrank**
- ☐ **Wandschrank, Kleiderschrank**

6.2 Wohnung, Einrichtung

- ☐ **cooker** *BE n* ['kʊkə]
  an electric cooker / a gas cooker *BE*
- ☐ **stove** *AE n* [stoʊv]
  an electric stove / a gas stove *AE*
- ☐ **microwave** *n* ['maɪkrəʊweɪv]
- ☐ **toaster** *n* ['təʊstə]
- ☐ **freezer** *n* ['friːzə]

6.2 Wohnung, Einrichtung

- ☐ **Koch-/Küchenherd**
  ein Elektro-/Gasherd
- ☐ **Koch-/Küchenherd**
  ein Elektro-/Gasherd
- ☐ **Mikrowelle(nherd)**
- ☐ **Toaster**
- ☐ **Gefrierschrank, Kühltruhe**

6.2 Wohnung, Einrichtung

- ☐ **tea towel** *BE n* [ˈtiːˌtaʊəl]
- ☐ **dish towel** *AE n* [ˈdɪʃˌtaʊəl]

6 Wohnen

6.2 Wohnung, Einrichtung

- [ ] **Geschirrtuch**
- [ ] **Geschirrtuch**

6.2 Wohnung, Einrichtung

- [ ] **bulb** *n* [bʌlb]
  a light bulb
- [ ] **plug** *n* [plʌg]
- [ ] **plug in** *phrasal v* [ˌplʌgˈɪn]
  The radio won't work if you don't plug it in!
- [ ] **socket** *n* [ˈsɒkɪt]

6.2 Wohnung, Einrichtung

☐ **Glühbirne**
eine Glühbirne

☐ **Elektrostecker**

☐ **hineinstecken, anschließen**
Das Radio funktioniert nicht, wenn du es nicht anschließt!

☐ **Steckdose**

6.2 Wohnung, Einrichtung

- ☐ **wastepaper basket** *n* ['weɪstpeɪpəˌbɑːskɪt]
- ☐ **trash** *AE n uncount* [træʃ]
- ☐ **trash can** *AE n* ['træʃkæn]
- ☐ **waste bin** *BE n* ['weɪstˌbɪn]
- ☐ **rubbish bin** *BE n* ['rʌbɪʃˌbɪn]
- ☐ **garbage can** *AE n* ['gɑːrbɪdʒˌkæn]

6.3 Haushalt und Hausarbeiten

- [ ] **Papierkorb**

- [ ] **Müll, Abfall**
- [ ] **Müll-/Abfalleimer**
- [ ] **Müll-/Abfalleimer**
- [ ] **Müll-/Abfalleimer**
- [ ] **Müll-/Abfalleimer**

6.3 Haushalt und Hausarbeiten

☐ **housewife**, *pl* housewives *n* ['haʊswaɪf, 'haʊswaɪvz]

☐ **house husband** *n* ['haʊsˌhʌzbənd]

☐ **household** *n* ['haʊshəʊld]

Running a household with children is a full-time job!

☐ **housework** *n uncount* ['haʊswɜːk]

6.3 Haushalt und Hausarbeiten

☐ **Hausfrau**

☐ **Hausmann**

☐ **Haushalt**

Einen Haushalt mit Kindern zu führen ist ein Vollzeitberuf!

☐ **Hausarbeit(en)**

6.3 Haushalt und Hausarbeiten

☐ **dusty** *adj* [ˈdʌsti]
☐ **dust off** *phrasal v* [ˌdʌstˈɒf]
Every Monday morning, Kate clears up her office desk and dusts it off.

☐ **duster** *n* [ˈdʌstə]
☐ **broom** *n* [bruːm]
☐ **vacuum cleaner** *n* [ˈvækjuːmˌkliːnə]
☐ **vacuum** *v* [ˈvækjuːm]
After tidying up the room, I started vacuuming.

☐ **polish** *v* [ˈpɒlɪʃ]
Shall I polish your shoes as well?
polish the floor

6.3 Haushalt und Hausarbeiten

- [ ] **staubig**
- [ ] **abstauben, Staub wischen**
  Jeden Montagmorgen räumt Kate ihren Büroschreibtisch auf und staubt ihn ab.
- [ ] **Staublappen**
- [ ] **Besen**
- [ ] **Staubsauger**
- [ ] **staubsaugen**
  Nachdem ich das Zimmer aufgeräumt hatte, begann ich zu staubsaugen.
- [ ] **polieren, putzen**
  Soll ich deine Schuhe auch putzen?
  den Boden bohnern

6.3 Haushalt und Hausarbeiten

☐ the **wash** *n sing* [wɒʃ]
Mum, was my new sweater in the wash?

☐ **washing** *BE n uncount* [ˈwɒʃɪŋ]
While you're doing the shopping, I can **do the washing**.

☐ **laundry** *n uncount* [ˈlɔːndri]
do the laundry

☐ **washing machine** *n* [ˈwɒʃɪŋməˌʃiːn]

☐ **dryer** *n* [ˈdraɪə]

☐ **iron** *v* [aɪən]
Tim likes to watch TV while ironing his shirts.

6.3 Haushalt und Hausarbeiten

- ☐ **die Wäsche**
  Mama, war mein neuer Pulli in der Wäsche?
- ☐ **(schmutzige) Wäsche**
  Während du einkaufst, kann ich die Wäsche waschen.
- ☐ **Wäsche**
  die Wäsche waschen
- ☐ **Waschmaschine**
- ☐ **Wäschetrockner**
- ☐ **bügeln**
  Tim sieht gerne fern, während er seine Hemden bügelt.

6.3 Haushalt und Hausarbeiten

☐ **sink** *n* [sɪŋk]

kitchen sink

☐ **dishwasher** *n* [ˈdɪʃˌwɒʃə]

Please don't always **run the dishwasher** half empty!

6.3 Haushalt und Hausarbeiten

- [ ] **Spülbecken, Spüle**
  Küchenspüle
- [ ] **Geschirrspüler**
  Bitte lass den Geschirrspüler nicht immer halb leer laufen!

6.3 Haushalt und Hausarbeiten

- ☐ **sew**, sewed, sewn *v* [səʊ, səʊd, səʊn]
- ☐ **sewing machine** *n* [ˈsəʊɪŋməˌʃiːn]
- ☐ **thread** *n* [θred]
  needle and thread
- ☐ **safety pin** *n* [ˈseɪftiˌpɪn]
- ☐ **scissors** *n pl* [ˈsɪzəz]
  a pair of scissors

6.3 Haushalt und Hausarbeiten

- [ ] **nähen**
- [ ] **Nähmaschine**
- [ ] **Faden**

  Nadel und Faden
- [ ] **Sicherheitsnadel**
- [ ] **Schere**

  eine Schere

6.3 Haushalt und Hausarbeiten

- ☐ **lighter** *n* ['laɪtə]
- ☐ **candle** *n* ['kændl]
- ☐ **torch** *BE n* [tɔːtʃ]
- ☐ **flashlight** *AE n* ['flæʃlaɪt]

6 Wohnen

6.3 Haushalt und Hausarbeiten

- ☐ **Feuerzeug**
- ☐ **Kerze**
- ☐ **Taschenlampe**
- ☐ **Taschenlampe**

6.3 Haushalt und Hausarbeiten

☐ **tidy** *v* ['taɪdi]
Could you please tidy (up) the living room a bit before our guests arrive, John?

☐ **tidy up** *phrasal v* [ˌtaɪdi'ʌp]

6.3 Haushalt und Hausarbeiten

☐ **aufräumen**
Könntest du bitte das Wohnzimmer ein bisschen aufräumen, John, bevor unsere Gäste eintreffen?

☐ **aufräumen**

7.1 Familie und Privatleben

☐ **ex** *n sing inform* [eks]

Dave has always maintained a good relationship with his ex because of the children.

☐ **adoption** *n* [əˈdɒpʃᵊn]

The Greenes couldn't have children of their own so adoption was their only alternative.

7 Privatleben, soziale Beziehungen

7.1 Familie und Privatleben

☐ **Exfrau/-mann/-freundin/-freund**
Dave hat wegen der Kinder immer eine gute Beziehung zu seiner Ex(frau) aufrechterhalten.

☐ **Adoption**
Die Greenes konnten keine eigenen Kinder bekommen, also blieb ihnen eine Adoption als einzige Alternative.

7.1 Familie und Privatleben

- ☐ **fiancée** *n* [fɪˈɑ̃ːseɪ]
- ☐ **fiancé** *n* [fɪˈɑ̃ːseɪ]
- ☐ **bride** *n* [braɪd]
- ☐ **bridegroom** *n* [ˈbraɪdgrʊm]
- ☐ **honeymoon** *n* [ˈhʌnimuːn]

7 Privatleben, soziale Beziehungen

7.1 Familie und Privatleben

- ☐ **Verlobte**
- ☐ **Verlobter**
- ☐ **Braut**
- ☐ **Bräutigam**
- ☐ **Hochzeitsreise**

7.1 Familie und Privatleben

☐ **singles** *n pl* [ˈsɪŋgəlz]

☐ **bachelor** *n* [ˈbætʃələ]
☐ **unmarried** *adj* [ʌnˈmærɪd]
Today, about 40 % of children in Britain are born to **unmarried parents/couples**.

7 Privatleben, soziale Beziehungen

7.1 Familie und Privatleben

- ☐ **alleinstehende / allein lebende Menschen**
- ☐ **Junggeselle**
- ☐ **unverheiratet, alleinstehend**

  Heute werden in Großbritannien etwa 40 % der Kinder bei unverheirateten Eltern/Paaren geboren.

7 Privatleben, soziale Beziehungen

7.1 Familie und Privatleben

- ☐ **widow** *n* ['wɪdəʊ]
- ☐ **widower** *n* ['wɪdəʊə]
- ☐ **mother-in-law** *n* ['mʌðərɪnlɔː]
- ☐ **father-in-law** *n* ['fɑːðərɪnlɔː]

7 Privatleben, soziale Beziehungen

7.1 Familie und Privatleben

- ☐ **Witwe**
- ☐ **Witwer**
- ☐ **Schwiegermutter**
- ☐ **Schwiegervater**

7.1 Familie und Privatleben

- ☐ **grandma** *n inform* ['grænmɑː]
- ☐ **granny** *n inform* ['græni]
- ☐ **nan** *BE n inform* [næn]
  I loved Nan more than anyone else in my family.
- ☐ **grandpa** *n inform* ['grænpɑː]
- ☐ **grand(d)ad** *n inform* ['grændæd]
- ☐ **grandchild**, *pl* grandchildren *n* ['græn͵tʃaɪld, 'græn͵tʃɪldrᵊn]
- ☐ **ancestor** *n* ['ænsestə]

7 Privatleben, soziale Beziehungen

7.1 Familie und Privatleben

- [ ] **Oma**
- [ ] **Omi**
- [ ] **(meine) Oma**
  Ich hatte meine Oma lieber als alle anderen in der Familie.
- [ ] **Opa**
- [ ] **Opa**
- [ ] **Enkel, Enkelkind**

- [ ] **Vorfahre/Vorfahrin**

7 Privatleben, soziale Beziehungen

7.1 Familie und Privatleben

- ☐ **nappy** *BE n* [ˈnæpi]
- ☐ **diaper** *AE n* [ˈdaɪəpɚ]
- ☐ **babysitter** *n* [ˈbeɪbɪˌsɪtə]
- ☐ **pram** *BE n* [præm]
- ☐ **baby carriage** *AE n* [ˈbeɪbiˌkerɪdʒ]

7 Privatleben, soziale Beziehungen

7.1 Familie und Privatleben

- [ ] **Windel**
- [ ] **Windel**
- [ ] **Babysitter(in)**
- [ ] **Kinderwagen**
- [ ] **Kinderwagen**

7.1 Familie und Privatleben

☐ **elder** *adj* ['eldə]
My elder brother's 21; my younger one's only 12.

☐ **eldest** *adj* ['eldɪst]
Don is the eldest son of Lord Dunstan.
Ellen is the eldest of seven children.

7 Privatleben, soziale Beziehungen

7.1 Familie und Privatleben

- ☐ **ältere(r, s)**
  Mein älterer Bruder ist 21, der jüngere ist erst 12.
- ☐ **älteste(r, s) Älteste(r, s)**
  Don ist der älteste Sohn von Lord Dunstan.
  Ellen ist die Älteste von sieben Kindern.

7.1 Familie und Privatleben

☐ **family** *adj* [ˈfæmᵊli]
family life

☐ **family planning** *n uncount* [ˌfæmᵊliˈplænɪŋ]

☐ **nuclear family** *n* [ˌnjuːkliəˈfæmᵊli]

☐ **extended family** *n* [ɪkˌstendɪdˈfæmᵊli]

☐ **patchwork family** *n* [ˌpætʃwɜːkˈfæmᵊli]

☐ **single parent** *n* [ˌsɪŋgᵊlˈpeərᵊnt]

7 Privatleben, soziale Beziehungen

7.1 Familie und Privatleben

- ☐ **Familien-**
  Familienleben
- ☐ **Familienplanung, Geburtenregelung**

- ☐ **Kleinfamilie**
- ☐ **Großfamilie**
- ☐ **Patchworkfamilie** *(aus zwei oder mehr früheren Familien zusammengewürfelte neue Familie)*
- ☐ **Alleinerziehende(r)**

7.2 Soziale Strukturen und Gruppen

- ☐ **social security** *n uncount* [ˌsəʊʃəlsɪˈkjʊərəti]
- ☐ **social services** *n pl* [ˌsəʊʃəlˈsɜːvɪsɪz]
- ☐ **National Insurance** *BE n uncount* [ˌnæʃənəlɪnˈʃʊərəns]
- ☐ **welfare** *n uncount* [ˈwelfeə]
- ☐ **welfare state** *n sing* [ˌwelfeəˈsteɪt]

7.2 Soziale Strukturen und Gruppen

- ☐ **Sozialhilfe (BE); staatliche Sozialversicherung (AE)**
- ☐ **Sozialeinrichtungen, Sozialdienste**
- ☐ **staatliche Sozialversicherung**

- ☐ **soziale Fürsorge (BE); Sozialhilfe(leistung) (AE);**
- ☐ **Wohlfahrtsstaat**

7.2 Soziale Strukturen und Gruppen

☐ **disability** *n* [ˌdɪsəˈbɪləti]
It's not only disabled people who feel that disability is a form of discrimination.
people with disabilities

learning disabilities
disability benefit/allowance

☐ **impaired** *adj* [ɪmˈpeəd]
visually impaired
hearing impaired

☐ **visually** *adj* [ˈvɪʒuəli]

☐ **wheelchair** *n* [ˈwiːltʃeə]
a wheelchair user
wheelchair accessible

☐ **accessible** *adj* [əkˈsesəbᵊl]

7.2 Soziale Strukturen und Gruppen

☐ **Behinderung**
Nicht nur Behinderte denken, dass „Behinderung“ eine Art Diskriminierung ist.
Menschen mit Behinderungen, Behinderte
Lernbehinderung(en)
Behindertenrente/-unterstützung

☐ **körperlich eingeschränkt/geschädigt**
sehbehindert, blind
hörbehindert, taub

☐ **visuell, seh-**

☐ **Rollstuhl**
ein(e) Rollstuhlfahrer(in)
rollstuhlgerecht

☐ **zugänglich, (mit Rollstuhl) befahrbar**

7.2 Soziale Strukturen und Gruppen

- ☐ **senior citizen** *n* [ˌsiːniəˈsɪtɪzᵊn]
- ☐ **old age pension** *BE n* [ˌeəʊldeɪdʒˈpenʃᵊn]
- ☐ **social security** *n uncount* [ˌsəʊʃᵊlˈsɪˈkjʊərəti]
- ☐ **pensioner** *n* [ˈpenʃᵊnə]
- ☐ **retired** *adj* [rɪˈtaɪəd]
  retired people
- ☐ **old people's home** *n* [ˌəʊldˈpiːpᵊlzˌhəʊm]

7 Privatleben, soziale Beziehungen

7.2 Soziale Strukturen und Gruppen

- [ ] **Senior(in), ältere(r) Bürger(in)**
- [ ] **Altersrente, Pension**

- [ ] **Sozialhilfe(zahlung)**

- [ ] **Rentner(in)**
- [ ] **pensioniert, im Ruhestand**
  Pensionisten, Rentner
- [ ] **Senioren-/Altenheim**

7.2 Soziale Strukturen und Gruppen

- [ ] **chore** *n* [tʃɔː]

  do the chores
- [ ] **pocket money** *BE n* [ˈpɒkɪtˌmʌni]
- [ ] **allowance** *AE n* [əˈlaʊəns]

  Some parents only give their children a small allowance.

7.2 Soziale Strukturen und Gruppen

- [ ] **lästige Arbeit, Aufgabe, Pflicht**
  die Hausarbeit erledigen
- [ ] **Taschengeld**
- [ ] **Taschengeld**
  Einige Eltern geben ihren Kindern nur wenig Taschengeld.

7.2 Soziale Strukturen und Gruppen

☐ **wicked** *adj inform* [ˈwɪkɪd]

☐ **awesome** *adj inform* [ˈɔːsəm]

The party was awesome! Awesome!

☐ **weird** *adj* [wɪəd]

☐ **gross** *adj inform* [grəʊs]

That's so gross!

7 Privatleben, soziale Beziehungen

7.2 Soziale Strukturen und Gruppen

- ☐ **sehr gut, cool**
- ☐ **obercool, total geil**

  Die Party war echt obercool! Total geil!
- ☐ **seltsam, verrückt**
- ☐ **krass, widerlich**

  Das ist echt widerlich!

7.2 Soziale Strukturen und Gruppen

- ☐ **swot** *BE n inform* [swɒt]
- ☐ **nerd** *AE n inform* [nɜːrd]
- ☐ **wimp** *n inform* [wɪmp]
- ☐ **wuss** *AE n inform* [wʊs]

7 Privatleben, soziale Beziehungen

7.2 Soziale Strukturen und Gruppen

☐ **Streber(in)**
☐ **Schwachkopf**
☐ **Schwächling, Waschlappen**
☐ **Schwächling, Waschlappen**

7.2 Soziale Strukturen und Gruppen

- [ ] **youngster** *n* [ˈjʌŋstə]
- [ ] **teens** *n pl* [tiːnz]

  Her mother died while Ruth was still **in her teens**.
- [ ] **youth club** *BE n* [ˈjuːθˌklʌb]
- [ ] **gang** *n* [gæŋ]
- [ ] **punk** *n* [pʌŋk]

  punk rock
- [ ] **skinhead** *n* [ˈskɪnhed]
- [ ] **freak** *n inform* [friːk]

  a health freak *inform*

  a computer freak *inform*

7 Privatleben, soziale Beziehungen

7.2 Soziale Strukturen und Gruppen

- ☐ **Kind; Jugendliche(r)**
- ☐ **Jugendjahre (zwischen 13 und 19)**
  Ihre Mutter starb, als Ruth noch ein Teenager war.
- ☐ **Jugendklub**
- ☐ **Bande**
- ☐ **Punk, Punker(in)**
  Punkrock
- ☐ **Skin(head)**
- ☐ **ausgeflippter Typ, Freak, Fan**
  ein Gesundheitsapostel
  ein Computernarr/-freak

7.2 Soziale Strukturen und Gruppen

☐ **age group** *n* [ˈeɪdʒˌgruːp]

☐ **peer** *n* [pɪə]

a peer group

☐ **mate** *BE n inform* [meɪt]

7 Privatleben, soziale Beziehungen

7.2 Soziale Strukturen und Gruppen

- ☐ **Altersgruppe**
- ☐ **Gleichaltrige(r), Gleichrangige(r)**
  eine Gruppe von Gleichaltrigen/
  Gleichrangigen
- ☐ **Kumpel** *(nur Männersprache)*

7.2 Soziale Strukturen und Gruppen

☐ **poverty** *n uncount* [ˈpɒvəti]

live in poverty

☐ the **poverty line** *n sing* [ˈpɒvətiˌlaɪn]

☐ **homeless** *adj; n* [ˈhəʊmləs]

Hurricane Katrina **made** hundreds of thousands in the New Orleans region **homeless**.

the homeless

Many cities and towns in Europe still do not offer reasonable shelters for the homeless.

☐ **starve** *v* [stɑːv]

starve to death

7.2 Soziale Strukturen und Gruppen

☐ **Armut**
in Armut leben

☐ **Armutsgrenze** *(Mindesteinkommen, unterhalb dessen Menschen als „arm" gelten)*

☐ **obdachlos; Obdachlose(r)**
Der Orkan „Katrina" machte Hunderttausende in der Region New Orleans obdachlos.
die Obdachlosen
Viele Groß- und Kleinstädte in Europa bieten immer noch keine vernünftigen Obdachlosenasyle an.

☐ **hungern**
verhungern

7.2 Soziale Strukturen und Gruppen

☐ **upper class** *n* [ˌʌpəˈklɑːs]
☐ **well-off** *adj inform* [ˌwelˈɒf]
the well-off
☐ **fortunate** *adj* [ˈfɔːtʃənət]
☐ **middle class** *n* [ˌmɪdəlˈklɑːs]
☐ **middle-class** *adj* [ˈmɪdəlˌklɑːs]
middle-class attitudes/background

☐ **working class** *n* [ˌwɜːkɪŋˈklɑːs]

7.2 Soziale Strukturen und Gruppen

☐ **Oberschicht**

☐ **wohlhabend, begütert**
die Begüterten/Wohlhabenden

☐ **(finanziell) vom Glück begünstigt**

☐ **Mittelschicht**

☐ **Mittelschicht(en)-, bürgerlich-spießig**
spießige Einstellung / bürgerliche Herkunft

☐ **Arbeiterklasse**

7.2 Soziale Strukturen und Gruppen

☐ **millionaire** *n* [ˌmɪljəˈneə]

☐ **luxury** *n uncount* [ˈlʌkʃəri]

live a life of luxury

☐ **wealthy** *adj* [ˈwelθi]

Tracy comes from a wealthy family; she doesn't have to work for a living.

☐ **prosperity** *n uncount* [prɒsˈperəti]

7.2 Soziale Strukturen und Gruppen

☐ **Millionär(in)**

☐ **Luxus, Überfluss**

ein Leben im Luxus führen

☐ **wohlhabend, reich**

Tracy stammt aus einer wohlhabenden Familie; sie muss nicht für ihren Unterhalt arbeiten.

☐ **Wohlstand, wirtschaftlicher Erfolg**

7.2 Soziale Strukturen und Gruppen

☐ **tribe** *n* [traɪb]

Kenia has about 50 different tribes each with their own individual languages.

☐ **immigrant** *n* [ˈɪmɪgrənt]

☐ **ghetto** *n* [ˈgetəʊ]

☐ **racism** *n uncount* [ˈreɪsɪzᵊm]

In many countries, racism still is a major threat to social peace.

7.2 Soziale Strukturen und Gruppen

- ☐ **Stamm, kleines Volk** *(mit eigener Sprache und Kultur)*
  Kenia hat etwa 50 verschiedene Stämme, jeder mit seiner eigenen Sprache.
- ☐ **Einwanderer/Einwanderin, Immigrant(in)**
- ☐ **Ghetto, Wohnbezirk für ethnische/religiöse Gruppe**
- ☐ **Rassismus**
  In vielen Ländern ist der Rassismus immer noch eine große Bedrohung für den sozialen Frieden.

7.2 Soziale Strukturen und Gruppen

☐ **racial** *adj* ['reɪʃᵊl]
Serious **racial tensions** between white and black people still exist in Britain today.

☐ **racist** *adj* ['reɪsɪst]
The candidate lost the election because his views were clearly racist.

☐ **multicultural** *adj* [ˌmʌltɪ'kʌltʃᵊrᵊl]
Most European countries today have a **multicultural population**.

☐ **Native American** *n* [ˌneɪtɪvə'merɪkən]
☐ **African American** *n* [ˌə'merɪkən]
☐ **Hispanic** *n* [hɪ'spænɪk]
☐ **Asian** *n* ['eɪʒᵊn]

7.2 Soziale Strukturen und Gruppen

☐ **Rassen-; rassistisch**
Es gibt heute immer noch ernste Rassenspannungen zwischen Weißen und Schwarzen in Großbritannien.

☐ **rassistisch**
Der Kandidat verlor die Wahl, weil seine Ansichten eindeutig rassistisch waren.

☐ **multikulturell**
Die meisten europäischen Länder haben heute eine multikulturelle Bevölkerung.

☐ **Ureinwohner Amerikas, Indianer(in)**

☐ **Afro-Amerikaner(in)**

☐ **hispanisch; Hispano-Amerikaner(in)**

☐ **asiatisch; Asiat(in);** Menschen aus Indien, Pakistan, Bangladesch und Sri Lanka (BE)

7.2 Soziale Strukturen und Gruppen

☐ **national** *n* [ˈnæʃᵊnᵊl]

Einstein was **a German national** before he became an American citizen.

☐ **native** *n* [ˈneɪtɪv]

Fiona is **a native of** Dublin.

☐ **foreigner** *n* [ˈfɒrɪnə]

7.2 Soziale Strukturen und Gruppen

- [ ] **Staatsangehörige(r)**
  Einstein war deutscher Staatsanghöriger, bevor er amerikanischer Bürger wurde.
- [ ] **Einheimische(r), in ... geborene Person**
  Fiona ist eine geborene Dublinerin.
- [ ] **Ausländer(in)**

7.2 Soziale Strukturen und Gruppen

☐ the **generation gap** *n sing* [dʒenəˈreɪʃᵊnˌgæp]

☐ **status symbol** *n* [ˈsteɪtəsˌsɪmbᵊl]

☐ **privilege** *n* [ˈprɪvɪlɪdʒ]
Prominent members of society **enjoy certain privileges**.

☐ **prominent** *adj* [ˈprɒmɪnənt]

7.2 Soziale Strukturen und Gruppen

- [ ] **der Generationenkonflikt**

- [ ] **Statussymbol**
- [ ] **Privileg, Vorzug**
  Prominente Mitglieder der Gesellschaft genießen bestimmte Privilegien.
- [ ] **prominent, sehr bekannt und wichtig**

7.3 Soziale Beziehungen, Sozialverhalten

☐ **battered** *adj* [ˈbætəd]
battered wives/babies

☐ **shelter** *n* [ˈʃeltə]

a women's shelter

☐ **abuse** *n uncount* [əˈbjuːs]
mental/sexual abuse

☐ **abuse** *v* [əˈbjuːz]
Cyril told the doctor he had been **sexually abused** as a boy.

7.3 Soziale Beziehungen, Sozialverhalten

- ☐ **misshandelt, verprügelt**
  misshandelte Ehefrauen/Säuglinge
- ☐ **Asyl, beschützende Einrichtung für sozial Benachteiligte**
  ein Frauenhaus
- ☐ **Missbrauch**
  seelischer/sexueller Missbrauch
- ☐ **(jdn) missbrauchen**
  Cyril erzählte dem Arzt, dass er als Junge sexuell missbraucht worden war.

7.3 Soziale Beziehungen, Sozialverhalten

☐ **cooperation** *n uncount* [kəʊˌɒpəˈreɪʃᵊn]
☐ **cooperative** *adj* [kəʊˈɒpᵊrətɪv]
During the demonstration the police was not very cooperative.

☐ **partnership** *n* [ˈpɑːtnəʃɪp]
☐ **mutual** *adj* [ˈmjuːtʃʊəl]
mutual affection
mutual friends

7.3 Soziale Beziehungen, Sozialverhalten

☐ **Zusammenarbeit, Kooperation**

☐ **kooperativ, entgegenkommend**

Während der Demonstration verhielt sich die Polizei nicht gerade kooperativ.

☐ **Partnerschaft**

☐ **gegenseitig, beiderseitig**

gegenseitige Zuneigung
gemeinsame Freunde/Bekannte

7.3 Soziale Beziehungen, Sozialverhalten

- [ ] **riot** *n* ['raɪət]

  race riots
- [ ] **vandalism** *n* ['vændᵊlɪzᵊm]
- [ ] **vandal** *n* ['vændᵊl]
- [ ] **hooligan** *n* ['huːlɪgᵊn]

7.3 Soziale Beziehungen, Sozialverhalten

- ☐ **Krawall, Unruhe**
  Rassenkrawalle
- ☐ **Vandalismus, blinde Zerstörungswut**
- ☐ **Rowdy, Vandale**
- ☐ **Randalierer(in), Rowdy**

7.3 Soziale Beziehungen, Sozialverhalten

☐ **discriminate** *v* [dɪˈskrɪmɪneɪt]
Foreigners have not always been **discriminated against** in this country.

☐ **prejudice** *n uncount* [ˈpredʒədɪs]
Jack's father is so full of prejudice!

racial prejudice

☐ **prejudiced** *adj* [ˈpredʒədɪst]

Why are so many whites **prejudiced against** black people?

7.3 Soziale Beziehungen, Sozialverhalten

☐ **(jdn) diskriminieren, benachteiligen**
Nicht immer wurden Ausländer hierzulande diskriminiert.

☐ **Vorurteil**
Jacks Vater hat jede Menge Vorurteile!
rassistische Vorurteile

☐ **voreingenommen, mit Vorurteilen lebend**
Warum haben so viele Weiße Vorurteile gegen Schwarze?

7.3 Soziale Beziehungen, Sozialverhalten

☐ **antisocial** *adj* [ˌæntɪˈsəʊʃəl]
Pete is antisocial and he's a real misfit.

☐ **misfit** *n* [ˈmɪsfɪt]

☐ **isolation** *n uncount* [ˌaɪsəˈleɪʃən]
live in isolation

☐ **neglect** *v* [nɪˈglekt]
Society shouldn't **neglect its responsibility** towards social misfits.

7 Privatleben, soziale Beziehungen

7.3 Soziale Beziehungen, Sozialverhalten

- [ ] **nicht sozial, unsozial**
  Pete ist unsozial und ein echter Eigenbrötler.
- [ ] **Außenseiter(in), Eigenbrötler(in)**
- [ ] **Isolation, Zurückgezogenheit**
  zurückgezogen/isoliert leben
- [ ] **vernachlässigen**
  Die Gesellschaft sollte ihre Verwantwortung gegenüber sozialen Außenseitern nicht vernachlässigen.

7.3 Soziale Beziehungen, Sozialverhalten

☐ **counsellor** *n* [ˈkaʊnsᵊlə]

Why don't we **talk to a counsellor** about our family's problems?

☐ **social worker** *n* [ˈsəʊʃᵊlˌwɜːkə]
If you're having bad problems, you ought to contact a social worker.

7.3 Soziale Beziehungen, Sozialverhalten

- ☐ **berufsmäßige(r) Berater(in)** *(z. B. in sozialen Fragen)*
  Sprechen wir doch einmal mit einem professionellen Berater über die Probleme in unserer Familie!
- ☐ **Sozialalarbeiter(in)**
  Wenn Sie schlimme Probleme haben, sollten Sie einen Sozialarbeiter kontaktieren.

7.3 Soziale Beziehungen, Sozialverhalten

☐ **lifestyle** *n* ['laɪfstaɪl]

☐ **adapt** *v* [ə'dæpt]

Having lived in London for so long Louise found it difficult to **adapt to** country life.

☐ **respectable** *adj* [rɪ'spektəbəl]

Even young people **from respectable homes** sometimes take drugs.

☐ **unacceptable** *adj* [ˌʌnək'septəbəl]

socially unacceptable

7 Privatleben, soziale Beziehungen

7.3 Soziale Beziehungen, Sozialverhalten

- ☐ **Lebensstil**
- ☐ **(sich) anpassen, (sich) gewöhnen**
  Nachdem Louise so lange in London gelebt hatte, fiel es ihr schwer, sich an das Leben auf dem Land zu gewöhnen.
- ☐ **seriös, angesehen**
  Sogar junge Leute aus angesehenen Familien nehmen manchmal Drogen.
- ☐ **unannehmbar, nicht akzeptabel**
  gesellschaftlich inakzeptabel

7.3 Soziale Beziehungen, Sozialverhalten

☐ **participate** *v* [pɑːˈtɪsɪpeɪt]
The whole class **participated in** the discussion.

7.3 Soziale Beziehungen, Sozialverhalten

☐ **sich beteiligen, teilnehmen**
Die ganze Klasse beteiligte sich an der Diskussion.

8.1 Erziehung und Lernen

☐ **learning** *n uncount* [lɜːnɪŋ]

blended learning

☐ **distance learning** *n uncount* [ˈdɪstᵊnsˌlɜːnɪŋ]

☐ **learner** *n* [ˈlɜːnə]

☐ **talent** *n* [ˈtælənt]

Joan's got **a great talent for** music.

8 Lernen, Bildung, Wissenschaft

8.1 Erziehung und Lernen

☐ **(das) Lernen, (der) Lernprozess**
Lernen mit gemischten Medien und Methoden

☐ **Fernunterricht, Lernen per Fernkurs**

☐ **Lernende(r)**

☐ **Begabung, Talent**
Joan ist musikalisch sehr begabt.

8.1 Erziehung und Lernen

☐ **step-by-step** *adj* [ˌstepbaɪˈstep]
Learning is in most cases a step-by-step process.

8 Lernen, Bildung, Wissenschaft

8.1 Erziehung und Lernen

☐ **kleinschrittig, Schritt-für-Schritt-**
Lernen ist in den meisten Fällen ein kleinschrittiger Vorgang.

8.1 Erziehung und Lernen

☐ **upbringing** *n sing* [ˈʌpˌbrɪŋɪŋ]
Tom's upbringing still shows in spite of his good education.

8.1 Erziehung und Lernen

☐ **(familiäre) Erziehung; Kinderstube**
Man merkt Tom trotz seiner guten Schulbildung seine (schlechte) Kinderstube noch an.

8.1 Erziehung und Lernen

☐ **disobey** *v* [dɪsəˈbeɪ]

Children should not only learn to obey sensible rules, but also to disobey stupid rules.

8 Lernen, Bildung, Wissenschaft

8.1 Erziehung und Lernen

☐ **nicht gehorchen, sich widersetzen**

Kinder sollten lernen, sinnvolle Regeln zu befolgen, aber auch, sich blödsinnigen Vorschriften zu widersetzen.

8 Lernen, Bildung, Wissenschaft

8.1 Erziehung und Lernen

☐ **encouragement** *n uncount*
[ɪnˈkʌrɪdʒmənt]
With a bit of **encouragement from** his parents, Ahmed could do really well.

☐ **praise** *n uncount; v* [preɪz]
Children can never **receive** enough **praise**.
Parents should **praise** their children not only **for** good marks, but also **for** clever ideas.

☐ **nurture** *v* [ˈnɜːtʃə]
Many parents try to nurture their children's special talents.

8 Lernen, Bildung, Wissenschaft

8.1 Erziehung und Lernen

☐ **Unterstützung, Förderung**

Wenn seine Eltern ihn ein bisschen fördern würden, könnte Achmed richtig gut abschneiden.

☐ **Lob; loben**

Kinder können nie genug Lob bekommen.
Eltern sollten ihre Kinder nicht nur für gute Noten loben, sondern auch für kluge Gedanken.

☐ **fördern**

Viele Eltern bemühen sich, die besonderen Talente ihrer Kinder zu fördern.

8.2 Schulbildung und Unterricht

☐ **elementary** *adj* [ˌelɪˈmentᵊri]
elementary education

☐ **elementar, Grund-**
Elementarunterricht, grundlegende Bildung

8.2 Schulbildung und Unterricht

☐ **attendance** *n uncount* [əˈtendəns]
good/poor school attendance

☐ **absent** *adj* [ˈæbsənt]
Three girls were **absent from** school yesterday.

8.2 Schulbildung und Unterricht

- [ ] **Anwesenheit; Schulbesuch**
  regelmäßiger/unregelmäßiger Schulbesuch
- [ ] **abwesend, fehlend**
  Gestern fehlten drei Mädchen im Unterricht.

8.2 Schulbildung und Unterricht

☐ **nursery** *n* ['nɜːsəri]

The company has a **day nursery** for the employees' children.

☐ **day care center** *AE n* ['deɪkerˌsent̬ɚ]

☐ **nursery school** *n* ['nɜːsəriˌskuːl]

a nursery school teacher

☐ **kindergarten** *mainly AE n* ['kɪndəˌgɑːtən]

8.2 Schulbildung und Unterricht

- ☐ **Kinderkrippe, Kinderhort**
  Die Firma hat eine Kindertagesstätte für die Kinder ihrer Beschäftigten.
- ☐ **Kindertagesstätte**
- ☐ **Kindergarten, Vorschule**
  ein(e) Kindergärtner(in), ein(e) Erzieher(in)
- ☐ **Vorschule, Kindergarten** *(USA: etwa 5. Lebensjahr)*

8.2 Schulbildung und Unterricht

☐ **state school** *BE n* ['steɪtˌskuːl]

☐ **independent** *adj* [ˌɪndɪ'pendənt]

The **independent school** system in Great Britain consists of all the private schools.

☐ **private school** *n* ['praɪvɪtˌskuːl]

☐ **public school** *n* ['pʌblɪkˌskuːl]

☐ **boarding school** *n* ['bɔːdɪŋˌskuːl]

8.2 Schulbildung und Unterricht

- [ ] **staatliche/öffentliche Schule**
- [ ] **(vom Staat) unabhängig**
  Das nicht öffentliche Schulwesen in Großbritannien besteht aus sämtlichen Privatschulen.
- [ ] **Privatschule (mit Schulgebühren)**
- [ ] **teure Privatschule** (*wie Eton und Harrow*) **(BE); staatliche Schule (AE)**
- [ ] **Internatsschule**

8.2 Schulbildung und Unterricht

- ☐ **primary school** *mainly BE n* [ˈpraɪməriˌskuːl]
- ☐ **elementary school** *AE n* [eləˈment̬ə˞iˌskuːl]
- ☐ **foundation stage** *BE n uncount* [faʊnˈdeɪʃənˌsteɪdʒ]
- ☐ **infant school** *BE n* [ˈɪnfəntˌskuːl]
- ☐ **junior school** *BE n* [ˈdʒuːniəˌskuːl]

8.2 Schulbildung und Unterricht

☐ **Primarschule, Grundschule**

☐ **Grundschule** *(ca. 5- bis 11-Jährige)*

☐ *etwa:* **Grundlagenstufe (des Schulsystems)**
☐ *etwa:* **Vor- und Grundschule**
☐ *etwa:* **Grundschule** *(7- bis 10-Jährige)*

8.2 Schulbildung und Unterricht

☐ **secondary school** *BE n* ['sekᵊndᵊri,sku:l]

☐ **grammar school** *BE n* ['græmə,sku:l]

☐ **comprehensive (school)** *BE n* [,kɒmprɪ'hensɪv(,sku:l)]

☐ **sixth form** *BE n uncount* ['sɪksθ,fɔ:m]

a sixth form college

8.2 Schulbildung und Unterricht

- ☐ **Sekundarschule, weiterführende Schule**
- ☐ *etwa:* **Gymnasium** *(11- bis 18-Jährige)*
- ☐ *etwa:* **Gesamtschule** *(11- bis 18-Jährige)*
- ☐ *etwa:* **Oberstufe, Abschlussstufe der Sekundarschule**

  etwa: Kollegstufe (der Sekundarschule)

8.2 Schulbildung und Unterricht

- ☐ **high school** *mainly AE n* [ˈhaɪˌskuːl]

- ☐ **junior high school** *AE n* [ˌdʒuːˈnjɚˈhaɪskuːl]
- ☐ **senior high school** *AE n* [ˌsiːnjɚˈhaɪskuːl]

8.2 Schulbildung und Unterricht

☐ *etwa:* **höhere Schule** *(USA: 14- bis 18-Jährige; UK: 11- bis 18-Jährige)*

☐ *etwa:* **Unterstufe der höheren Schule** *(12- bis 15-Jährige)*

☐ *etwa:* **Oberstufe der Höheren Schule** *(15- bis 18-Jährige)*

8.2 Schulbildung und Unterricht

- ☐ **schoolchild**, *pl* schoolchildren *n* ['skuːltʃɪldrən]
- ☐ **classmate** *n* ['klɑːsmeɪt]

8.2 Schulbildung und Unterricht

☐ **Schulkind, Schüler(in)**

☐ **Klassenkamerad(in), Mitschüler(in)**

8.2 Schulbildung und Unterricht

- ☐ **headteacher** *BE n* [ˌhedˈtiːtʃə]
- ☐ **principal** *AE n* [ˈprɪnsəpᵊl]

8 Lernen, Bildung, Wissenschaft

8.2 Schulbildung und Unterricht

☐ **Schulleiter(in), Rektor(in)**
☐ **Schulleiter(in), Rektor(in)**

8.2 Schulbildung und Unterricht

☐ **level** *n* ['levᵊl]

"German Conversation III" is a course for **advanced level** students.

☐ **beginner** *n* [bɪ'gɪnə]

a class for beginners / a beginners' class

☐ **intermediate** *adj* [ˌɪntə'miːdiət]

an intermediate course

☐ **evening class** *n* ['iːvnɪŋklaːs]

8.2 Schulbildung und Unterricht

- [ ] **Niveau, Leistungsstand**
  "Deutsche Konversation III" ist ein Kurs für fortgeschrittene Schüler.
- [ ] **Anfänger**
  eine Anfängergruppe, ein Anfängerkurs
- [ ] **Mittelstufen-**
  ein Mittelstufenkurs
- [ ] **Abendkurs**

8.2 Schulbildung und Unterricht

- ☐ **National Curriculum** *BE n uncount* [ˌnæʃᵊnᵊl kəˈrɪkjələm]
- ☐ **timetable** *n* [ˈtaɪmˌteɪbᵊl]

8 Lernen, Bildung, Wissenschaft

8.2 Schulbildung und Unterricht

- [ ] **der staatliche britische Lehrplan für Schulen**
- [ ] **Stundenplan**

8.2 Schulbildung und Unterricht

- [ ] **mathematics** *n uncount* [mæθəˈmætɪks]
- [ ] **maths** *BE n uncount inform* [mæθs]
- [ ] **math** *AE n uncount inform* [mæθ]
- [ ] **computer science** *n uncount* [kəmˈpjuːtəˌsaɪəns]
- [ ] **information technology** *n uncount* [ɪnfəˌmeɪʃəntekˈnɒlədʒi]

☐ **Mathematik**

☐ **Mathe**
☐ **Mathe**
☐ **Informatik**

☐ **Informationstechnik, Informatik**

8.2 Schulbildung und Unterricht

☐ **Latin** *n uncount* [ˈlætɪn]
☐ **Greek** *n uncount* [griːk]

8.2 Schulbildung und Unterricht

- [ ] **Latein(isch)**
- [ ] **Griechisch**

8.2 Schulbildung und Unterricht

- ☐ **social studies** *n pl* [ˈsəʊʃəlˌstʌdiz]
- ☐ **geography** *n uncount* [dʒɪˈɒgrəfi]
- ☐ **physical education (PE)** *n uncount* [ˈfɪzɪkəlˌedʒʊˈkeɪʃən (ˌpiːˈiː)]
- ☐ **health education** *n uncount* [ˈhelθˌedʒʊˈkeɪʃən]
- ☐ **sex education** *n uncount* [ˈseksˌedʒʊˈkeɪʃən]
- ☐ **religious education (RE)** *BE n uncount* [rɪˈlɪdʒəsˌedʒʊˈkeɪʃən(ˌɑːrˈiː)]

8.2 Schulbildung und Unterricht

- [ ] **Sozialkunde, Gesellschaftslehre**
- [ ] **Geografie, Erdkunde**
- [ ] **Sport(unterricht)**

- [ ] **Gesundheitslehre/-erziehung**

- [ ] **Sexualerziehung**

- [ ] **Religionskunde**

8.2 Schulbildung und Unterricht

- [ ] **vocational** *adj* [vəʊˈkeɪʃənəl]
  vocational subjects
- [ ] **applied** *adj* [əˈplaɪd]
  applied art and design
  applied business
  applied information and communication technology (ICT)
  applied science
- [ ] **manufacturing** *n uncount*
  [ˌmænjəˈfæktʃərɪŋ]

8.2 Schulbildung und Unterricht

- ☐ **berufsbezogen, beruflich**
  berufsbezogene Fächer
- ☐ **angewandt, praxisbezogen**
  angewandte Kunst und Design
  angewandte Geschäfts-/Betriebslehre
  angewandte Informations- und Kommunikationstechnik
  angewandte Naturwissenschaften
- ☐ **Warenproduktion/-herstellung**

8.2 Schulbildung und Unterricht

- ☐ **health care** *n uncount* [ˈhelθkeə]
- ☐ **social care** *mainly BE n uncount* [ˌsəʊʃəlˈkeə]
- ☐ **home economics** *n uncount* [ˌhəʊmiːkəˈnɒmɪks]
- ☐ **leisure** *BE n uncount* [ˈleʒə]
- ☐ **tourism** *n uncount* [ˈtʊərɪzəm]

8.2 Schulbildung und Unterricht

- [ ] **Gesundheitsfürsorge**
- [ ] **Sozialfürsorge**

- [ ] **Hauswirtschaftslehre**

- [ ] **Freizeit(gestaltung)**
- [ ] **Tourismus**

8.2 Schulbildung und Unterricht

- ☐ **whiteboard** *n* ['waɪtbɔːd]
- ☐ **marker** *n* ['mɑkːə]

a whiteboard marker

8.2 Schulbildung und Unterricht

- [ ] **weiße Wandtafel, Whiteboard**
- [ ] **breiter Filzstift/-schreiber**
  ein Tafelmarker

8.2 Schulbildung und Unterricht

- ☐ **ballpoint (pen)** *n* [ˌbɔːlpɔɪntˈpen]
- ☐ **Biro** *BE n* [ˈbaɪrəʊ]
- ☐ **ink** *n* [ɪŋk]
- ☐ **rubber** *BE n* [ˈrʌbə]
- ☐ **notebook** *AE n* [ˈnoʊtbʊk]

8 Lernen, Bildung, Wissenschaft

8.2 Schulbildung und Unterricht

- ☐ **Kugelschreiber**
- ☐ **Kuli**
- ☐ **Tinte; Tusche; Druckerfarbe**
- ☐ **Radiergummi**
- ☐ **Notizbuch, Notizenheft**

8.2 Schulbildung und Unterricht

- ☐ **textbook** *n* [ˈtekstbʊk]
- ☐ **aloud** *adj* [əˈlaʊd]
- ☐ **dictionary** *n* [ˈdɪkʃənəri]

8 Lernen, Bildung, Wissenschaft

8.2 Schulbildung und Unterricht

- ☐ **Lehrbuch**
- ☐ **laut**
- ☐ **Wörterbuch**

8.2 Schulbildung und Unterricht

☐ **group work** *n uncount* ['gru:pwɜ:k]
Please form groups of three and do this task in group work.

☐ **pair work** *n uncount* ['peəwɜ:k]
Pair work is an ideal way to practise telephone conversations.

☐ **role-play** *n* ['rəʊlpleɪ]
Let's **do a role-play** for a change. It's always great fun!

☐ **role-play** *n uncount* ['rəʊlpleɪ]
Group work and role-play are very efficient methods of language teaching.

8.2 Schulbildung und Unterricht

- ☐ **Gruppenarbeit**
  Bitte bildet Dreiergruppen und löst diese Aufgabe in Gruppenarbeit.
- ☐ **Partnerarbeit**
  Partnerarbeit ist eine ideale Übungsform für Telefongespräche.
- ☐ **Rollenspiel**
  Machen wir doch zur Abwechslung ein Rollenspiel. Das macht immer einen Riesenspaß!
- ☐ **Rollenspiel**
  Gruppenarbeit und Rollenspiel sind sehr wirkungsvolle Methoden des Sprachunterrichts.

8.2 Schulbildung und Unterricht

☐ **revise** *v* [rɪˈvaɪz]

Every other day Liz **completely revises** any new French vocabulary.

☐ **drill** *n* [drɪl]

Most pupils prefer performing creative tasks to **doing drill exercises**.

8.2 Schulbildung und Unterricht

☐ **wiederholen**
Jeden zweiten Tag wiederholt Liz alle neuen französischen Wörter komplett.

☐ **gesteuerte Übung, Drill**
Die meisten Schüler führen lieber kreative Aufgaben aus als Drillübungen.

8.2 Schulbildung und Unterricht

☐ **comprehension** *n uncount* [ˌkɒmprɪˈhenʃᵊn]
listening comprehension / reading comprehension

☐ the **gist** *n sing* [dʒɪst]

listening for gist

☐ **Verstehen**

Hörverstehen / Leseverstehen

☐ **das Wichtigste, die Hauptinformation**

auf das Wichtigste (eines Textes) hören

8.2 Schulbildung und Unterricht

☐ **written** *adj* [ˈrɪtᵊn]

a written exercise / a written exam

☐ **dictation** *n* [dɪkˈteɪʃᵊn]

☐ **spelling** *n uncount* [ˈspelɪŋ]

8.2 Schulbildung und Unterricht

- [ ] **schriftlich**
  eine schriftliche Übung / eine schriftliche Prüfung
- [ ] **Diktat**
- [ ] **Rechtschreibung**

8.2 Schulbildung und Unterricht

☐ **blank** *n* [blæŋk]
Fill in the blanks in the text.

☐ **omit** *v* [əˈmɪt]
The second and third paragraphs of the text may be omitted.

☐ **underline** *v* [ˌʌndəˈlaɪn]
Please underline the verb forms in each sentence.

8.2 Schulbildung und Unterricht

- [ ] **Leerzeile, Lücke im Text**
  Ergänzt / Ergänzen Sie die Lücken im Text.
- [ ] **aus-/weglassen**
  Die Absätze 2 und 3 des Textes können weggelassen werden.
- [ ] **unterstreichen**
  Bitte unterstreicht / unterstreichen Sie in jedem Satz die Verbformen.

8.2 Schulbildung und Unterricht

☐ **mind map** *n* ['maɪndˌmæp]
Draw a mind map of the words on this page that were new to you.

☐ **outline** *v* ['aʊtlaɪn]
Can you please outline the plot of your short story for us?

☐ **summarize** *v* ['sʌmᵊraɪz]
In his talk the headteacher summarized the most important features of the new science curriculum.

☐ **Mind-map, Wortnetz**
Zeichne(t) ein Wortnetz aus den Wörtern dieser Seite, die dir/euch unbekannt waren.

☐ **umreißen, skizzieren**
Kannst du für uns bitte die Handlung deiner Kurzgeschichte umreißen?

☐ **zusammenfassen**
In seinem Vortrag fasste der Schulleiter die wichtigsten Aspekte des neuen Lehrplans für Naturwissenschaften zusammen.

8.2 Schulbildung und Unterricht

☐ **assessment test** *n* [əˈsesməntˌtest]

☐ **multiple-choice** *adj* [ˌmʌltɪpəlˈtʃɔɪs]

a multiple-choice test

☐ **final** *AE n* [ˈfaɪnəl]

When's your last final?

☐ **finals** *BE n pl* [ˈfaɪnəlz]

8.2 Schulbildung und Unterricht

☐ **Leistungs-/Lernerfolgstest**

☐ **Multiple-Choice-, Mehrfachauswahl-**
eine Multiple-Choice-Test

☐ **Abschlussprüfung (eines College- oder Universitätskurses)**
Wann ist deine/Ihre letzte Abschlussklausur?

☐ **Studienabschlussexamen (am College oder an der Universität)**

8.2 Schulbildung und Unterricht

☐ **correct** *v* [kəˈrekt]

Language teachers spend a lot of time **correcting homework**.

8.2 Schulbildung und Unterricht

☐ **korrigieren, verbessern**
Sprachlehrer verbringen sehr viel Zeit mit dem Korrigieren von Hausaufgaben.

8.2 Schulbildung und Unterricht

☐ **tick** *BE n; v* [tɪk]
Tick/Check the tasks on the list as you do them.

☐ **check** *AE n; v* [tʃek]

8.2 Schulbildung und Unterricht

☐ **Häkchen; abhaken**
Haken Sie die Aufgaben auf der Liste ab, wenn Sie sie bearbeiten.

☐ **Häkchen; abhaken**

8.2 Schulbildung und Unterricht

- ☐ **school report** *BE n* [ˈskuːlrɪˌpɔːt]
- ☐ **report card** *AE n* [rɪˈpɔːrtˌkaːrd]

8 Lernen, Bildung, Wissenschaft

8.2 Schulbildung und Unterricht

☐ **Schulzeugnis**
☐ **Schulzeugnis**

8.2 Schulbildung und Unterricht

☐ **school-leaver** *BE n* [ˈskuːlˌliːvə]
☐ **graduate** *AE n* [ˈgrædʒuət]

a high school graduate

☐ **General Certificate of Secondary Education (GCSE)** *n* [ˌdʒiːsiːesˈiː]
☐ **A level** *n* [ˈeɪˌlevᵊl]

Laura **took her A levels** at Bolton Grammar School last term.

☐ **National Vocational Qualification (NVQ)** *n* [ˌenviːˈkjuː]

8.2 Schulbildung und Unterricht

- ☐ **Schulabsolvent(in)**
- ☐ **Schüler(in) mit High-School-Abschluss**
  ein(e) High-School-Absolvent(in)
- ☐ **mittlerer Schulabschluss in Großbritannien**
- ☐ **höherer Schulabschluss in Großbritannien**, *etwa:* **Abitur**
  Laura hat letztes Trimester am Gymnasium von Bolton ihr Abitur gemacht.
- ☐ **höherer Berufsbildungsabschluss in GB**, *etwa:* **Fachabitur**

8.2 Schulbildung und Unterricht

☐ **school year** *n* ['skuːlˌjɪə]

☐ **vacation** *AE n* [veɪ'keɪʃᵊn]

American schoolchildren have **summer vacation** from the middle of June to late August.

8.2 Schulbildung und Unterricht

☐ **Schuljahr**

☐ **(Schul-)Ferien**

Die Schulkinder in den USA haben von Mitte Juni bis Ende August Sommerferien.

8.3 Wissenschaft und Forschung

☐ **institution** *n* [ˌɪnstɪ'tjuːʃᵊn]
A university is a large **educational institution**.

☐ **higher education** *n uncount*
[ˌhaɪəredʒʊ'keɪʃᵊn]

☐ **further education** *n uncount*
[ˌfɜːðəredʒʊ'keɪʃᵊn]

8.3 Wissenschaft und Forschung

- ☐ **Institution, große Einrichtung**
  Eine Universität ist eine große Bildungseinrichtung.
- ☐ **Hochschulbildung** *(Universität, College)*
- ☐ **Weiterbildung, Fortbildung**

8.3 Wissenschaft und Forschung

☐ **student loan** *n* [ˌstjuːdᵊntˈləʊn]

☐ **scholarship** *n* [ˈskɒləʃɪp]

Graham **won a** postgraduate **scholarship to** York University, Toronto.

☐ **tuition** *n uncount* [tjuˈɪʃᵊn]

8.3 Wissenschaft und Forschung

- [ ] **Studiendarlehen**
- [ ] **Schul-/Hochschulstipendium**
  Graham bekam ein Graduierten-Stipendium für die York University in Toronto.
- [ ] **Unterricht; Studiengebühr(en)**

8.3 Wissenschaft und Forschung

☐ **faculty** *n* [ˈfækəlti]

Faculty of Arts / Faculty of Medicine

☐ **refectory** *BE n* [rɪˈfektəri]
☐ **cafeteria** *AE n* [ˌkæfəˈtɪriə]

8.3 Wissenschaft und Forschung

- ☐ **Fakultät, Abteilung (einer Universität)**
  geisteswissenschaftliche/
  medizinische Fakultät
- ☐ **Mensa**
- ☐ **Mensa**

8.3 Wissenschaft und Forschung

- ☐ **academic** *n* [ˌækəˈdemɪk]
- ☐ **lecturer** *BE n* [ˈlektʃᵊrə]
- ☐ **instructor** *AE n* [ɪnˈstrʌktɚ]

- ☐ **lecture** *v* [ˈlektʃə]

  Professor Downes **lectures on** Irish history at Cork University College.

- ☐ **tutor** *n* [ˈtjuːtə]

- ☐ **student union** *n* [ˌstjuːdᵊntˈjuːnjən]

8.3 Wissenschaft und Forschung

- ☐ **College-/Universitätsdozent(in)**
- ☐ **Hochschuldozent(in)**
- ☐ **Hochschuldozent(in)** *(im Status niedriger als „professor")*
- ☐ **Vorlesungen halten, lehren**
  Professor Downes hält an der Universität Cork Vorlesungen in irischer Geschichte.
- ☐ **Tutor(in); Dozent(in) für Studenten vor dem 1. akademischen Grad**
- ☐ **Studentenvertretung** *(die Dienstleistungen für Studenten anbietet)*

8.3 Wissenschaft und Forschung

☐ **undergraduate** *n* [ˌʌndəˈɡrædʒʊət]

☐ **bachelor's degree** *n* [ˌbætʃəlәzdɪˈɡriː]

☐ **Bachelor of Arts (BA)** *n* [ˌbætʃəlәrәvˈɑːts]

☐ **Bachelor of Science (BSc)** *n* [ˌbætʃəlәrәvˈsaɪәns]

8.3 Wissenschaft und Forschung

- ☐ **Student(in) vor dem 1. Hochschulabschluss**
- ☐ **Bakkalaureus/Bakkalaurea, Bachelor** *(1. akademischer Grad/Abschluss)*
- ☐ *A:* **Bakkalaureus/Bakkalaurea (Bakk. art.) der Künste**; *D:* **Bachelor of Arts (B. A.) (B. der Geistes-, Sozial- oder Wirtschaftswissenschaften)**
- ☐ *A:* **Bakkalaureus/Bakkalaurea (Bakk. rer. nat.) der Naturwissenschaften**; *D:* **Bachelor of Science (B. Sc.) (B. der Natur-, Ingenieur- oder Wirtschaftswissenschaften)**

8.3 Wissenschaft und Forschung

☐ **postgraduate** *n* [ˌpəʊstˈgrædʒuet]

☐ **master's degree** *n* [ˈmɑːstəzdɪˈgriː]

☐ **Master of Arts (MA)** *n* [ˌmɑːstərəvˈɑːts]

☐ **Master of Science (MSc)** *n* [ˌmɑːstərəvˈsaɪəns]

☐ **Master of Business Administration (MBA)** *n* [ˌmɑːstərəvˈbɪznɪsədˌmɪnɪˈstreɪʃᵊn]

☐ **graduate school** *AE n* [ˈgrædʒuətskuːl]

8.3 Wissenschaft und Forschung

- ☐ **graduiert: nach dem 1. Hochschulabschluss; Graduierte(r)**
- ☐ **Magister/Magistra, Master** *(2. akademischer Grad/Abschluss)*
- ☐ **Magister/Magistra Artium (*A:* Mag. art.;** *D:* **M. A.); Master of Arts (M. A.) (*D:* M. der Geistes-, Sozial- oder Wirtschaftswissenschaften)**
- ☐ *A:* **Magister/Magistra der Naturwissenschaften (Mag. rer. nat.);** *D:* **Master of Science (M. Sc.) (M. der Natur-, Ingenieur- oder Wirtschaftswissenschaften)**
- ☐ **Master of Business Administration, MBA** *(Aufbaustudiengang für Manager)*
- ☐ **Hochschule/Universität für Studierende nach dem B. A.**

8.3 Wissenschaft und Forschung

☐ **Doctor of Philosophy (PhD)** *n*
[ˌdɒktərəvfɪˈlɒsəfi]

☐ **Doctor of Medicine (MD)** *n*
[ˌdɒktərəvˈmedsᵊn]

8.3 Wissenschaft und Forschung

- [ ] **Dr. phil. (Doktor der Geisteswissenschaften)**
- [ ] **Dr. med. (Doktor der Medizin)**

8.3 Wissenschaft und Forschung

☐ **scientific** *adj* [ˌsaɪənˈtɪfɪk]
Nowadays, it's generally teams of researchers and not individual researchers who **make** important **scientific discoveries**.

Good experimental results can only be achieved by using the **scientific approach to** a problem.

☐ **(natur)wissenschaftlich**

Heutzutage machen im Allgemeinen Forscherteams und nicht einzelne Forscher wichtige (natur)wissenschaftliche Entdeckungen.

Gute experimentelle Ergebnisse sind nur erzielbar, wenn man ein Problem mit naturwissenschaftlicher Methodik angeht.

8.3 Wissenschaft und Forschung

☐ **experiment** *v* [ɪk'sperɪmənt]
Many teams of researchers worldwide are **experimenting on** genetically modified food plants.

☐ **experimental** *adj* [ɪkˌsperɪ'mentᵊl]
Researchers in Europe are using a new experimental treatment to fight the AIDS virus.

☐ **lab** *n inform* [læb]

☐ **guinea pig** *n* ['gɪniˌpɪg]
For some time now, poor people in developing countries have been **used as guinea pigs** in laboratory tests for new medicines.

☐ **analyse** *v* ['ænᵊlaɪz]
Biologists analyse animal and human behaviour.

8.3 Wissenschaft und Forschung

☐ **experimentieren, Versuche machen**
Viele Forscherteams experimentieren weltweit mit genmanipulierten Nahrungspflanzen.

☐ **experimentell, Versuchs-**
Forscher in Europa setzen eine neue experimentelle Behandlung im Kampf gegen das Aidsvirus ein.

☐ **Labor**

☐ **Versuchskaninchen**
Arme Menschen in Entwicklungsländern werden seit einiger Zeit als Versuchskaninchen in Labortests für neue Medikamente benutzt.

☐ **analysieren, untersuchen**
Biologen analysieren tierisches und menschliches Verhalten.

8.3 Wissenschaft und Forschung

☐ **systematic** *adj* [ˌsɪstəˈmætɪk]
We need a worldwide **systematic study** of the causes of climate change.

☐ **theoretical** *adj* [θɪəˈretɪkəl]
Dr Weinstein has just published a very **theoretical study of** the world economy.

8.3 Wissenschaft und Forschung

☐ **systematisch**
Wir brauchen eine weltweite systematische Untersuchung der Ursachen von Klimaveränderungen.

☐ **theoretisch**
Dr. Weinstein hat soeben eine sehr theoretische Untersuchung zur Weltwirtschaft publiziert.

8.3 Wissenschaft und Forschung

- ☐ **research** *v* [rɪ'sɜːtʃ]
- ☐ **work on** *phrasal v* ['wɜːkɒn]
  Professor Nansen and his research colleagues are working on a theory of computer translation.
- ☐ **researcher** *n* [rɪ'sɜːtʃə]

8.3 Wissenschaft und Forschung

- [ ] **untersuchen, (er)forschen**
- [ ] **an (etw.) arbeiten**
  Professor Nansen und seine Forscherkollegen arbeiten an einer Theorie der Computerübersetzung.
- [ ] **Forscher(in)**

8.3 Wissenschaft und Forschung

☐ **specialize** *v* [ˈspeʃəlaɪz]
Dr Brent **specializes in** 19th century poetry.

☐ **sich spezialisieren**

Dr. Brent ist auf die Lyrik des 19. Jahrhunderts spezialisiert.

8.3 Wissenschaft und Forschung

- ☐ **gene** *n* [dʒiːn]
- ☐ **genetic engineering** *n uncount* [dʒəˌnetɪkendʒɪˈnɪərɪŋ]
- ☐ **genetically** *adv* [dʒəˈnetɪkəli]
  genetically modified (GM)
- ☐ **inherit** *v* [ɪnˈherɪt]

8.3 Wissenschaft und Forschung

- ☐ **Gen, Erbfaktor**
- ☐ **Gentechnik/-technologie**

- ☐ **genetisch**
  genmanipuliert/-verändert
- ☐ **erben**

8.3 Wissenschaft und Forschung

- ☐ **biology** *n uncount* [baɪˈɒlədʒi]
- ☐ **biological** *adj* [ˌbaɪəˈlɒdʒɪkəl]
- ☐ **biologist** *n* [ˌbaɪˈɒlədʒɪst]

8 Lernen, Bildung, Wissenschaft

8.3 Wissenschaft und Forschung

- ☐ **Biologie**
- ☐ **biologisch**
- ☐ **Biologe, Biologin**

8.3 Wissenschaft und Forschung

☐ **social science** *n* [ˈsəʊʃəlˌsaɪəns]
☐ **sociology** *n uncount* [ˌsəʊʃiˈɒlədʒi]
☐ **economics** *n uncount* [ˌiːkəˈnɒmɪks]
J. M. Keynes developed a very convincing theory of economics for modern national economies.
☐ **economist** *n* [ɪˈkɒnəmɪst]

An economist is an expert in economics.

8.3 Wissenschaft und Forschung

- ☐ **(die) Gesellschaftswissenschaften**
- ☐ **Soziologie**
- ☐ **Wirtschaftswissenschaft(en)**
  J. M. Keynes entwickelte eine sehr überzeugende Wirtschaftstheorie für die modernen Volkswirtschaften.
- ☐ **Wirtschaftswissenschaftler(in); Betriebswirt(in)**
  Ein(e) Wirtschaftswissenschaftler(in) ist Experte/Expertin für Volks- und Betriebswirtschaft.

8.3 Wissenschaft und Forschung

- ☐ **psychologist** *n* [saɪˈkɒlədʒɪst]
- ☐ **historian** *n* [hɪˈstɔːriən]
- ☐ **philosophical** *adj* [ˌfɪləˈsɒfɪkᵊl]
- ☐ **philosopher** *n* [fɪˈlɒsəfə]

- [ ] **Psychologe, Psychologin**
- [ ] **Historiker(in)**
- [ ] **philosophisch**
- [ ] **Philosoph(in)**

8.3 Wissenschaft und Forschung

- [ ] **chemistry** *n uncount* [ˈkemɪstri]
- [ ] **chemist** *n* [ˈkemɪst]
- [ ] **technological** *adj* [ˌteknəˈlɒdʒɪkəl]
- [ ] **astronomy** *n uncount* [əˈstrɒnəmi]
- [ ] **astronomer** *n* [əˈstrɒnəmə]

8 Lernen, Bildung, Wissenschaft

8.3 Wissenschaft und Forschung

- ☐ **Chemie**
- ☐ **Chemiker(in)**
- ☐ **technologisch**
- ☐ **Astronomie**
- ☐ **Astronom(in)**

9.1 Berufsausbildung, Arbeitssuche

- ☐ **unskilled** *adj* [ʌnˈskɪld]
- ☐ **semi-skilled** *adj* [ˌsemɪˈskɪld]
- ☐ **skilled** *adj* [skɪld]

  There is currently a shortage of skilled workers in the European Union.

9 Berufs- und Arbeitswelt

9.1 Berufsausbildung, Arbeitssuche

- [ ] **ungelernt**
- [ ] **angelernt**
- [ ] **ausgebildet, Fach-**

Zurzeit herrscht ein Mangel an Facharbeitern(innen) in der Europäischen Union.

9.1 Berufsausbildung, Arbeitssuche

☐ **apprentice** *n* [ə'prentɪs]
After leaving school, Richard became an apprentice in a carpenter's shop.

☐ **apprenticeship** *n* [ə'prentɪsʃɪp]
☐ **trainer** *n* ['treɪnə]

9 Berufs- und Arbeitswelt

9.1 Berufsausbildung, Arbeitssuche

☐ **Lehrling, Auszubildende(r)**
Nach der Schule fing Richard als Auszubildender in einer Schreinerei an.

☐ **Lehre, Lehrzeit**

☐ **Trainer(in)-, Ausbilder(in)**

9.1 Berufsausbildung, Arbeitssuche

- ☐ **application form** *n* [ˌæplɪˈkeɪʃᵊnˌfɔːm]
- ☐ **applicant** *n* [ˈæplɪkənt]
- ☐ **curriculum vitae (CV)** *BE n* [kəˌrɪkjələmˈviːtaɪ (ˌsiːˈviː)]
- ☐ **résumé** *AE n* [ˈrezjuːmeɪ]
- ☐ **unsuitable** *adj* [ʌnˈsuːtəbᵊl]

9 Berufs- und Arbeitswelt

9.1 Berufsausbildung, Arbeitssuche

- [ ] **Bewerbungsformular**
- [ ] **Bewerber(in)**
- [ ] **Lebenslauf**

- [ ] **Lebenslauf**
- [ ] **ungeeignet**

9.1 Berufsausbildung, Arbeitssuche

☐ **vacancy** *n* [ˈveɪkənsi]
There's a **temporary vacancy in** the sales department if you're interested.

☐ **Jobcentre** *BE n* [ˈdʒɒbˌsentə]

☐ **job counsellor** *n* [ˈdʒɒbˌkaʊnsələ]
☐ **recruit** *v* [rɪˈkruːt]
☐ **recruitment** *n uncount* [rɪˈkruːtmənt]

9 Berufs- und Arbeitswelt

9.1 Berufsausbildung, Arbeitssuche

☐ **offene Stelle**
Wenn es dich interessiert: Es ist eine befristete Stelle in der Verkaufsabteilung frei.

☐ *örtliche Niederlassung der staatlichen britischen Arbeitsagentur*

☐ **Berufsberater(in)**

☐ **anwerben**

☐ **Anwerbung (von Arbeitnehmer/innen)**

9.1 Berufsausbildung, Arbeitssuche

- [ ] **civil servant** *n* [ˌsɪvəlˈsɜːvənt]
- [ ] **self-employed** *adj* [ˌselfɪmˈplɔɪd]

Jason owns his own shoe repair shop and is self-employed.

- [ ] **freelance** *adj* [ˈfriːlɑːns]
- [ ] **freelancer** *n* [ˈfriːlɑːnsə]
- [ ] **job-share** *v* [ˈdʒɒbʃeə]

Kristin has a well-paid position in human resources which she job-shares with a colleague.

- [ ] **sideline** *n* [ˈsaɪdlaɪn]

As a sideline, I play in a band at weekends.

- [ ] **moonlighting** *n inform* [ˈmuːnˌlaɪtɪŋ]

9 Berufs- und Arbeitswelt

9.1 Berufsausbildung, Arbeitssuche

- [ ] **Beamter, Beamtin**
- [ ] **selbständig**
  Jason ist Inhaber einer eigenen Schuhreparaturwerkstatt und selbständig.
- [ ] **freiberuflich**
- [ ] **Freiberufler(in)**
- [ ] **Arbeitsplatz teilen, Jobsharing machen**
  Kristin hat eine gut bezahlte Stelle in der Personalabteilung, die sie mit einer Kollegin teilt.
- [ ] **Nebenjob/-tätigkeit**
  Als Nebenjob spiele ich an den Wochenenden in einer Band.
- [ ] **Nebenjob/-tätigkeit abends oder am Wochenende,** *(manchmal auch:)* **Schwarzarbeit**

9.2 Arbeit, Arbeitsbedingungen

☐ **full-time** *adj; adv* [ˌfʊlˈtaɪm]

☐ **part-time** *adj; adv* [ˌpɑːtˈtaɪm]

Dave's got **a part-time job** in a bookshop.

Nigel only **works part-time**.

☐ **flexitime** *BE n* [ˈfleksɪtaɪm]

☐ **flextime** *AE n* [ˈflekstaɪm]

☐ **overtime** *n* [ˈəʊvətaɪm]

I won't be able to come to the barbecue because I have to **work overtime** on Saturday.

☐ **shift** *n* [ʃɪft]

After a 10-hour shift, Doug was totally exhausted.

the day shift / the night shift / the evening shift

9.2 Arbeit, Arbeitsbedingungen

- [ ] **Vollzeit-; ganztags**
- [ ] **Teilzeit-; in Teilzeit**

  Dave hat eine Teilzeitstelle in einer Buchhandlung.

  Nigel arbeitet nur Teilzeit.
- [ ] **gleitende Arbeitszeit, Gleitzeit**
- [ ] **gleitende Arbeitszeit, Gleitzeit**
- [ ] **Überstunden, Mehrarbeit**

  Ich werde nicht zum Grillen kommen können, weil ich am Samstag Überstunden machen muss.
- [ ] **Schicht**

  Nach einer 10-Stunden-Schicht war Doug völlig erschöpft.

  die Früh-/Nacht-/Spätschicht

9.2 Arbeit, Arbeitsbedingungen

- ☐ **supervisor** *n* [ˈsuːpəvaɪzə]
- ☐ **foreman**, *pl* foremen *n* [ˈfɔːmən]
- ☐ **forewoman**, *pl* forewomen *n* [ˈfɔːˌwʊmən, ˈfɔːˌwɪmɪn]

9 Berufs- und Arbeitswelt

9.2 Arbeit, Arbeitsbedingungen

- ☐ **(Gruppen-)Leiter(in)**
- ☐ **Vorarbeiter**
- ☐ **Vorarbeiterin**

9.2 Arbeit, Arbeitsbedingungen

☐ the **sack** *BE n sing inform* [sæk]
They **gave** Joe **the sack** for sleeping on the job.

9.2 Arbeit, Arbeitsbedingungen

☐ **Rausschmiss**

Joe wurde rausgeschmissen, weil er bei der Arbeit geschlafen hatte.

9.2 Arbeit, Arbeitsbedingungen

- ☐ **labour market** *n* [ˈleɪbəˌmɑːkɪt]
- ☐ **teleworker** *n* [ˈteliˌwɜːkə]
- ☐ **white-collar** *adj* [ˌwaɪtˈkɒlə]
- ☐ **blue-collar** *adj* [ˌbluːˈkɒlə]

  Larger companies, especially those involved in production, generally employ both **blue-collar** and **white-collar workers**.

- ☐ **personnel** *n pl* [ˌpɜːsəˈnel]
- ☐ **co-worker** *n* [ˈkəʊˌwɜːkə]

9.2 Arbeit, Arbeitsbedingungen

- [ ] **Arbeitsmarkt**
- [ ] **Telearbeiter(in)**
- [ ] **Angestellten-**
- [ ] **Arbeiter-**

  Größere Firmen, besonders im produzierenden Gewerbe, beschäftigen im Allgemeinen sowohl Arbeiter(innen) als auch Büroangestellte.
- [ ] **Personal**
- [ ] **(Arbeits-)Kollege/Kollegin**

9.2 Arbeit, Arbeitsbedingungen

- ☐ **jobless** *adj* [ˈdʒɒbləs]
- ☐ the **sack** *BE n sing inform* [sæk]
  Ever since she **got the sack** last year, Cathy's been out of work.
- ☐ the **dole** *BE n inform* [dəʊl]
  Robert's **on the dole** again.
- ☐ **jobseeker's allowance** *BE n*
  [ˈdʒɒbˌsiːkəzəˈlaʊəns]
- ☐ **unemployment benefit** *BE n*
  [ʌnɪmˈplɔɪməntˌbenɪfɪt]
- ☐ **unemployment benefits** *AE n*
  [ʌnɪmˈplɔɪməntˌbenɪfɪts]

9.2 Arbeit, Arbeitsbedingungen

- [ ] **arbeitslos**
- [ ] **Rausschmiss**

Seitdem sie im letzten Jahr gefeuert wurde, ist Cathy arbeitslos.

- [ ] **Arbeitslosenunterstützung**

Robert ist schon wieder arbeitslos.

- [ ] **Arbeitslosenunterstützung**

- [ ] **Arbeitslosenunterstützung**

- [ ] **Arbeitslosenunterstützung**

9.2 Arbeit, Arbeitsbedingungen

☐ **resignation** *n* [ˌrezɪɡˈneɪʃᵊn]

☐ **Kündigung (durch den Arbeitnehmer / die Arbeitnehmerin)**

9.2 Arbeit, Arbeitsbedingungen

☐ **retired** *adj* [rɪˈtaɪəd]

☐ **retirement** *n* [rɪˈtaɪəmənt]
Brian's going to **take early retirement**.

☐ **pensioner** *n* [ˈpenʃᵊnə]
old age pensioner (OAP) *BE*

- [ ] **pensioniert, im Ruhestand**
- [ ] **Ruhestand**

  Brian hat die Absicht, vorzeitig in den Ruhestand zu gehen.
- [ ] **Rentner(in)**

  Rentner(in)

9.2 Arbeit, Arbeitsbedingungen

- ☐ **earnings** *n pl* ['ɜːnɪŋz]
- ☐ **minimum wage** *n sing uncount* [ˌmɪnɪməm'weɪdʒ]
  Isn't there a minimum wage in Germany?
- ☐ **low-paid** *adj* [ˌləʊ'peɪd]
- ☐ **badly paid** *adj* [ˌbædli'peɪd]
- ☐ **well-paid** *adj* [ˌwel'peɪd]
- ☐ **bonus** *n* ['bəʊnəs]
  Christmas bonus

9.2 Arbeit, Arbeitsbedingungen

- [ ] **Verdienst, Einkommen**
- [ ] **Mindestlohn**

Gibt es in Deutschland denn keinen Mindestlohn?

- [ ] **Niedriglohn, schlecht bezahlt**
- [ ] **schlecht bezahlt**
- [ ] **gut bezahlt**
- [ ] **Bonus, Zuwendung, Zusatzleistung**

Weihnachtsgeld

9.2 Arbeit, Arbeitsbedingungen

☐ **perk** *n inform* [pɜːk]
As a perk I have private use of a company car.

☐ **fringe benefit** *n* [ˌfrɪndʒˈbenɪfɪt]

☐ **reward** *v* [rɪˈwɔːd]
Stuart's employer **rewarded** him **for** his hard work by paying him a generous bonus.

9.2 Arbeit, Arbeitsbedingungen

☐ **Vergünstigung, freiwillige Leistung**
Als Vergünstigung kann ich einen Firmenwagen privat nutzen.

☐ **Vergünstigung, freiwillige Leistung**

☐ **belohnen**
Stuarts Arbeitgeber belohnte ihn für seine engagierte Arbeit mit einem großzügigen Bonus.

9.2 Arbeit, Arbeitsbedingungen

- ☐ **time off** *n uncount* [ˌtaɪmˈɒf]
- ☐ **day off**, *pl* days off *n* [ˌdeɪˈɒf, ˌdeɪzˈɒf]
- ☐ **lunch break** *n* [ˈlʌntʃˌbreɪk]
- ☐ **lunchtime** *n uncount* [ˈlʌntʃtaɪm]
- ☐ **coffee break** *n* [ˈkɒfiˌbreɪk]
- ☐ **tea break** *BE n* [ˈtiːˌbreɪk]

9.2 Arbeit, Arbeitsbedingungen

- ☐ **(arbeits- oder schul-)freie Tage/Zeit**
- ☐ **freier Tag, Urlaubstag**
- ☐ **Mittagspause.**
- ☐ **Mittagspause/-zeit**
- ☐ **Kaffeepause**
- ☐ **Teepause**

9.2 Arbeit, Arbeitsbedingungen

- ☐ **sick leave** *n uncount* [ˈsɪkˌliːv]
- ☐ **maternity leave** *n uncount* [məˈtɜːnətiˌliːv]
- ☐ **paternity leave** *n uncount* [pəˈtɜːnətiˌliːv]

9.2 Arbeit, Arbeitsbedingungen

- [ ] **Krankheitstage; Genesungsurlaub**
- [ ] **Mutterschafts-, Erziehungsurlaub**

- [ ] **Vaterschafts-, Erziehungsurlaub**

9.2 Arbeit, Arbeitsbedingungen

☐ **shop steward** *BE n* [ˌʃɒpˈstjuːəd]

☐ **union representative** *AE n* [ˌjuːnjənreprɪˈzenṱəṱɪv]

9.2 Arbeit, Arbeitsbedingungen

- [ ] **Vertrauensmann/-frau der Gewerkschaft (im Betrieb)**
- [ ] **Vertrauensmann/-frau der Gewerkschaft (im Betrieb)**

9.2 Arbeit, Arbeitsbedingungen

☐ **hazard** *n* [ˈhæzəd]

an occupational hazard

☐ **Gefahr, Risiko**

ein Berufsrisiko

10.1 Freizeit, Hobby, Spiel

- ☐ **doll** *n* [dɒl]
- ☐ **puzzle** *n* [ˈpʌzᵊl]
- ☐ **jigsaw puzzle** *n* [ˈdʒɪɡsɔːˌpʌzᵊl]
- ☐ **quiz** *n* [kwɪz]

10 Freizeit

10.1 Freizeit, Hobby, Spiel

- [ ] **Puppe**
- [ ] **Rätsel(spiel), Puzzle(spiel)**
- [ ] **Puzzle(spiel)**
- [ ] **Quiz**

10.1 Freizeit, Hobby, Spiel

- ☐ **amusement** *n uncount* [əˈmjuːzmənt]
- ☐ **amusement park** *n* [əˈmjuːzməntˌpɑːk]

10 Freizeit

10.1 Freizeit, Hobby, Spiel

- [ ] **Vergnügen, Vergnügung**
- [ ] **Vergnügungspark**

10.1 Freizeit, Hobby, Spiel

- ☐ **leisure** *n* ['leʒə]
- ☐ **recreation** *n uncount form* [ˌrekri'eɪʃᵊn]
  Steve's **main form of recreation** is playing golf.
- ☐ **relaxing** *adj* [rɪ'læksɪŋ]

10 Freizeit

10.1 Freizeit, Hobby, Spiel

☐ **Muße, freie Zeit**

☐ **Freizeitbeschäftigung, Hobby**

Steves hauptsächliche Freizeitbeschäftigung ist Golf spielen.

☐ **entspannend**

10.1 Freizeit, Hobby, Spiel

- ☐ **hide-and-seek** *n uncount* [ˌhaɪdænd'siːk]
- ☐ **playground** *n* ['pleɪgraʊnd]
- ☐ **swing** *n* [swɪŋ]
- ☐ **slide** *n* [slaɪd]

10 Freizeit

10.1 Freizeit, Hobby, Spiel

☐ **Versteckspiel**

☐ **Spielplatz**
☐ **Schaukel**
☐ **Rutsche, Rutschbahn**

10.1 Freizeit, Hobby, Spiel

- ☐ **computer game** *n* [kəmˈpjuːtəˌɡeɪm]
- ☐ **video game** *n* [ˈvɪdiəʊˌɡeɪm]
- ☐ **board game** *n* [ˈbɔːdˌɡeɪm]
- ☐ **chess** *n uncount* [tʃes]

  A game of chess consists of a chessboard and 32 chess pieces.
- ☐ **chessboard** *n* [ˈtʃesˌbɔːd]
- ☐ **chess piece** *n* [ˈtʃesˌpiːs]
- ☐ **draughts** *BE n uncount* [drɑːfts]
- ☐ **checkers** *AE n uncount* [ˈtʃekɚz]

10 Freizeit

10.1 Freizeit, Hobby, Spiel

- [ ] **Computerspiel**
- [ ] **Videospiel**
- [ ] **Brettspiel**
- [ ] **Schach(spiel)**

  Ein Schachspiel besteht aus einem Schachbrett und 32 Schachfiguren.
- [ ] **Schachbrett**
- [ ] **Schachfigur**
- [ ] **Dame(spiel)**
- [ ] **Dame(spiel)**

10.1 Freizeit, Hobby, Spiel

☐ **magic** *adj* [ˈmædʒɪk]

Ryan put on **a magic show** for his friends from school.

☐ **magician** *n* [məˈdʒɪʃᵊn]

10 Freizeit

10.1 Freizeit, Hobby, Spiel

☐ **Zauber-**
Ryan veranstaltete für seine Klassenkameraden eine Zaubervorführung.

☐ **Zauberer**

10.1 Freizeit, Hobby, Spiel

☐ **hobby** *n* [ˈhɒbi]

☐ **album** *n* [ˈælbəm]

I hope my mother hasn't been showing you our old **photo albums**!

☐ **scrapbook** *n* [ˈskræpbʊk]

10 Freizeit

10.1 Freizeit, Hobby, Spiel

- [ ] **Hobby**
- [ ] **Album**

  Ich hoffe, dass meine Mutter dir/ euch nicht unsere alten Fotoalben gezeigt hat!
- [ ] **Sammelalbum**

10.1 Freizeit, Hobby, Spiel

- [ ] **Boy Scout** *n* [ˌbɔɪˈskaʊt]
- [ ] **Girl Guide** *BE n* [ˌɡɜːlˈɡaɪd]
- [ ] **Girl Scout** *AE n* [ˌɡɜːrlˈskaʊt]

10 Freizeit

10.1 Freizeit, Hobby, Spiel

- [ ] **Pfadfinder**
- [ ] **Pfadfinderin**
- [ ] **Pfadfinderin**

10.1 Freizeit, Hobby, Spiel

☐ **dice**, *pl* dice *n* [daɪs]

☐ **throw** *n* [θrəʊ]

We'll each have **a throw of the dice** and the highest number starts the game!

10 Freizeit

10.1 Freizeit, Hobby, Spiel

☐ **Würfel**
☐ **Wurf**

Jeder von uns würfelt einmal und wer die höchste Zahl hat, der fängt an.

10.1 Freizeit, Hobby, Spiel

- [ ] **darts** *n uncount* [dɑːts]
- [ ] **dartboard** *n* [ˈdɑːtbɔːd]
- [ ] **snooker** *n uncount* [ˈsnuːkə]

10 Freizeit

10.1 Freizeit, Hobby, Spiel

- [ ] **Darts** *(Wurfpfeilspiel)*
- [ ] **Darts-Scheibe**
- [ ] **Snooker** *(in GB populäre Form des Billardspiels)*

10.1 Freizeit, Hobby, Spiel

- [ ] **disco** *n* [ˈdɪskəʊ]
- [ ] **clubbing** *n uncount* [ˈklʌbɪŋ]

10 Freizeit

10.1 Freizeit, Hobby, Spiel

- ☐ **Disko(thek)**
- ☐ **in die Disko(s) gehen, durch die Diskos ziehen**

10.1 Freizeit, Hobby, Spiel

- ☐ **spades** *n pl* [speɪdz]
- ☐ **hearts** *n pl* [hɑːts]
- ☐ **diamonds** *n pl* [ˈdaɪəməndz]
- ☐ **clubs** *n pl* [klʌbz]

10 Freizeit

10.1 Freizeit, Hobby, Spiel

- ☐ **Pik**
- ☐ **Herz**
- ☐ **Karo**
- ☐ **Kreuz**

10.2 Sport

☐ **sports** *adj* [spɔːts]
These are the best **sports facilities** I've ever seen!

☐ **indoor** *adj* [ˈɪndɔː]
We haven't got an **indoor swimming pool** in our town.

☐ **outdoor** *adj* [ˈaʊtdɔː]
In European athletics the indoor season is during the winter and the **outdoor season** is in the summer.

10.2 Sport

☐ **Sport-**
Dies sind die besten Sportanlagen, die ich je gesehen habe!

☐ **Hallen-**
In unserer Stadt gibt es kein Hallenbad.

☐ **im Freien, Freiluft-**
In der europäischen Leichtathletik werden Wettkämpfe im Winter in der Halle und im Sommer im Freien ausgetragen.

10.2 Sport

☐ **loser** *n* ['luːzə]
☐ **tournament** *n* ['tʊənəmənt]

- ☐ **Verlierer(in)**
- ☐ **Turnier**

10.2 Sport

- ☐ **ice skating** *n uncount* ['aɪsˌskeɪtɪŋ]
- ☐ **ice skate** *n* ['aɪsskeɪt]
- ☐ **roller skating** *n uncount* ['rəʊləˌskeɪtɪŋ]
- ☐ **roller skate** *n* ['rəʊləˌskeɪt]
- ☐ **in-line skating** *n uncount* ['ɪnlaɪnˌskeɪtɪŋ]
- ☐ **in-line skate** *n* [ˌɪnlaɪn'skeɪt]

10.2 Sport

- ☐ **(das) Schlittschuhlaufen**
- ☐ **Schlittschuh**
- ☐ **(das) Rollschuhlaufen**

- ☐ **Rollschuh**
- ☐ **(das) Inline-Skating**

- ☐ **Inlineskate**

10.2 Sport

- ☐ **ski** *n*; *v* [skiː]
- ☐ **skiing** *n uncount* [ˈskiːɪŋ]

10.2 Sport

- ☐ **Ski; Ski fahren**
- ☐ **(das) Skifahren**

10.2 Sport

☐ **nil** *BE n uncount inform* [nɪl]
The score's still Wales 16 England 0.

☐ **scoreboard** *n* [ˈskɔːbɔːd]
☐ **final** *n* [ˈfaɪnl]

10 Freizeit

10.2 Sport

- [ ] **Null, 0**
  Der Spielstand Wales-England ist nach wie vor 16 zu 0.
- [ ] **Anzeigetafel**
- [ ] **Finale, Endspiel**

10.2 Sport

- ☐ **trainer** *n* [ˈtreɪnə]
- ☐ **personal trainer** *n* [ˌpɜːsᵊnᵊlˈtreɪnə]
  Rachel has her very own personal trainer to help her with her exercises.
- ☐ **referee** *n* [ˌrefᵊˈriː]
- ☐ **hooligan** *n* [ˈhuːlɪgᵊn]

10.2 Sport

- ☐ **Trainer(in)**
- ☐ **persönliche(r) Trainer(in)**
  Rachel hat ihre ganz persönliche Trainerin, die ihr bei ihren Übungen hilft.
- ☐ **Schieds-/Ring-/Kampfrichter(in)**
- ☐ **Hooligan, Rowdy**

10.2 Sport

- ☐ **finish** *n* [ˈfɪnɪʃ]
- ☐ **athletics** *BE n uncount* [æθˈletiks]
- ☐ **track and field** *AE n uncount* [ˌtrækənˈfiːld]
- ☐ **gymnastics** *n uncount* [dʒɪmˈnæstɪks]

10 Freizeit

10.2 Sport

- [ ] **Ziel**
- [ ] **Leichtathletik**
- [ ] **Leichtathletik**

- [ ] **Gymnastik, Turnen**

10.2 Sport

- ☐ **tennis** *n uncount* [ˈtenɪs]
- ☐ **table tennis** *n uncount* [ˈteɪbəlˌtenɪs]
- ☐ **bowling** *n uncount* [ˈbəʊlɪŋ]
- ☐ **aerobics** *n uncount* [eəˈrəʊbɪks]
  Deirdre **does aerobics** at her fitness club every Tuesday.

10 Freizeit

10.2 Sport

- ☐ **Tennis**
- ☐ **Tischtennis**
- ☐ **Bowling**
- ☐ **Aerobic**

  Deirdre macht jeden Dienstag in ihrem Fitness-Klub Aerobic.

10.2 Sport

- ☐ **swimming pool** *n* ['swɪmɪŋˌpuːl]
- ☐ **gym** *n* [dʒɪm]
- ☐ **stadium** *n* ['steɪdiəm]

10 Freizeit

10.2 Sport

- ☐ **Schwimmbecken; Schwimmbad**
- ☐ **Turnhalle; Fitnessclub**
- ☐ **Stadion**

10.2 Sport

- [ ] **athlete** *n* ['æθliːt]
- [ ] **amateur** *n* ['æmətə]
- [ ] **professional** *n* [prə'feʃᵊnᵊl]
  Barry's a professional football player.
- [ ] **runner** *n* ['rʌnə]
- [ ] **swimmer** *n* ['swɪmə]

10.2 Sport

- ☐ **Athlet(in)**
- ☐ **Amateur-; Amateur(in)**
- ☐ **Profi-, Berufs-; Profi**
  Barry ist Profifußballer.
- ☐ **Läufer(in)**
- ☐ **Schwimmer(in)**

10.2 Sport

☐ **swim** *n sing* [swɪm]
Hilary **goes for a swim** every morning at seven.

☐ **swimming** *n uncount* [ˈswɪmɪŋ]

☐ **sailing** *n uncount* [ˈseɪlɪŋ]

☐ **windsurfing** *n uncount* [ˈwɪndsɜːfɪŋ]

☐ **stroke** *n* [strəʊk]
Celia swam the length of the pool with **short fast strokes**.

10.2 Sport

- ☐ **(das) Schwimmen**
  Hilary geht jeden Morgen um sieben schwimmen.
- ☐ **(das) Schwimmen**
- ☐ **(das) Segeln**
- ☐ **(das) Windsurfen**
- ☐ **Schwimmzug**
  Celia durchschwamm das Becken mit kurzen schnellen Schwimmzügen.

10.2 Sport

☐ **jog** *v* [dʒɒg]
Michelle's brother jogs about 2 miles every morning before going to work.

☐ **hike** *n; v* [haɪk]
☐ **jogging** *n uncount* [ˈdʒɒgɪŋ]
☐ **running** *n uncount* [ˈrʌnɪŋ]
☐ **walking** *n uncount* [ˈwɔːkɪŋ]
☐ **hiking** *n uncount* [ˈhaɪkɪŋ]

10.2 Sport

- [ ] **Dauerlauf machen, joggen**
  Michelles Bruder joggt jeden Morgen vor der Arbeit etwa 2 Meilen *(3,2 km)* weit.
- [ ] **Wanderung; wandern**
- [ ] **Dauerlauf, (das) Jogging**
- [ ] **(das) Laufen**
- [ ] **(das) Spazierengehen**
- [ ] **(das) Wandern**

10.2 Sport

☐ **bet** *n* [bet]

Charles went to the bookmaker's to **place his bet**.

☐ **gamble** *v* [ˈgæmbᵊl]

☐ **bookmaker** *n* [ˈbʊkˌmeɪkə]

10 Freizeit

10.2 Sport

- [ ] **Wette**
  Charles ging zum Wettbüro, um seine Wette abzugeben.
- [ ] **(um Geld) spielen**
- [ ] **Buchmacher**

10.2 Sport

- ☐ **American football** *BE n uncount* [əˌmerɪkən'fʊtbɔːl]
- ☐ **cricket** *n uncount* ['krɪkɪt]
- ☐ **rugby** *n uncount* ['rʌgbi]
- ☐ **baseball** *n uncount* ['beɪsbɔːl]
- ☐ **basketball** *n uncount* ['bɑːskɪtbɔːl]
- ☐ **volleyball** *n uncount* ['vɒlibɔːl]
- ☐ **hockey** *n uncount* ['hɒki]

10 Freizeit

10.2 Sport

- [ ] **American Football**

- [ ] **Kricket**
- [ ] **Rugby**
- [ ] **Baseball**
- [ ] **Basketball**
- [ ] **Volleyball**
- [ ] **Feldhockey (BE); Eishockey (AE)**

10.3 Theater, Kino, Film, Fernsehen

- ☐ **sitcom** *n* [ˈsɪtkɒm]
- ☐ **soap opera** *n* [ˈsəʊpˌɒpᵊrə]
- ☐ **cartoon** *n* [kɑːˈtuːn]

  Kids love watching cartoons like "The Simpsons" on TV.

- ☐ **game show** *n* [ˈgeɪmˌʃəʊ]
- ☐ **talk show** *n* [ˈtɔːkˌʃəʊ]
- ☐ **chat show** *BE n* [ˈtʃætˌʃəʊ]

10.3 Theater, Kino, Film, Fernsehen

- ☐ **Sitcom, Situationskömodie**
- ☐ **Seifenoper** *(rührselige Fernsehserie)*
- ☐ **Zeichentrickfilm**
  Kinder und Jugendliche sehen sich gerne Zeichentrickfilme wie „Die Simpsons" im Fernsehen an.
- ☐ **Spiel- und Quizshow**
- ☐ **Talkshow**
- ☐ **Talkshow** *(meist Unterhaltung mit einem prominenten Gast)*

10.3 Theater, Kino, Film, Fernsehen

- ☐ **musical** *n* [ˈmjuːzɪkᵊl]
- ☐ **box office** *n* [ˈbɒksˌɒfɪs]
- ☐ **rehearsal** *n* [rɪˈhɜːsᵊl]

10.3 Theater, Kino, Film, Fernsehen

- [ ] **Musical**
- [ ] **(Theater-/Kino-)Kasse**
- [ ] **Probe**

10.3 Theater, Kino, Film, Fernsehen

- [ ] **feature film** *n* [ˈfiːtʃəˌfɪlm]
- [ ] **western** *n* [ˈwestən]
- [ ] **animated** *adj* [ˈænɪmeɪtɪd]

The Disney Corporation is famous for its animated films.

- [ ] **animation** *n* [ˌænɪˈmeɪʃᵊn]

a computer animation

- [ ] **thriller** *n* [ˈθrɪlə]
- [ ] **romance** *n* [ˈrəʊmæns]
- [ ] **subtitle** *n* [ˈsʌbˌtaɪtᵊl]

The film was in Swedish with English subtitles.

- [ ] **dub** *v* [dʌb]

I prefer English language films in English; I don't like it when they've been **dubbed into** German.

- [ ] **Hauptfilm**
- [ ] **Western(film)**
- [ ] **Zeichentrick-**
  Die Disney-Filmgesellschaft ist berühmt für ihre Zeichentrickfilme.
- [ ] **Animation** *(Verfahren zum Erstellen von Zeichentrickfilmen)*
  eine Computeranimation
- [ ] **Thriller, Reißer**
- [ ] **Liebesfilm**
- [ ] **Untertitel**
  Der Film war in schwedischer Sprache mit englischen Untertiteln.
- [ ] **synchronisieren**
  Ich schaue mir englischsprachige Filme am liebsten auf Englisch an; es gefällt mir nicht, wenn sie deutsch synchronisiert sind.

10.3 Theater, Kino, Film, Fernsehen

☐ **surf** *v* [sɜːf]

As soon as Emma gets home, she switches on the TV, grabs the remote control and surfs through the channels until she finds something she likes.

☐ **remote control** *n* [rɪˌməʊtkənˈtrəʊl]

10.3 Theater, Kino, Film, Fernsehen

☐ **zappen**
Sobald Emma nach Hause kommt, schaltet sie den Fernseher ein, schnappt sich die Fernbedienung und zappt durch die Sender, bis sie etwas findet, was ihr gefällt.

☐ **Fernbedienung**

10.3 Theater, Kino, Film, Fernsehen

- [ ] **applaud** *v* [əˈplɔːd]
- [ ] **clap** *v* [klæp]
- [ ] **ovation** *n form* [əʊˈveɪʃᵊn]

When the cast came back on stage, the audience stood up and gave them **a standing ovation**.

10.3 Theater, Kino, Film, Fernsehen

☐ **applaudieren, klatschen**
☐ **klatschen**
☐ **Beifall, Applaus, Ovation**

Als die Darsteller wieder auf die Bühne kamen, erhoben sich die Zuschauer und applaudierten ihnen lange.

10.3 Theater, Kino, Film, Fernsehen

☐ **scriptwriter** *n* [ˈskrɪptˌraɪtə]

10.3 Theater, Kino, Film, Fernsehen

☐ **Drehbuchautor(in)**

10.3 Theater, Kino, Film, Fernsehen

☐ **cast** *n* [kaːst]
☐ **acting** *n uncount* [ˈæktɪŋ]

The play was spoiled by quite a bit of bad acting.

Desmond **did a lot of acting** while he was at university.

☐ **stage fright** *n uncount* [ˈsteɪdʒfraɪt]

10.3 Theater, Kino, Film, Fernsehen

- ☐ **Besetzung**
- ☐ **Schauspielerei, Tätigkeit als Schauspieler(in)**
  Das Stück wurde durch eine ziemlich schlechte Schauspielerleistung ruiniert.
  In seiner Studienzeit stand Desmond oft als Schauspieler auf der Bühne.
- ☐ **Lampenfieber**

10.3 Theater, Kino, Film, Fernsehen

- [ ] **entertainer** *n* [entəˈteɪnə]

- [ ] **performer** *n* [pəˈfɔːmə]

10.3 Theater, Kino, Film, Fernsehen

- [ ] **Entertainer, professioneller Unterhalter**
- [ ] **Künstler(in), Darsteller(in)**

10.3 Theater, Kino, Film, Fernsehen

☐ **multiplex** *n* [ˈmʌltɪpleks]

☐ **Multiplex-Kino**

10.3 Theater, Kino, Film, Fernsehen

- ☐ **documentary** *n* [ˌdɒkjʊˈmentᵊri]
- ☐ **commercial** *n* [kəˈmɜːʃᵊl]
- ☐ **weather forecast** *n* [ˈweðəˌfɔːkɑːst]
- ☐ **repeat** *n* [rɪˈpiːt]
- ☐ **rerun** *n* [ˈriːrʌn]

10 Freizeit

10.3 Theater, Kino, Film, Fernsehen

- ☐ **Dokumentarfilm, Dokumentation**
- ☐ **Werbespot**
- ☐ **Wetterbericht/-vorhersage**
- ☐ **Wiederholung (einer Sendung)**
- ☐ **Wiederholung (einer Sendung)**

10.4 Feiertage und Feste

☐ **unwrap** *v* [ʌn'ræp]

10.4 Feiertage und Feste

☐ **auswickeln/-packen**

10.4 Feiertage und Feste

- [ ] **parade** *n* [pəˈreɪd]
  Fourth of July Parade

- [ ] **party** *v inform* [ˈpɑːti]
- [ ] **hostess** *n* [ˈhəʊstɪs]
- [ ] **housewarming** *n* [ˈhaʊsˌwɔːmɪŋ]
- [ ] **baby shower** *AE n* [ˈbeɪbɪˌʃaʊɚ]

10.4 Feiertage und Feste

- ☐ **Festumzug**
  Festumzug zur Feier des amerikanischen Abhängigkeitstags
- ☐ **feiern, Party machen**
- ☐ **Gastgeberin**
- ☐ **Einweihungsparty**
- ☐ *(Geschenkparty, die von Freundinnen für eine werdende Mutter gegeben wird)*

10.4 Feiertage und Feste

- [ ] **public holiday** *n* [ˌpʌblɪkˈhɒlədeɪ]
- [ ] **bank holiday** *BE n* [ˌbæŋkˈhɒlədeɪ]

10.4 Feiertage und Feste

- [ ] **gesetzlicher Feiertag**
- [ ] **gesetzlicher Feiertag**

10.4 Feiertage und Feste

- ☐ **reception** *n* [rɪˈsepʃᵊn]
- ☐ **hen night** *BE n* [ˈhenˌnaɪt]

- ☐ **bachelorette party** *AE n* [ˌbætʃᵊlərˈetˌpɑːrt̬i]
- ☐ **stag night** *BE n* [ˈstægˌnaɪt]
- ☐ **bachelor party** *AE n* [ˈbætʃᵊlɚˌpɑːrt̬i]
- ☐ **anniversary** *n* [ˌænɪˈvɜːsᵊri]
  My parents' **wedding anniversary** is on July 5th.

10.4 Feiertage und Feste

- [ ] **Hochzeitsfeier**
- [ ] *(Party am Abend vor der Hochzeit für die Braut und ihre Freundinnen)*
- [ ] *(Party am Abend vor der Hochzeit für die Braut und ihre Freundinnen)*
- [ ] **Junggesellen-Abschiedsparty**
- [ ] **Junggesellen-Abschiedsparty**
- [ ] **Jubiläum**

  Meine Eltern haben am 5. Juli Hochzeitstag.

10.1 Freizeit, Hobby, Spiel

- ☐ **leisure centre** *BE n* [ˈleʒəˌsentə]
- ☐ **recreation center** *AE n* [ˌrekriˈeɪʃᵊnˌsentə˞]
- ☐ **recreational** *adj* [ˌrekriˈeɪʃᵊnᵊl]
- ☐ **facilities** *n pl* [fəˈsɪlətiz]

The town has built new **recreational facilities** which are open to residents and visitors.

10 Freizeit

10.1 Freizeit, Hobby, Spiel

☐ **Freizeitzentrum**
☐ **Freizeitzentrum**

☐ **Freizeit-**
☐ **Einrichtungen, Anlagen**
Die Stadt hat neue Freizeiteinrichtungen gebaut, die Einwohnern und Touristen zur Verfügung stehen.

11.1 Reisevorbereitung, Reise

- ☐ **depart** *v form* [dɪˈpɑːt]
- ☐ **departure** *n* [dɪˈpɑːtʃə]
- ☐ **return** *BE adj* [rɪˈtɜːn]

The **return flight** from New York was delayed by four hours.

11 Reisen, Tourismus

11.1 Reisevorbereitung, Reise

- ☐ **abfahren, abfliegen**
- ☐ **Abreise, Abflug**
- ☐ **Rück-**

  Der Rückflug aus New York hatte vier Stunden Verspätung.

11.1 Reisevorbereitung, Reise

- ☐ **ID** *n* [ˌaɪˈdiː]
  Have you got any ID? – Sure, here's my driving license.
- ☐ **ID card** *n* [ˌaɪˈdiːˌkɑːd]
- ☐ **passport control** *n uncount* [ˌpɑːspɔːtkənˈtrəʊl]
- ☐ **visa** *n* [ˈviːzə]

11 Reisen, Tourismus

11.1 Reisevorbereitung, Reise

- ☐ **Ausweispapier(e)**
  Können Sie sich ausweisen? – Sicher, hier ist mein Führerschein.
- ☐ **Personalausweis**
- ☐ **Ausweis-/Passkontrolle**

- ☐ **Visum**

11.1 Reisevorbereitung, Reise

- [ ] **customs** *n pl* [ˈkʌstəmz]
- [ ] **inspect** *v* [ɪnˈspekt]

11 Reisen, Tourismus

11.1 Reisevorbereitung, Reise

- [ ] **Zoll**
- [ ] **durchsuchen, untersuchen**

11.2 Unterkunft

- ☐ **board** *n* [bɔːd]
  full board / half board
- ☐ **licensed** *BE adj* [ˈlaɪsənst]

  a fully licensed hotel

11.2 Unterkunft

☐ **Verpflegung**
Voll-/Halbpension

☐ **mit einer Lizenz (für den Verkauf/ Ausschank von alkoholischen Getränken)**
ein Hotel mit Alkoholausschank

11.2 Unterkunft

- [ ] **receptionist** *n* [rɪˈsepʃᵊnɪst]
- [ ] **porter** *BE n* [ˈpɔːtə]
- [ ] **bellhop** *AE n* [ˈbelhɑːp]

11.2 Unterkunft

- [ ] **Portier, Empfangschef/-dame**
- [ ] **Gepäckträger(in), Page**
- [ ] **Gepäckträger(in), Page**

11.2 Unterkunft

- [ ] **motel** *n* [məʊ'tel]
- [ ] **youth hostel** *n* ['juːθˌhɒstᵊl]
- [ ] **backpackers' hostel** *n* ['bækˌpækəz'hɒstᵊl]

11 Reisen, Tourismus

11.2 Unterkunft

- ☐ **Motel**
- ☐ **Jugendherberge**
- ☐ *Herberge für Rucksack- und andere Billigreisende*

11.2 Unterkunft

- ☐ **self-catering** *adj* [ˌselfˈkeɪtᵊrɪŋ]
  self-catering accommodation
- ☐ **holiday flat** *n* [ˈhɒlədiˌflæt]
- ☐ **holiday home** *n* [ˈhɒlədiˌhəʊm]
- ☐ **deposit** *n* [dɪˈpɒzɪt]
  A deposit of €200 must be paid on arrival and will be returned on departure.
- ☐ **landlady** *n* [ˈlænˌleɪdi]
- ☐ **landlord** *n* [ˈlænlɔːd]

11.2 Unterkunft

- [ ] **mit Selbstverpflegung**
  Unterkunft mit Selbstverpflegung
- [ ] **Ferienwohnung**
- [ ] **Ferienhaus**
- [ ] **Kaution**
  Eine Kaution von 200 € muss bei Ankunft hinterlegt werden und wird bei Abreise zurückerstattet.
- [ ] **Vermieterin**
- [ ] **Vermieter**

11.2 Unterkunft

- ☐ **camping** *n* [ˈkæmpɪŋ]
- ☐ **camp** *v* [kæmp]
- ☐ **campsite** *mainly BE n* [ˈkæmpsaɪt]
- ☐ **campground** *AE n* [ˈkæmpgraʊnd]
- ☐ **tent** *n* [tent]
- ☐ **sleeping bag** *n* [ˈsliːpɪŋˌbæg]
- ☐ **camper** *n* [ˈkæmpə]
- ☐ **recreational vehicle (RV)** *AE n* [ˌrekriˈeɪʃᵊnᵊlˈviːəkᵊl (ˌɑːrˈviː)]

11.2 Unterkunft

- [ ] **Camping, Zelten**
- [ ] **zelten**
- [ ] **Camping-/Zeltplatz**
- [ ] **Camping-/Zeltplatz**
- [ ] **Zelt**
- [ ] **Schlafsack**
- [ ] **Wohnmobil**
- [ ] **Wohnmobil**

11.3 Gastronomie

- ☐ **local** *BE n inform* ['ləʊkᵊl]
- ☐ **landlady** *BE n* ['læn,leɪdi]
- ☐ **landlord** *BE n* ['lænlɔːd]
- ☐ **pint** *n* [paɪnt]
  Can I buy you a pint?
- ☐ **nightclub** *n* ['naɪtklʌb]
- ☐ **stool** *n* [stuːl]
  I glanced around and saw Thomas sitting on a **bar stool**.

11.3 Gastronomie

- ☐ **Stammkneipe**
- ☐ **Kneipenwirtin**
- ☐ **Kneipenwirt**
- ☐ **großes Bier** *(etwa 0,5 l)*
  Darf ich dich auf ein Bier einladen?
- ☐ **Nachtlokal/-club**
- ☐ **Hocker**
  Ich schaute mich um und sah Thomas auf einem Barhocker sitzen.

11.3 Gastronomie

☐ **fast food** *n uncount* [ˌfɑːst'fuːd]
☐ **takeaway** *BE n* ['teɪkəweɪ]

How about Chinese takeaway this evening?
There's a really good Indian takeaway in our street.

☐ **takeout** *AE n* ['teɪkaʊt]
☐ **takeout restaurant** *AE n* ['teɪkaʊtˌrestərɑːnt]

11.3 Gastronomie

- [ ] **Fast Food**
- [ ] **Essen zum Mitnehmen; Imbissstube/-bude**

Hast du heute abend Lust auf chinesisches Essen zum Mitnehmen?
Es gibt einen wirklich guten indischen Imbiss in unserer Straße.

- [ ] **Essen zum Mitnehmen**
- [ ] **Imbissstube/-bude**

11.3 Gastronomie

☐ **service** *n* ['sɜːvɪs]

The service in this restaurant's terrible.

☐ **service charge** *n* ['sɜːvɪsˌtʃɑːdʒ]

☐ **self-service** *adj* [ˌself'sɜːvɪs]

☐ **buffet** *n* ['bʊfeɪ]

They have a very good **breakfast buffet** at our hotel.

☐ **special** *n* ['speʃəl]

11.3 Gastronomie

- [ ] **Bedienung**
  Die Bedienung in diesem Lokal ist unmöglich.
- [ ] **Bedienungsgeld**
- [ ] **mit Selbstbedienung**
- [ ] **Buffet** *(zur Selbstbedienung aufgestelltes Essen)*
  Es gibt ein sehr gutes Frühstücksbuffet in unserem Hotel.
- [ ] **Tagesgericht**

11.3 Gastronomie

- ☐ **chef** *n* [ʃef]
- ☐ **waiter** *n* [ˈweɪtə]
  Waiter! May I have the menu, please?
- ☐ **waitress** *n* [ˈweɪtrɪs]

11 Reisen, Tourismus

11.3 Gastronomie

☐ **Koch, Köchin**

☐ **Kellner, Ober**

Herr Ober! Kann ich bitte die Speisekarte haben?

☐ **Kellnerin, Serviererin**

11.3 Gastronomie

- [ ] the **gents** *BE n sing* [dʒents]
- [ ] **men's room** *AE n* ['menzruːm]
- [ ] the **Ladies** *BE n sing* ['leɪdiz]
  Excuse me, where's the Ladies?

- [ ] **ladies' room** *AE n sing* ['leɪdiz,ruːm]

11 Reisen, Tourismus

11.3 Gastronomie

- [ ] **Herrentoilette**
- [ ] **Herrentoilette**
- [ ] **Damentoilette**
  Verzeihung, wo ist die Damentoilette?
- [ ] **Damentoilette**

11.4 Sehenswürdigkeiten

☐ **sightseeing** *n uncount* [ˈsaɪtˌsiːɪŋ]

As soon as we arrived in Rome, we **went sightseeing**.

☐ **accompany** *v form* [əˈkʌmpəni]
Children under the age of 15 must be accompanied by an adult.

11.4 Sehenswürdigkeiten

☐ **Besichtigung von Sehenswürdigkeiten**
Als wir in Rom angekommen waren, gingen wir sofort auf Besichtigungstour.

☐ **begleiten**
Kinder und Jugendliche unter 15 Jahren nur in Begleitung eines Erwachsenen!

11.4 Sehenswürdigkeiten

☐ **admission** *n uncount* [ədˈmɪʃᵊn]
They now **charge admission** to visit the local history museum.

I had to **pay admission** in order to see the inside of the church.

☐ **fee** *n* [fiː]
How much is the **entrance fee** to the gardens?

11.4 Sehenswürdigkeiten

☐ **Eintritt**

Jetzt wird für den Besuch des örtlichen historischen Museums Eintritt verlangt.

Ich musste Eintritt bezahlen, um die Kirche von innen ansehen zu können.

☐ **Gebühr, Eintritt**

Was kostet der Eintritt für den Park?

11.4 Sehenswürdigkeiten

☐ **palace** *n* ['pælɪs]
☐ **ancient** *adj* ['eɪnʃᵊnt]
☐ **monument** *n* ['mɒnjəmənt]
Stonehenge is probably England's most famous **ancient monument**.

☐ **statue** *n* ['stætʃuː]
In New York, we took a ferry ride to see the Statue of Liberty.

☐ **cathedral** *n* [kə'θiːdrᵊl]
☐ **ruins** *n pl* ['rʊɪnz]
And over there are the ruins of an ancient Roman temple.
☐ **zoo** *n* [zuː]

11.4 Sehenswürdigkeiten

- ☐ **Schloss, Palast**
- ☐ **uralt, altertümlich**
- ☐ **Denkmal, Monument**
  Stonehenge ist wahrscheinlich Englands berühmtestes Geschichtsdenkmal.
- ☐ **Statue**
  In New York machten wir eine Schiffstour, um die Freiheitsstatue zu sehen.
- ☐ **Kathedrale; Dom**
- ☐ **Ruine**
  Und da drüben steht die Ruine eines antiken römischen Tempels.
- ☐ **Tierpark, Zoo**

11.4 Sehenswürdigkeiten

☐ **souvenir** *n* [ˌsuːvəˈnɪə]
a souvenir shop

☐ **Souvenir, Andenken**

a Souvenirladen

12.1 Bildende Kunst

☐ **pop** *adj* [pɒp]

pop art

12 Bildende Kunst, Musik, Literatur

12.1 Bildende Kunst

☐ **Pop-**

Pop-Art *(Kunstrichtung der 1950er- und 1960er-Jahre)*

12.1 Bildende Kunst

☐ **gallery** *n* ['gæləri]

an art gallery

☐ **exhibit** *n; v* [ɪg'zɪbɪt]

12 Bildende Kunst, Musik, Literatur

12.1 Bildende Kunst

- [ ] **Galerie; Ausstellungsraum; Kunsthandlung**
  eine Kunstgalerie; eine Kunstsammlung
- [ ] **Exponat; ausstellen**

12.1 Bildende Kunst

- [ ] **painter** *n* [ˈpeɪntə]
- [ ] **oil painting** *n* [ˈɔɪlˌpeɪntɪŋ]
- [ ] **sculptor** *n* [ˈskʌlptə]
- [ ] **sculpture** *n* [ˈskʌlptʃə]

12 Bildende Kunst, Musik, Literatur

12.1 Bildende Kunst

- [ ] **Maler(in)**
- [ ] **Ölgemälde**
- [ ] **Bildhauer(in)**
- [ ] **Skulptur, Plastik**

12 Bildende Kunst, Musik, Literatur

12.1 Bildende Kunst

- ☐ **paintbrush** *n* ['peɪntbrʌʃ]
- ☐ **water colour** *n* ['wɔːtəˌkʌlə]
- ☐ **pastel** *n* ['pæstᵊl]
- ☐ **oil paint** *n* ['ɔɪlˌpeɪnt]

12 Bildende Kunst, Musik, Literatur

12.1 Bildende Kunst

- [ ] **Malpinsel**
- [ ] **Aquarellfarbe**
- [ ] **Pastellfarbe**
- [ ] **Ölfarbe**

12.1 Bildende Kunst

☐ **original** *n* [əˈrɪdʒənəl]
☐ **reproduction** *n* [ˌriːprəˈdʌkʃən]
☐ **imitation** *n* [ˌɪmɪˈteɪʃən]
a cheap imitation

☐ **forgery** *n* [ˈfɔːdʒəri]
☐ **poster** *n* [ˈpəʊstə]
☐ **replica** *n* [ˈreplɪkə]

12 Bildende Kunst, Musik, Literatur

12.1 Bildende Kunst

☐ **Original**
☐ **Reproduktion, guter Druck**
☐ **Kopie, Reproduktion**
eine billige Reproduktion, eine schlechte Kopie
☐ **Fälschung**
☐ **Poster, Plakat**
☐ **genaue Kopie** *(z. B. eines Kunstwerks)*

12.1 Bildende Kunst

- ☐ **landscape** *n* ['lændskeɪp]
- ☐ **water colour** *n* ['wɔːtəˌkʌlə]
- ☐ **pastel** *n* ['pæstᵊl]
- ☐ **collage** *n* [kɒl'ɑːʒ]
- ☐ **engraving** *n* [ɪn'greɪvɪŋ]

12 Bildende Kunst, Musik, Literatur

12.1 Bildende Kunst

- ☐ **Landschaftsgemälde**
- ☐ **Aquarell(bild)**
- ☐ **Pastell(bild/-zeichnung)**
- ☐ **Collage**
- ☐ **Radierung; Stich**

12.1 Bildende Kunst

☐ **photography** *n uncount* [fə'tɒgrəfi]

☐ **photographer** *n* [fə'tɒgrəfə]
Justin's quite a good **amateur photographer**.

☐ **flash** *n* [flæʃ]

12 Bildende Kunst, Musik, Literatur

12.1 Bildende Kunst

☐ **(die) Fotografie, (das) Fotografieren**

☐ **Fotograf(in)**

Justin ist ein recht guter Amateurfotograf.

☐ **Blitz(licht)**

12.2 Musik, Musikveranstaltungen

- ☐ **composer** *n* [kəmˈpəʊzə]
- ☐ **lyrics** *n pl* [ˈlɪrɪks]
- ☐ **chorus** *n* [ˈkɔːrəs]
- ☐ **melody** *n* [ˈmelədi]

12 Bildende Kunst, Musik, Literatur

12.2 Musik, Musikveranstaltungen

- ☐ **Komponist(in)**
- ☐ **Liedtext**
- ☐ **Refrain**
- ☐ **Melodie**

☐ **pitch** *n* [pɪtʃ]
Just having **perfect pitch** doesn't make you a great singer.

☐ **beat** *n* [biːt]

☐ **harmony** *n uncount* [ˈhaːməni]
Siân and her sister, Gwen, like to sing Welsh folk songs **in harmony**.

☐ **chord** *n* [kɔːd]
It's a fairly easy song because it only has three chords.

12.2 Musik, Musikveranstaltungen

- ☐ **Tonhöhe; Stimmlage**
  Das absolut sichere Treffen der Tonhöhe macht einen noch lange nicht zu einem großartigen Sänger.
- ☐ **Rhythmus**
- ☐ **Harmonie**
  Siân und ihre Schwester Gwen singen gerne zweistimmig walisische Volkslieder.
- ☐ **Akkord**
  Es ist ein relativ einfaches Lied, weil es nur drei Akkorde hat.

12.2 Musik, Musikveranstaltungen

- ☐ **keyboard** *n pl* [ˈkiːbɔːd]
- ☐ **stringed instrument** *n* [ˌstrɪŋdˈɪnstrəmənt]
- ☐ **violin** *n* [ˌvaɪəˈlɪn]
- ☐ **viola** *n* [viˈəʊlə]
- ☐ **cello** *n* [ˈtʃeləʊ]
- ☐ **harp** *n* [hɑːp]
- ☐ **banjo** *n* [ˈbændʒəʊ]

12.2 Musik, Musikveranstaltungen

- [ ] **elektronisches Klavier, Keyboard**
- [ ] **Saiteninstrument**

- [ ] **Geige**
- [ ] **Viola, Bratsche**
- [ ] **Cello**
- [ ] **Harfe**
- [ ] **Banjo**

12.2 Musik, Musikveranstaltungen

- ☐ **woodwind** *n uncount* [ˈwʊdwɪnd]
  a woodwind instrument
- ☐ **recorder** *n* [rɪˈkɔːdə]
- ☐ **flute** *n* [fluːt]
- ☐ **clarinet** *n* [ˌklærɪˈnet]
- ☐ **saxophone** *n* [ˈsæksəfəʊn]
- ☐ **bagpipes** *n pl* [ˈbæɡpaɪps]

12 Bildende Kunst, Musik, Literatur

12.2 Musik, Musikveranstaltungen

- [ ] **Holzblasinstrumente**
  ein Holzblasinstrument
- [ ] **Blockflöte**
- [ ] **Querflöte**
- [ ] **Klarinette**
- [ ] **Saxophon**
- [ ] **Dudelsack**

12.2 Musik, Musikveranstaltungen

☐ **brass** *n uncount* [brɑːs]

a brass instrument

☐ **trumpet** *n* [ˈtrʌmpɪt]

☐ **trombone** *n* [trɒmˈbəʊn]

☐ **tuba** *n* [ˈtjuːbə]

12.2 Musik, Musikveranstaltungen

☐ **Blechblasinstrumente**
ein Blechblasinstrument

☐ **Trompete**

☐ **Posaune**

☐ **Tuba**

12.2 Musik, Musikveranstaltungen

☐ **singer** *n* ['sɪŋə]

a background singer

☐ **guitarist** *n* [gɪ'tɑːrɪst]

☐ **drummer** *n* ['drʌmə]

☐ **pianist** *n* ['piːənɪst]

☐ **conductor** *n* [kən'dʌktə]

12.2 Musik, Musikveranstaltungen

- [ ] **Sänger(in)**
  ein(e) Backgroundsänger(in)
- [ ] **Gitarrist(in)**
- [ ] **Schlagzeuger(in)**
- [ ] **Pianist(in)**
- [ ] **Dirigent(in)**

12.2 Musik, Musikveranstaltungen

- ☐ **classical music** *n uncount* [ˌklæsɪkəlˈmjuːzɪk]
- ☐ **opera** *n* [ˈɒpərə]
- ☐ **musical** *n* [ˈmjuːzɪkəl]
- ☐ **jazz** *n uncount* [dʒæz]

12 Bildende Kunst, Musik, Literatur

12.2 Musik, Musikveranstaltungen

- [ ] **klassische Musik**

- [ ] **Oper**
- [ ] **Musical**
- [ ] **Jazz**

12.2 Musik, Musikveranstaltungen

- ☐ **folk** *n uncount* [fəʊk]
- ☐ **reggae** *n uncount* ['regeɪ]
- ☐ **gospel** *n uncount* ['gɒspᵊl]
- ☐ **blues** *n uncount* [bluːz]
- ☐ **rock'n'roll** *n uncount* [ˌrɒkᵊn'rəʊl]
- ☐ **rock** *n uncount* [rɒk]

12 Bildende Kunst, Musik, Literatur

12.2 Musik, Musikveranstaltungen

- ☐ **Folkmusik**
- ☐ **Reggae**
- ☐ **Gospel-Musik**
- ☐ **Blues**
- ☐ **Rock and Roll**
- ☐ **Rockmusik**

12.2 Musik, Musikveranstaltungen

- [ ] **heavy metal** *n uncount* [ˌhevɪˈmetəl]
- [ ] **punk** *n uncount* [pʌŋk]
- [ ] **rap** *n uncount* [ræp]
- [ ] **hip hop** *n uncount* [ˈhɪphɒp]

12 Bildende Kunst, Musik, Literatur

12.2 Musik, Musikveranstaltungen

- [ ] **Heavy-Metal**
- [ ] **Punk-Rock**
- [ ] **Rap**
- [ ] **Hip-Hop**

12 Bildende Kunst, Musik, Literatur

12.2 Musik, Musikveranstaltungen

- [ ] **pop** *n uncount* [pɒp]
- [ ] **techno** *n uncount* [ˈteknəʊ]

12.2 Musik, Musikveranstaltungen

- ☐ **Popmusik**
- ☐ **Techno**

12.2 Musik, Musikveranstaltungen

☐ **open-air** *adj* [ˌəʊpᵊnˈeə]
an open-air concert

☐ **festival** *n* [ˈfestɪvᵊl]
a music festival

12.2 Musik, Musikveranstaltungen

- [ ] **im Freien, Freiluft-**
  ein Open-Air-/Freiluftkonzert
- [ ] **Festival**
  ein Musikfestival

12.2 Musik, Musikveranstaltungen

☐ **choir** *n* ['kwaɪə]

a gospel choir

12.2 Musik, Musikveranstaltungen

☐ **Chor**

ein Gospel-Chor

12.3 Literatur allgemein

- ☐ **age** *n* [eɪdʒ]
  the Classic Age / the Romantic Age
- ☐ **classicism** *n uncount* [ˈklæsɪsɪzᵊm]
- ☐ **romanticism** *n uncount* [rəˈmæntɪsɪzᵊm]
- ☐ **romantic** *adj* [rəˈmæntɪk]
  romantic poetry / romantic poets
- ☐ **realism** *n uncount* [ˈrɪəlɪzᵊm]

12.3 Literatur allgemein

- [ ] **Zeitalter, Epoche, Periode**
  die Klassik / die Romantik
- [ ] **(der) Klassizismus**
- [ ] **(die) Romantik**

- [ ] **romantisch**
  romantische Dichtung/Dichter
- [ ] **(der) Realismus**

12.3 Literatur allgemein

☐ **writings** *n pl* ['raɪtɪŋz]

☐ **literary** *adj* ['lɪtᵊrᵊri]
literary criticism

☐ **masterpiece** *n* ['mɑːstəpiːs]
Her last novel was a **literary masterpiece**.

☐ **classic** *n* ['klæsɪk]
The works of T. S. Eliot and Dylan Thomas have become **modern classics**.

12.3 Literatur allgemein

☐ **Schriften/Werke eines Autors / einer Autorin**

☐ **literarisch**
Literaturkritik

☐ **Meisterwerk**
Ihr letzter Roman war ein literarisches Meisterwerk.

☐ **klassisch; Klassiker**
Die Werke von T. S. Eliot und Dylan Thomas sind bereits Klassiker der Moderne.

12.3 Literatur allgemein

☐ **manuscript** *n* ['mænjəskrɪpt]

☐ **draft** *n* [drɑːft]

a rough draft

the final draft

☐ **adaptation** *n* [ˌædæp'teɪʃᵊn]

12.3 Literatur allgemein

- [ ] **(Autoren-)Manuskript**
- [ ] **Entwurf, erste Fassung**
  ein Rohentwurf, eine Skizze
  die Endfassung
- [ ] **Adaptation, Bearbeitung**

12.3 Literatur allgemein

☐ **translator** *n* [trænz'leɪtə]

☐ **Übersetzer(in), Dolmetscher(in)**

12.3 Literatur allgemein

- [ ] **humorous** *adj* ['hjuːmrəs]
- [ ] **comic** *adj* ['kɒmɪk]
- [ ] **irony** *n uncount* ['aɪrəni]

12.3 Literatur allgemein

- [ ] **humorvoll; lustig**
- [ ] **komisch**
- [ ] **Ironie**

12.3 Literatur allgemein

☐ **satire** *n uncount* ['sætaɪə]
In the 20th century, satire was used by authors such as Aldous Huxley and George Orwell to make commentaries on the dangers of social changes taking place throughout the world.

☐ **satire** *n* ['sætaɪə]
Joseph Heller's *Catch-22* is a **satire on** bureaucracy and the military.

12.3 Literatur allgemein

☐ **(die) Satire**

Im 20. Jahrhundert wurde die Satire von Autoren wie Aldous Huxley und George Orwell dazu benutzt, um die Gefahren sozialer Veränderungen zu kommentieren, die überall auf der Welt stattfanden.

☐ **Satire**

Joseph Hellers *Catch-22* ist eine Satire auf Bürokratie und Militär.

12.3 Literatur allgemein

☐ **parody** *n uncount* ['pærədi]
Parody and sarcasm are literary devices often used to produce satire.

☐ **parody** *n* ['pærədi]
The film *Scary Movie* is a **parody of** a certain type of horror movie.

☐ **sarcasm** *n uncount* ['sɑːkæzᵊm]

12.3 Literatur allgemein

☐ **(die) Parodie**
Parodie und Sarkasmus sind literarische Mittel, die oft beim Schreiben von Satiren benutzt werden.

☐ **Parodie**
Der Film *Scary Movie* ist eine Parodie auf einen bestimmten Typ von Horrorfilm.

☐ **Sarkasmus, beißender Spott**

12.4 Prosa, Sachtexte

- ☐ **prose** *n uncount* [prəʊz]
- ☐ **narration** *n uncount* [nəˈreɪʃᵊn]
- ☐ **narrative** *n* [ˈnærətɪv]
- ☐ **non-fiction** *n uncount* [ˌnɒnˈfɪkʃᵊn]
- ☐ **fictional** *adj* [ˈfɪkʃᵊnᵊl]

  a fictional character

12.4 Prosa, Sachtexte

- [ ] **Prosa**
- [ ] **(das) Erzählen, (der) Erzählablauf**
- [ ] **erzählend, Erzähl-; Erzählung**
- [ ] **Sachliteratur, Sachbücher**
- [ ] **fiktiv, fiktional**

  eine fiktive/fiktionale Figur

12.4 Prosa, Sachtexte

☐ **episode** *n* ['epɪsəʊd]
An episode is part of a longer narrative and describes a single action.

☐ **commentary** *n* ['kɒməntᵊri]

12 Bildende Kunst, Musik, Literatur

12.4 Prosa, Sachtexte

- [ ] **Episode, Handlungsabschnitt**
  Eine Episode ist Teil eines längeren Erzähltextes und beschreibt einen einzelnen Vorgang.
- [ ] **Kommentar, Erläuterung**

12.4 Prosa, Sachtexte

☐ **sentimental** *adj* [sentɪˈmentᵊl]

a sentimental novel

☐ **science fiction (SF)** *n uncount* [ˌsaɪənsˈfɪkʃᵊn]

☐ **fantasy** *n* [ˈfæntəsi]

☐ **novelist** *n* [ˈnɒvᵊlɪst]

☐ **biography** *n* [baɪˈɒgrəfi]

☐ **autobiography** *n* [ˌɔːtəbaɪˈɒgrəfi]

12.4 Prosa, Sachtexte

- ☐ **sentimental, übertrieben emotional**
  ein sentimentaler/moralisch-rührender Roman
- ☐ **Science-Fiction**
- ☐ **Fantasy** *(Roman/Film, der in einer unwirklichen, märchenhaften Traumwelt spielt)*
- ☐ **Romanschriftsteller(in)**
- ☐ **Biographie**
- ☐ **Autobiografie**

12.4 Prosa, Sachtexte

- ☐ **anecdote** *n* ['ænɪkdəʊt]
- ☐ **short story** *n* [ˌʃɔːt'stɔːri]
- ☐ **novella** *n* [nə'velə]
- ☐ **tale** *n* [teɪl]
- ☐ **fairy tale** *n* ['feəriˌteɪl]

12 Bildende Kunst, Musik, Literatur

12.4 Prosa, Sachtexte

- ☐ **Anekdote**
- ☐ **Kurzgeschichte**
- ☐ **Novelle, Kurzroman**
- ☐ **Geschichte, Erzählung, Sage**
- ☐ **Märchen**

12.4 Prosa, Sachtexte

- ☐ **myth** *n* [mɪθ]
- ☐ **allegory** *n* [ˈælɪgəri]
- ☐ **fable** *n* [ˈfeɪbᵊl]
- ☐ **parable** *n* [ˈpærəbᵊl]

  A parable is a short narrative that contains a moral lesson.

12.4 Prosa, Sachtexte

- [ ] **Mythos; Sage**
- [ ] **Allegorie, allegorische Erzählung**
- [ ] **Fabel**
- [ ] **Parabel, Beispielerzählung**

  Eine Parabel ist eine kurze Erzählung, die eine moralische Lehre enthält.

12.4 Prosa, Sachtexte

☐ **point of view** *n* [ˌpɔɪntəvˈvjuː]

☐ **narrator** *n* [nəˈreɪtə]

While the first-person narrator is a character in the story, the third-person narrator stands outside it.

☐ **omniscient** *adj* [ɒmˈnɪsiənt]

With the **omniscient point of view**, the narrator stands outside the story, knows everything and is everywhere.

☐ **omniscience** *n* [ɒmˈnɪsiəns]

The narrator's omniscience allows him to see, hear and know everything.

- [ ] **Standpunkt, Erzähl(er)perspektive**
- [ ] **Erzähler(in)**

Während der Ich-Erzähler eine Figur innerhalb der Handlung ist, steht der Er/Sie-Erzähler außerhalb.

- [ ] **allwissend**

Bei der Allwissenheitsperspektive steht der Erzähler außerhalb der Handlung, weiß alles und ist überall zugleich.

- [ ] **Allwissenheit**

Die Allwissenheit des Erzählers ermöglicht, dass er alles sieht, hört und weiß.

12.4 Prosa, Sachtexte

☐ **stream of consciousness** *n* [ˌstriːməvˈkɒntʃəsnɪs]

James Joyce's *Ulysses* is one of the best-known examples of modern stream of consciousness novels.

☐ **flashback** *n* [ˈflæʃbæk]
In film and fiction, flashbacks are a way of presenting incidents that took place before the opening scene.

12.4 Prosa, Sachtexte

- [ ] **Bewusstseinsstrom** *(Erzähltechnik, die die emotionale Innenwelt einer Figur darstellt)*
  Ulysses von James Joyce ist eines der bekanntesten Beispiele für den modernen Bewusstseinsstrom-Roman.
- [ ] **Rückblende**
  Im Film und in der Erzählliteratur dienen Rückblenden dazu Ereignisse darzustellen, die schon vor der Anfangsszene stattgefunden haben.

12.5 Lyrik

- ☐ **poet** *n* ['pəʊɪt]
- ☐ **poetic** *adj* [pəʊ'etɪk]

poetic licence

Rhythm, rhyme and metaphor are **poetic devices**.

- [ ] **Dichter(in)**
- [ ] **poetisch, dichterisch**

dichterische Freiheit

Rhythmus, Reim und Metapher sind dichterische Stilmittel.

12.5 Lyrik

- ☐ **sonnet** *n* ['sɒnɪt]
- ☐ **elegy** *n* ['elɪdʒi]

  Elegies are solemn poems dealing with death or the end of something.

- ☐ **ode** *n* [əʊd]
- ☐ **ballad** *n* ['bæləd]
- ☐ **epic** *n* ['epɪk]
- ☐ **nursery rhyme** *n* ['nɜːsəriˌraɪm]
- ☐ **limerick** *n* ['lɪmərɪk]

  Limericks are a special type of nonsense verse with five lines rhyming aabba.

12.5 Lyrik

- ☐ **Sonett**
- ☐ **Elegie**
  Elegien sind ernste und feierliche Gedichte, die vom Tod oder dem Ende einer Sache handeln.
- ☐ **Ode**
- ☐ **Ballade**
- ☐ **Epos, episches/erzählendes Gedicht**
- ☐ **Kindergedicht/-lied**
- ☐ **Limerick**
  Limericks sind eine spezielle Form des Nonsensgedichtes mit fünf Zeilen, die sich aabba reimen.

12.5 Lyrik

☐ **alliteration** *n* [əˌlɪtəˈreɪʃᵊn]
Alliteration is the repetition of the same sound in words in the same line, e.g. "the soft summer sun".

☐ **rhyme** *n; v* [raɪm]
☐ **blank verse** *n uncount* [ˌblæŋkˈvɜːs]
☐ **metre** *n* [ˈmiːtə]

12.5 Lyrik

- [ ] **Alliteration, Stabreim**
  Alliteration ist die Wiederholung desselben Lautes in Wörtern einer Textzeile, z. B. „die sanfte Sommersonne“.
- [ ] **Reim; (sich) reimen**
- [ ] **Blankvers**
- [ ] **Versmaß, Metrum**

12.5 Lyrik

- ☐ **imagery** *n* ['ɪmɪdʒᵊri]
- ☐ **simile** *n* ['sɪmɪli]
- ☐ **metaphor** *n* ['metəfə]

12 Bildende Kunst, Musik, Literatur

12.5 Lyrik

- ☐ **dichterische Bildsprache, Metaphorik**
- ☐ **Gleichnis, Vergleich**
- ☐ **Metapher, bildlicher Ausdruck**

12.6 Drama

☐ **epic** *adj* ['epɪk]
epic theatre

☐ **catharsis** *n uncount* [kə'θɑːsɪs]
By experiencing pity and fear, the audience goes through a process of catharsis.

☐ **flaw** *n* [flɔː]
The **tragic flaw** in the character of the protagonist leads to the catastrophe.

☐ **catastrophe** *n* [kə'tæstrəfi]

12.6 Drama

- [ ] **episch, erzählend**
  episches Theater
- [ ] **Katharsis** *(seelische Reinigung)*
  Im Erleben von Mitleid und Furcht durchläuft der Zuschauer einen Prozess der „seelischen Reinigung“..
- [ ] **Mangel, Defekt**
  Der tragische charakterliche Defekt der Hauptfigur führt zur Katastrophe.
- [ ] **Katastrophe**

12.6 Drama

☐ **tragedy** *n* ['trædʒədi]
☐ **tragic** *adj* ['trædʒɪk]
☐ **melodrama** *n* ['meləˌdrɑːmə]

☐ **history** *n* ['hɪstᵊri]
Richard III is perhaps Shakespeare's best-known history play.
☐ **sketch** *n* [sketʃ]
☐ **playwright** *n* ['pleɪraɪt]

12.6 Drama

- ☐ **Tragödie, Trauerspiel**
- ☐ **tragisch**
- ☐ **Melodram(a)** *(gefühlsbetontes Stück mit Musik)*
- ☐ **Geschichtsdrama, Historie**
  Richard III ist wohl das bekannteste Geschichtsdrama von Shakespeare.
- ☐ **Sketch**
- ☐ **Dramatiker(in), Stückeschreiber(in)**

12.6 Drama

- ☐ **monologue** *n* ['mɒnəlɒg]
- ☐ **prologue** *n* ['prəʊlɒg]
  A prologue is often found at the beginning of longer epics or plays.
- ☐ **epilogue** *n* ['epɪlɒg]

12.6 Drama

- [ ] **Monolog, Selbstgespräch**
- [ ] **Prolog, Vorrede, Vorspiel**
  Ein Prolog findet sich oft am Anfang längerer Epen oder Theaterstücke.
- [ ] **Epilog, Nachrede, Schlusswort**

12.6 Drama

- [ ] **dénouement** *n* [deɪˈnuːmɑ̃ŋ]

- [ ] **comic relief** *n* [ˌkɒmɪkrɪˈliːf]
- [ ] **pathos** *n uncount* [ˈpeɪθɒs]

12.6 Drama

- [ ] **Auflösung, Ausgang (eines Theaterstückes)**
- [ ] **befreiende Komik**
- [ ] **Pathos**

12.7 Literaturkritik allgemein

☐ **contrast** *v* [kən'trɑːst]

Please **contrast** the form of the text **with** its function.

12.7 Literaturkritik allgemein

☐ **kontrastieren, vergleichen**
Bitte vergleichen Sie die Form des Texts mit seiner Funktion.

12.7 Literaturkritik allgemein

☐ **review** *n; v* [rɪˈvjuː]

12 Bildende Kunst, Musik, Literatur

12.7 Literaturkritik allgemein

☐ **Rezension, Besprechung; rezensieren, besprechen**

12.7 Literaturkritik allgemein

- ☐ **analyse** *v* [ˈænəlaɪz]
- ☐ **characterize** *v* [ˈkærəktəraɪz]
- ☐ **characterization** *n* [ˌkærəktəraɪˈzeɪʃᵊn]

a direct characterization / an indirect characterization

12 Bildende Kunst, Musik, Literatur

12.7 Literaturkritik allgemein

- ☐ **analysieren, untersuchen**
- ☐ **charakterisieren, beschreiben**
- ☐ **Charakterisierung, Personenbeschreibung**
  eine direkte/indirekte Charakterisierung

12.7 Literaturkritik allgemein

☐ **suspense** *n uncount* [sə'spens]
create suspense

☐ **climax** *n* ['klaɪmæks]

☐ **anticlimax** *n* [ˌæntɪ'klaɪmæks]

12.7 Literaturkritik allgemein

- ☐ **Spannung, Erwartung, Ungewissheit**
  Spannung erzeugen
- ☐ **Höhepunkt**
- ☐ **Antiklimax, enttäuschender Abschwung der Handlung bzw. des sprachlichen Ausdrucks**

12.7 Literaturkritik allgemein

- ☐ **stereotype** *n* ['steriəʊtaɪp]
- ☐ **protagonist** *n* [prə'tægənɪst]
- ☐ **antagonist** *n* [æn'tægənɪst]
- ☐ **villain** *n* ['vɪlən]

12.7 Literaturkritik allgemein

- ☐ **stereotype Figur**
- ☐ **Hauptfigur**
- ☐ **Gegenspieler(in) der Hauptfigur**
- ☐ **Schurke(nfigur)**

12.7 Literaturkritik allgemein

- [ ] **stylistic** *adj* [staɪˈlɪstɪk]
  stylistic devices
- [ ] **personification** *n* [pəˌsɒnɪfɪˈkeɪʃᵊn]
- [ ] **allude** *v form* [əˈluːd]
- [ ] **allusion** *n* [əˈluːʒᵊn]
- [ ] **euphemism** *n* [ˈjuːfəmɪzᵊm]

- [ ] **analogy** *n* [əˈnælədʒi]
- [ ] **paraphrase** *n* [ˈpærəfreɪz]

- [ ] **symbolize** *v* [ˈsɪmbəlaɪz]

12.7 Literaturkritik allgemein

- [ ] **stilistisch**
  Stilmittel
- [ ] **Personifizierung, Personifikation**
- [ ] **anspielen**
- [ ] **Anspielung**
- [ ] **Euphemismus, beschönigender Ausdruck**
- [ ] **Analogie**
- [ ] **Paraphrase, Umschreibung mit anderen Worten**
- [ ] **symbolisieren**

12.7 Literaturkritik allgemein

- ☐ **exaggeration** *n* [ɪgˌzædʒᵊrˈeɪʃᵊn]
- ☐ **hyperbole** *n form* [haɪˈpɜːbᵊli]
- ☐ **understatement** *n* [ˌʌndəˈsteɪtmənt]

12 Bildende Kunst, Musik, Literatur

12.7 Literaturkritik allgemein

- ☐ **Übertreibung**
- ☐ **Hyperbel, massive Übertreibung**
- ☐ **bewusste Untertreibung**

12.8 Diskurs, Rhetorik

- **discourse** *n form* [ˈdɪskɔːs]
  mode of discourse
- **narration** *n* [nəˈreɪʃᵊn]
- **persuasion** *n* [pəˈsweɪʒᵊn]

12.8 Diskurs, Rhetorik

- ☐ **Diskurs; Textabsicht, Textfunktion**
  Diskurstyp
- ☐ **Erzählung** *(Diskurstyp)*
- ☐ **Überredung, Beeinflussung**
  (Diskurstyp)

12.8 Diskurs, Rhetorik

☐ **rhetoric** *n uncount* ['retᵊrɪk]

☐ **rhetorical** *adj* [rɪ'tɒrɪkᵊl]

rhetorical devices

a rhetorical question

☐ **diction** *n uncount* ['dɪkʃᵊn]

12 Bildende Kunst, Musik, Literatur

12.8 Diskurs, Rhetorik

☐ **Rhetorik**

☐ **rhetorisch**

rhetorische Mittel, Redemittel
eine rhetorische Frage,
Suggestivfrage

☐ **Wortwahl, Diktion**

12.8 Diskurs, Rhetorik

- ☐ **literal** *adj* [ˈlɪtᵊrᵊl]
  literal meaning
- ☐ **figurative** *adj* [ˈfɪgjᵊrətɪv]
  figurative meaning
- ☐ **connotation** *n* [ˌkɒnəˈteɪʃᵊn]
  The connotations of the word "mother" are "warmth, love, security" etc.

12.8 Diskurs, Rhetorik

☐ **wörtlich**
wörtliche Bedeutung

☐ **figurativ, bildlich**
bildliche Bedeutung

☐ **Nebenbedeutung, Assoziation**
Assoziationen zum Wort „Mutter“ sind „Wärme, Liebe, Sicherheit“ usw.

13.1 Geschichte

☐ **historic** *adj* [hɪˈstɒrɪk]
The first moon landing was **a historic event** for mankind.

13 Geschichte, Religion

13.1 Geschichte

☐ **historisch (bedeutsam)**
Die erste Mondlandung war für die ganze Menschheit ein historisches Ereignis.

13.1 Geschichte

☐ **BC** *adv* [ˌbiːˈsiː]
The abbreviation "BC" is used in English to show the number of years before the birth of Christ.

Native Americans came from Asia to North America around 20,000 BC.

☐ **AD** *adv* [ˌeɪˈdiː]
"AD" is from the Latin *anno domini* and shows that a historical event took place after the birth of Christ, e.g. AD 2008 or 2008 AD.

☐ the **Middle Ages** *n pl* [ˌmɪdᵊlˈeɪdʒɪz]

☐ **present-day** *adj* [ˌprezᵊntˈdeɪ]
Life in present-day France is very different from life in the 18th century.

13 Geschichte, Religion

13.1 Geschichte

- [ ] **v. Chr. (vor Christi Geburt)**
  Die Abkürzung „BC" wird im Englischen verwendet, um die Jahreszahlen vor Christi Geburt zu kennzeichnen.
  Die Indianer kamen um ca. 20 000 v. Chr. aus Asien nach Nordamerika.
- [ ] **n. Chr. (nach Christi Geburt)**
  „AD" ist eine Abkürzung des lateinischen *anno domini* und zeigt an, dass ein historisches Ereignis nach der Geburt Christi stattfand, z. B. 2008 n. Chr.
- [ ] **Mittelalter**
- [ ] **heutig, zeitgenössisch**
  Das Leben im heutigen Frankreich unterscheidet sich sehr von dem im 18. Jahrhundert.

13 Geschichte, Religion

13.1 Geschichte

☐ **civilization** *n* [ˌsɪvᵊlaɪzˈeɪʃᵊn]

13 Geschichte, Religion

13.1 Geschichte

☐ **Kultur; Zivilisation**

13.1 Geschichte

- ☐ **prince** *n* [prɪns]
- ☐ **princess** *n* [prɪn'ses]
- ☐ **kingdom** *n* ['kɪŋdəm]

13 Geschichte, Religion

13.1 Geschichte

- ☐ **Prinz**
- ☐ **Prinzessin**
- ☐ **Königreich**

13.1 Geschichte

☐ **explorer** *n* [ɪkˈsplɔːrə]

13 Geschichte, Religion

13.1 Geschichte

☐ **Entdecker(in)**

13 Geschichte, Religion

13.1 Geschichte

☐ **colony** *n* ['kɒləni]
☐ **trader** *n* [treɪdə]
☐ **conquer** *v* ['kɒŋkə]
The Normans conquered Britain in 1066.
☐ **slave** *n* [sleɪv]
☐ **slavery** *n uncount* ['sleɪvᵊri]

13 Geschichte, Religion

13.1 Geschichte

- [ ] **Kolonie**
- [ ] **Händler(in)**
- [ ] **erobern, unterwerfen**
  Die Normannen eroberten Britannien im Jahre 1066.
- [ ] **Sklave, Sklavin**
- [ ] **(die) Sklaverei**

13.1 Geschichte

- ☐ **immigrate** *v* [ˈɪmɪgreɪt]
- ☐ **immigration** *n uncount* [ˌɪmɪˈgreɪʃᵊn]
- ☐ **immigrant** *n* [ˈɪmɪgrənt]

  In the years 1840 to 1880 Germans were the largest single group of **immigrants to** the United States.

- ☐ **emigrate** *v* [ˈemɪgreɪt]

  Nearly six million Germans **emigrated to** the United States between 1848 and 1914.

- ☐ **emigration** *n uncount* [ˌemɪˈgreɪʃᵊn]
- ☐ **emigrant** *n* [ˈemɪgrənt]

13 Geschichte, Religion

13.1 Geschichte

- [ ] **einwandern**
- [ ] **(die) Einwanderung**
- [ ] **Einwanderer, Einwanderin**

  In den Jahren 1840 bis 1880 stellten die Deutschen die stärkste Einzelgruppe von Einwanderern in die USA.
- [ ] **auswandern**

  Zwischen 1848 und 1914 wanderten fast sechs Millionen Deutsche in die USA aus.
- [ ] **(die) Auswanderung**
- [ ] **Auswanderer, Auswanderin**

13.2 Religion

- ☐ **spiritual** *adj* ['spɪrɪtʃuəl]
  The Dalai Lama is widely recognised as the **spiritual leader** of the Buddhist faith.
- ☐ **morals** *n pl* ['mɒrᵊlz]
  Every society has its own set of morals which it expects its members to live by.
- ☐ **follower** *n* ['fɒləʊə]

13.2 Religion

☐ **geistlich, spirituell**
Der Dalai Lama wird weithin als geistliches Oberhaupt des Buddhismus anerkannt.

☐ **Moral**
Jede Gesellschaft hat ihre eigenen moralischen Regeln, nach denen ihre Mitglieder leben sollen.

☐ **Anhänger(in)**

13.2 Religion

- ☐ **evil** *adj* [ˈiːvᵊl]
- ☐ **evil** *n uncount* [ˈiːvᵊl]
- ☐ **sin** *n; v* [sɪn]
- ☐ **grace** *n uncount* [greɪs]

13 Geschichte, Religion

13.2 Religion

- ☐ **böse**
- ☐ **das Böse**
- ☐ **Sünde; sündigen**
- ☐ **(die) Gnade**

13.2 Religion

- ☐ **God** *n sing* [gɒd]
- ☐ **Allah** *n sing* ['ælə]
- ☐ the **Lord** *n sing* [lɔːd]
- ☐ **Jesus Christ** *n sing* [ˌdʒiːzəs'kraɪst]
- ☐ **devil** *n* ['devᵊl]
- ☐ **angel** *n* ['eɪndʒᵊl]

13 Geschichte, Religion

13.2 Religion

- ☐ **Gott**
- ☐ **Allah, Gott**
- ☐ **Herr, Gott**
- ☐ **Jesus Christus**
- ☐ **Teufel**
- ☐ **Engel**

13.2 Religion

☐ **prophet** *n* ['prɒfɪt]
Adam is the first prophet of Islam. The five other important prophets of Islam are Noah, Abraham, Moses, Jesus and, of course, Muhammad.

☐ **saint** *n* [seɪnt]

13.2 Religion

- [ ] **Prophet(in)**
  Im Islam ist Adam der erste Prophet; die fünf anderen wichtigen Propheten sind Noah, Abraham, Moses, Jesus und natürlich Mohammed.
- [ ] **Heilige(r)**

13.2 Religion

☐ **heaven** *n uncount* ['hevᵊn]

☐ **hell** *n uncount* [hel]

☐ **Paradise** *n uncount* ['pærədaɪs]

13.2 Religion

- ☐ **(der) Himmel** *(nur religiöse Bedeutung!)*
- ☐ **(die) Hölle**
- ☐ **(das) Paradies**

13.2 Religion

- [ ] **Christianity** *n uncount* [ˌkrɪstiˈænəti]
- [ ] **Islam** *n uncount* [ˈɪzlæm]
- [ ] **Judaism** *n uncount* [ˈdʒuːdeɪɪzᵊm]
- [ ] **Buddhism** *n uncount* [ˈbʊdɪzᵊm]
- [ ] **Hinduism** *n uncount* [ˈhɪnduːɪzᵊm]
- [ ] **atheism** *n uncount* [ˈeɪθiːɪzᵊm]

13 Geschichte, Religion

13.2 Religion

- ☐ **Christentum**
- ☐ **Islam**
- ☐ **Judentum**
- ☐ **Buddhismus**
- ☐ **Hinduismus**
- ☐ **Atheismus**

13.2 Religion

- **Christian** *adj; n* ['krɪstʃən]
- **Catholic** *adj; n* ['kæθəlɪk]
- **Orthodox Church** *n* ['ɔːθədɒksˌtʃɜːtʃ]
  the Greek Orthodox Church / the Russian Orthodox Church
- **Protestant** *adj; n* ['prɒtɪstənt]

- **Anglican** *adj; n* ['æŋglɪkən]
- **Jewish** *adj* ['dʒuːɪʃ]
- **Jew** *n* [dʒuː]

13 Geschichte, Religion

13.2 Religion

- ☐ **christlich; Christ(in)**
- ☐ **katholisch; Katholik(in)**
- ☐ **christlich-orthodoxe Kirche**
  die Griechisch-Orthodoxe / Russisch-Orthodoxe Kirche
- ☐ **evangelisch, protestantisch; Protestant(in)**
- ☐ **anglikanisch; Anglikaner(in)**
- ☐ **jüdisch**
- ☐ **Jude, Jüdin**

13.2 Religion

- ☐ **Muslim** *adj* ['mʊzlɪm]
- ☐ **Islamic** *adj* [ɪz'læmɪk]
- ☐ **Buddhist** *adj; n* ['bʊdɪst]
- ☐ **Hindu** *adj; n* ['hɪndu]
- ☐ **atheist** *n* ['eɪθiɪst]

13 Geschichte, Religion

13.2 Religion

- ☐ **muslimisch, Muslim-**
- ☐ **islamisch, Islam-**
- ☐ **buddhistisch; Buddhist(in)**
- ☐ **hinduistisch; Hindu(istin)**
- ☐ **Atheist(in)**

13.2 Religion

- [ ] **clergy** *n* ['klɜːdʒi]
- [ ] **vicar** *n* ['vɪkə]
- [ ] **bishop** *n* ['bɪʃəp]
- [ ] **Pope** *n* [pəʊp]
- [ ] **rabbi** *n* ['ræbaɪ]
- [ ] **imam** *n* [ɪ'mɑːm]

13.2 Religion

- ☐ **Geistlichkeit**
- ☐ **Pfarrer(in)**
- ☐ **Bischof, Bischöfin**
- ☐ **Papst**
- ☐ **Rabbiner(in)** *(jüdische/r Geistliche/r)*
- ☐ **Imam** *(muslimischer Geistlicher/ Gelehrter)*

13.2 Religion

- [ ] **cathedral** *n* [kəˈθiːdrᵊl]
- [ ] **chapel** *n* [ˈtʃæpᵊl]
  Our wedding will take place in the local chapel.
- [ ] **synagogue** *n* [ˈsɪnəgɒg]
- [ ] **mosque** *n* [mɒsk]
- [ ] **temple** *n* [ˈtempᵊl]

13.2 Religion

- ☐ **Kathedrale, Dom**
- ☐ **Kapelle**
  Unsere Hochzeit findet in der hiesigen Kapelle statt.
- ☐ **Synagoge** *(jüdisches Gotteshaus)*
- ☐ **Moschee** *(muslimisches Gotteshaus)*
- ☐ **Tempel**

13.2 Religion

☐ **worship** *v* [ˈwɜːʃɪp]

☐ **preach** *v* [priːtʃ]

The new minister **preached to** his congregation **about** Jesus' love of mankind.

☐ **sermon** *n* [ˈsɜːmən]

Our minister **delivered a** moving **sermon** about mercy and charity.

☐ **grace** *n uncount* [greɪs]

Caitlin, would you like to **say grace** this evening?

13.2 Religion

☐ **anbeten, verehren**

☐ **predigen**

Der neue Pfarrer predigte seiner Gemeinde über die Liebe Jesu zu den Menschen.

☐ **Predigt**

Unser(e) Pfarrer(in) hielt eine bewegende Predigt über Mitleid und Nächstenliebe.

☐ **Tischgebet**

Caitlin, würdest du bitte heute abend das Tischgebet sprechen?

13.2 Religion

☐ **baptize** *v* [bæp'taɪz]

☐ **baptism** *n* ['bæptɪʒᵊm]
☐ **pilgrim** *n* ['pɪlgrɪm]

13.2 Religion

- ☐ **ein Kind taufen; einen Erwachsenen taufen**
- ☐ **Kinder- oder Erwachsenentaufe**
- ☐ **Pilger(in)**

13.3 Esoterik

☐ **black magic** *n uncount*
[ˌblæk'mædʒɪk]

☐ **white magic** *n uncount* [ˌwaɪt'mædʒɪk]
Nowadays witches prefer white magic, which is used to help other people, to black magic which is used to harm them.

☐ **magic** *adj* ['mædʒɪk]
a magic spell

☐ **witch** *n* [wɪtʃ]

13.3 Esoterik

☐ **schwarze Magie**

☐ **weiße Magie**
Heutzutage bevorzugen Hexen die weiße Magie, um anderen Menschen zu helfen, gegenüber der schwarzen Magie, mit der sie ihnen schaden könnten.

☐ **magisch**
ein Zauber

☐ **Hexe**

13.3 Esoterik

- ☐ **supernatural** *adj* [ˌsuːpəˈnætʃᵊrᵊl]
- ☐ **superstitious** *adj* [ˌsuːpəˈstɪʃəs]
- ☐ **pagan** *adj; n* [ˈpeɪgᵊn]
- ☐ **ritual** *adj; n* [ˈrɪtjuəl]
- ☐ **sacrifice** *n; v* [ˈsækrɪfaɪs]
  Many pagan rituals involved **animal sacrifice**.
- ☐ **goddess** *n* [ˈgɒdes]

13 Geschichte, Religion

13.3 Esoterik

- ☐ **übernatürlich**
- ☐ **abergläubisch**
- ☐ **heidnisch; Heide, Heidin**
- ☐ **rituell, Ritual-; Ritual**
- ☐ **Opfer; opfern**

  Viele heidnische Rituale waren von Tieropfern begleitet.
- ☐ **Göttin**

13.3 Esoterik

☐ **prediction** *n* [prɪˈdɪkʃᵊn]
There is a website where astrologers, psychics and fortune-tellers **make their predictions** for the coming year.

☐ **Voraussage, Prophezeiung**
Es gibt eine Internetseite, auf der Astrologen, Astrologinnen, Hellseher und Wahrsagerinnen ihre Voraussagen für das kommende Jahr abgeben.

14.1 Verfassung, öffentliche Verwaltung

- [ ] **human rights** *n pl* [ˌhjuːmən'raɪts]
- [ ] **civil rights** *n pl* [ˌsɪvᵊl'raɪts]

- [ ] **liberty** *n uncount* ['lɪbəti]
- [ ] **civil liberties** *n pl* [ˌsɪvᵊl'lɪbətiz]

14.1 Verfassung, öffentliche Verwaltung

- [ ] **die Menschenrechte**
- [ ] **(staats)bürgerliche Rechte, Bürgerrechte**
- [ ] **Freiheit(srecht)**
- [ ] **bürgerliche Freiheitsrechte**

14.1 Verfassung, öffentliche Verwaltung

☐ **declaration** *n* [ˌdekləˈreɪʃᵊn]
the Universal Declaration of Human Rights
the Declaration of Independence

☐ **constitution** *n* [ˌkɒnstɪˈtjuːʃᵊn]
☐ **constitutional** *adj* [ˌkɒnstɪˈtjuːʃᵊnᵊl]
constitutional law
constitutional government
constitutional monarchy

14 Staat, Recht, Politik

14.1 Verfassung, öffentliche Verwaltung

- [ ] **Erklärung, Ausrufung**
  die Allgemeine Menschenrechtserklärung *(der UN, 1948)*
  die Unabhängigkeitserklärung *(der USA von England, 1776)*
- [ ] **Verfassung, Grundgesetz**
- [ ] **konstitutionell, verfassungsmäßig**
  Verfassungsrecht
  verfassungsmäßige Regierung
  konstitutionelle Monarchie

14.1 Verfassung, öffentliche Verwaltung

☐ **separation** *n uncount* [ˌsepəˈreɪʃən]
separation of powers

separation of church and state

☐ **legislation** *n uncount* [ˌledʒɪˈsleɪʃən]
Violence is not a problem that can be solved by legislation.

14 Staat, Recht, Politik

14.1 Verfassung, öffentliche Verwaltung

☐ **Trennung, Teilung**

Gewaltenteilung *(in Legislative, Exekutive, Judikative)*

Trennung von Kirche und Staat

☐ **Gesetzgebung; Gesetze**

Gewalt(tätigkeit) ist ein Problem, das sich nicht durch Gesetze lösen lässt.

14.1 Verfassung, öffentliche Verwaltung

- ☐ **local government** *n uncount* [ˌləʊkəlˈɡʌvənmənt]
- ☐ **local authority** *BE n* [ˌləʊkəlɔːˈθɒrəti]
- ☐ **mayor** *n* [meə]
- ☐ **town hall** *BE n* [ˌtaʊnˈhɔːl]
- ☐ **city hall** *AE n* [ˌsɪṭiˈhɔːl]
- ☐ the **civil service** *n sing* [ˌsɪvəlˈsɜːvɪs]
- ☐ **civil servant** *n* [ˌsɪvəlˈsɜːvənt]
- ☐ **inspector** *n* [ɪnˈspektə]
- ☐ **public service** *n* [ˌpʌblɪkˈsɜːvɪs]

14 Staat, Recht, Politik

14.1 Verfassung, öffentliche Verwaltung

- [ ] **Kommunalverwaltung**

- [ ] **Gemeinde-/Kommunalverwaltung**
- [ ] **Bürgermeister(in)**
- [ ] **Rathaus**
- [ ] **Rathaus**
- [ ] **der öffentliche Dienst**
- [ ] **Staatsbeamter, Staatsbeamtin**
- [ ] **Kontrolleur(in), Inspektor(in)**
- [ ] **staatliche Dienstleistung**

14.1 Verfassung, öffentliche Verwaltung

☐ **fire brigade** *BE n* ['faɪəbrɪˌgeɪd]
Dial 999 in Britain to **call the fire brigade**; in New York City dial 911 to call the fire department.

☐ **fire department** *AE n* ['faɪə˞dɪˌpɑːrtmənt]

☐ **fireman**, *pl* firemen *n* ['faɪəmən, 'faɪəmen]

☐ **firefighter** *n* ['faɪəˌfaɪtə]

14 Staat, Recht, Politik

14.1 Verfassung, öffentliche Verwaltung

☐ **Feuerwehr**
In Großbritannien wählen Sie 999, um die Feuerwehr zu rufen, in New York City 911.

☐ **Feuerwehr**

☐ **Feuerwehrmann**

☐ **Feuerwehrmann/-frau**

14.1 Verfassung, öffentliche Verwaltung

☐ **county** *n* ['kaʊnti]

A county is the largest unit of local government in Britain.

14.1 Verfassung, öffentliche Verwaltung

☐ **Grafschaft (BE); Verwaltungsbezirk (AE)**

Die Grafschaft ist die größte Einheit der Kommunalverwaltung in Großbritannien.

14 Staat, Recht, Politik

14.1 Verfassung, öffentliche Verwaltung

- ☐ **taxpayer** *n* [ˈtæksˌpeɪə]
- ☐ **income tax** *n uncount* [ˈɪŋkʌmˌtæks]
- ☐ **value added tax** *BE n uncount* [ˌvæljuːˌædɪdˈtæks]
- ☐ **sales tax** *AE n uncount* [ˈseɪlzˌtæks]

14 Staat, Recht, Politik

14.1 Verfassung, öffentliche Verwaltung

- ☐ **Steuerzahler(in)**
- ☐ **Lohn-/Einkommensteuer**
- ☐ **Mehrwertsteuer, Umsatzsteuer**

- ☐ **Mehrwertsteuer, Umsatzsteuer**

14.1 Verfassung, öffentliche Verwaltung

☐ **chairperson** *n* [ˈtʃeəˌpɜːsᵊn]
Fiona Palmer used to be the chairperson of the district committee.

14.1 Verfassung, öffentliche Verwaltung

☐ **Vorsitzende(r)**
Fiona Palmer war früher Vorsitzende des Bezirksausschusses.

14.2 Politische Systeme und Institutionen

☐ **republic** *n* [rɪ'pʌblɪk]
the Federal Republic of Germany

☐ **frontier** *n* ['frʌntɪə]

14.2 Politische Systeme und Institutionen

- [ ] **Republik**
  die Bundesrepublik Deutschland
- [ ] **(Landes-)Grenze**

14.2 Politische Systeme und Institutionen

- ☐ **ideology** *n* [ˌaɪdiˈɒlədʒi]
  a political ideology / an economic ideology
- ☐ **socialism** *n uncount* [ˈsəʊʃəlɪzəm]
- ☐ **socialist** *adj; n* [ˈsəʊʃəlɪst]
- ☐ **capitalism** *n uncount* [ˈkæpɪtəlɪzəm]
- ☐ **capitalist** *adj; n* [ˈkæpɪtəlɪst]

- [ ] **Ideologie, Ideengebäude**
  eine politische Ideologie /
  eine Wirtschaftsideologie
- [ ] **(der) Sozialismus**
- [ ] **sozialistisch; Sozialist(in)**
- [ ] **(der) Kapitalismus**
- [ ] **kapitalistisch; Kapitalist(in)**

14.2 Politische Systeme und Institutionen

- ☐ **nationalism** *n uncount* ['næʃᵊnᵊlɪzᵊm]
- ☐ **nationalist** *n* ['næʃᵊnᵊlɪst]
- ☐ **progressive** *adj* [prə'gresɪv]
- ☐ **radical** *adj; n* ['rædɪkᵊl]
- ☐ **liberal** *adj; n* ['lɪbᵊrᵊl]
- ☐ **liberalism** *n uncount* ['lɪbᵊrᵊlɪzᵊm]

14.2 Politische Systeme und Institutionen

- ☐ **(der) Nationalismus**
- ☐ **Nationalist(in)**
- ☐ **fortschrittlich, progressiv**
- ☐ **radikal; Radikale(r)**
- ☐ **liberal; Liberale(r)**
- ☐ **(der) Liberalismus**

14.2 Politische Systeme und Institutionen

☐ **constituency** *n* [kənˈstɪtjuənsi]

☐ **nominate** *v* [ˈnɒmɪneɪt]
He was nominated by his party as a candidate for the House of Commons.

☐ **donation** *n* [dəˈneɪʃᵊn]
a campaign donation

- [ ] **Wahlkreis; Wählerschaft eines Wahlkreises**
- [ ] **aufstellen, nominieren**
  Er wurde von seiner Partei als Kandidat fürs Unterhaus aufgestellt.

- [ ] **Spende**
  eine Wahlkampfspende

14.2 Politische Systeme und Institutionen

- ☐ **general election** *BE n* [ˌdʒenᵊrᵊlɪˈlekʃᵊn]
- ☐ **referendum** *n* [ˌrefᵊrˈendəm]
- ☐ **voter** *n* [ˈvəʊtə]
  a registered voter
- ☐ **polling station** *n* [ˈpəʊlɪŋˌsteɪʃᵊn]

14.2 Politische Systeme und Institutionen

☐ **allgemeine Parlamentswahlen**

☐ **Volksabstimmung, Volksentscheid**

☐ **Wähler(in)**
ein(e) Wahlberechtigte(r)

☐ **Wahllokal**

14.2 Politische Systeme und Institutionen

- [ ] **opinion poll** *n* [əˈpɪnjənˌpəʊl]
- [ ] **questionnaire** *n* [ˌkwestʃəˈneə]

14.2 Politische Systeme und Institutionen

- [ ] **Meinungsumfrage**
- [ ] **Fragebogen**

14.2 Politische Systeme und Institutionen

- [ ] **monarchy** *n* ['mɒnəki]
- [ ] **lord** *n* [lɔːd]
- [ ] **lady** *n* ['leɪdi]

Lord and Lady Ashley

14.2 Politische Systeme und Institutionen

- [ ] **Monarchie**
- [ ] **Lord, Adliger**
- [ ] **Dame; Lady, Adlige**

Lord und Lady Ashley

14.2 Politische Systeme und Institutionen

- ☐ **assembly** *n* [ə'sembli]
- ☐ the **National Assembly for Wales** *n sing* ['næʃᵊnᵊlə'semblifɔːˌweɪlz]
- ☐ the **House** *n* [haʊs]
- ☐ the **House of Commons** *BE n* [ˌhaʊsəv'kɒmənz]
- ☐ the **House of Lords** *BE n* [ˌhaʊʃəv'lɔːdz]
- ☐ the **House of Representatives** *AE n* [ˌhaʊsəvreprɪ'zent̬ət̬ɪvz]
- ☐ the **Senate** *AE n sing* ['senɪt]

14.2 Politische Systeme und Institutionen

- [ ] **(gesetzgebende) Versammlung**
- [ ] **das Walisische Regionalparlament**

- [ ] **die Kammer (eines Parlaments)**
- [ ] **das Unterhaus** *(in GB oder Kanada)*

- [ ] **das Oberhaus** *(in GB)*

- [ ] **das US-Abgeordnetenhaus**

- [ ] **der US-Senat**

14.2 Politische Systeme und Institutionen

- [ ] **Member of Parliament (MP)** *BE n* [ˌmembərəvˈpɑːləmənt (ˌemˈpiː)]
- [ ] **backbencher** *BE n* [ˌbækˈbentʃə]
- [ ] **Representative** *AE n* [ˌreprɪˈzent̬ət̬ɪv]

- [ ] **Senator** *AE n* [ˈsenət̬ɚ]

- [ ] **Parlamentsabgeordnete(r)**

- [ ] **Hinterbänkler(in) im Parlament**
- [ ] **Abgeordnete(r) im US-Repräsentantenhaus**
- [ ] **Senator(in), Mitglied des US-Senats**

14.2 Politische Systeme und Institutionen

☐ **stability** *n uncount* [stəˈbɪləti]

☐ **Stabilität, Beständigkeit**

14.2 Politische Systeme und Institutionen

☐ **chancellor** *n* [ˈtʃɑːnsəlә]

☐ **shadow cabinet** *BE n* [ˌʃædəʊˈkæbɪnәt]

14.2 Politische Systeme und Institutionen

☐ **Kanzler(in), Regierungschef(in)** *(in Deutschland und Österreich)*

☐ **Schattenkabinett** *(potenzielle Regierungsmannschaft der Opposition)*

14.2 Politische Systeme und Institutionen

- [ ] **debate** *v* [dɪˈbeɪt]
- [ ] **propose** *v* [prəˈpəʊz]
- [ ] **bill** *n* [bɪl]

the Bill of Rights

14.2 Politische Systeme und Institutionen

- [ ] **debattieren**
- [ ] **vorschlagen**
- [ ] **Gesetzesvorlage/-entwurf**

Erklärung der Bürgerrechte *(Zusatz zur amerikanischen Verfassung, in dem die Grundrechte festgehalten sind)*

14.2 Politische Systeme und Institutionen

☐ **pressure group** *n* ['preʃəˌgruːp]
☐ **lobby** *n; v* ['lɒbi]

☐ **lobbyist** *n* ['lɒbiɪst]
It's a lobbyist's job to influence politicians.

14.2 Politische Systeme und Institutionen

- [ ] **Lobby, Interessengruppe**
- [ ] **Lobby, Interessenvertretung;**
  Lobbyarbeit machen
- [ ] **Lobbyist, Interessenvertreter**
  Die Aufgabe eines Lobbyisten ist es, Politiker (im Sinne seines Auftragebers) zu beeinflussen.

14.2 Politische Systeme und Institutionen

- ☐ **dictator** *n* [dɪkˈteɪtə]
- ☐ **dictatorship** *n* [dɪkˈteɪtəʃɪp]
- ☐ **torture** *n uncount; v* [ˈtɔːtʃə]
- ☐ **overthrow**, overthrew, overthrown *v* [ˌəʊvəˈθrəʊ, ˌəʊvəˈθruː, ˌəʊvəˈθrəʊn]
  The dictator was finally **overthrown by** the army.
- ☐ **coup** *n* [kuː]

14.2 Politische Systeme und Institutionen

- [ ] **Diktator(in)**
- [ ] **Diktatur**
- [ ] **Folter; foltern**
- [ ] **absetzen, stürzen**

Der Diktator wurde schließlich von der Armee gestürzt.

- [ ] **Staatsstreich, Umsturz**

14.3 Gesetze, Rechtsprechung

☐ **permit** *n* ['pɜːmɪt]
a building/parking permit

☐ **ban** *n* [bæn]
☐ **forbid**, forbad(e), forbidden *v*
[fə'bɪd, fə'bæd, fə'bɪdᵊn]
In Germany there are strict laws forbidding the sale of rifles to people under the age of 21.

☐ **prohibit** *v* [prə'hɪbɪt]
Swimming **strictly prohibited**!

☐ **strictly** *adv* ['strɪktli]
☐ **abolish** *v* [ə'bɒlɪʃ]
Slavery in the US was **abolished** in the 19th century.

14.3 Gesetze, Rechtsprechung

- [ ] **Erlaubnis, Genehmigung**
  eine Baugenehmigung / eine Parkerlaubnis
- [ ] **Verbot**
- [ ] **verbieten**

  Es gibt in Deutschland strenge Gesetze, die den Verkauf von Gewehren an Personen unter 21 verbieten.
- [ ] **amtlich verbieten, untersagen**
  Baden streng verboten! *(Verbotsschild)*
- [ ] **streng, absolut**
- [ ] **abschaffen**
  In den USA wurde die Sklaverei im 19. Jahrhundert abgeschafft.

14.3 Gesetze, Rechtsprechung

- [ ] **criminal court** *n* [ˌkrɪmɪnᵊlˈkɔːt]
  the International Criminal Court

- [ ] **juvenile** *adj* [ˈdʒuːvᵊnaɪl]
  juvenile court
- [ ] **high court** *BE n* [ˌhaɪˈkɔːt]

- [ ] **appellate court** *mainly AE n* [əˈpelɪtˌkɔːrt]
- [ ] the **Supreme Court** *AE n sing* [səˌpriːmˈkɔːrt]

14 Staat, Recht, Politik

14.3 Gesetze, Rechtsprechung

- [ ] **Strafgericht**
  der Internationale Strafgerichtshof
  (seit 2003 in Den Haag)
- [ ] **jugendlich, Jugend-**
  Jugendgericht
- [ ] **Berufungsgericht höherer Instanz (in GB)**
- [ ] **Berufungsgericht**
- [ ] **das US-Bundesverfassungsgericht**

14.3 Gesetze, Rechtsprechung

- [ ] **sue** *v* [suː]
  The journalist's newspaper has been **sued for** damages.
- [ ] the **accused** *n* [əˈkjuːzd]
- [ ] **defendant** *n* [dɪˈfendənt]
- [ ] **client** *n* [ˈklaɪənt]

14.3 Gesetze, Rechtsprechung

- [ ] **verklagen, anklagen**
  Die Zeitung des Journalisten wurde auf Schadensersatz verklagt.
- [ ] **der/die Angeklagte(r)**
- [ ] **Angeklagte(r), Beklagte(r)**
- [ ] **Mandant(in)**

14.3 Gesetze, Rechtsprechung

☐ **prosecution** *n uncount* [ˌprɒsɪˈkjuːʃᵊn]
☐ the **prosecution** *n sing* [ˌprɒsɪˈkjuːʃᵊn]

a witness for the prosecution

14.3 Gesetze, Rechtsprechung

- [ ] **Strafverfolgung, Anklage**
- [ ] **die Anklagebehörde, die Staatsanwaltschaft**

ein Zeuge / eine Zeugin der Anklage

14.3 Gesetze, Rechtsprechung

- ☐ **magistrate** *BE n* ['mædʒɪstreɪt]
- ☐ **Justice of the Peace (JP)** *mainly AE n* [ˌdʒʌstɪsəvðə'piːs, (ˌdʒeɪ'piː)]

- ☐ **attorney** *n* [ə'tɜːni]
- ☐ **solicitor** *BE n* [sə'lɪsɪtə]

- ☐ **barrister** *BE n* ['bærɪstə]

14.3 Gesetze, Rechtsprechung

☐ *etwa:* **Amtsrichter(in)**
☐ **Friedensrichter(in)** *(mit richterähnlicher Funktion in unteren Instanzen)*
☐ **Rechtsvertreter(in), Anwalt/Anwältin**
☐ **Rechtsanwalt/-anwältin** *(mit Zulassung nur für die unteren Gerichtsinstanzen)*
☐ **Rechtsanwalt/-anwältin** *(mit Zulassung für alle höheren Gerichtsinstanzen)*

14.3 Gesetze, Rechtsprechung

- [ ] **testify** *v* ['testɪfaɪ]

testify against sb / in favour of sb

- [ ] **confess** *v* [kən'fes]

The woman **confessed to** stealing the car.

- [ ] **plead** *v* [pliːd]

The accused **pleaded guilty / not guilty**.

14.3 Gesetze, Rechtsprechung

- [ ] **bezeugen, eine Zeugenaussage machen**
  gegen/für jdn aussagen
- [ ] **zugeben, gestehen**
  Die Frau gab zu, das Auto gestohlen zu haben.
- [ ] **plädieren, behaupten**
  Der/Die Angeklagte bekannte sich schuldig / erklärte sich unschuldig.

14.3 Gesetze, Rechtsprechung

☐ **guilt** *n uncount* [gɪlt]

☐ **life sentence** *n* [ˌlaɪfˈsentəns]

☐ **convict** *n* [ˈkɒnvɪkt]

14.3 Gesetze, Rechtsprechung

- ☐ **(eine vom Gericht zugewiesene) rechtliche Schuld**
- ☐ **lebenslängliche Freiheitsstrafe**
- ☐ **Verurteilte(r); Strafgefangene(r)**

14.3 Gesetze, Rechtsprechung

☐ **fine** *n; v* [faɪn]

pay a fine
The driver of the vehicle **was fined £50**.

14.3 Gesetze, Rechtsprechung

☐ **Geldbuße/-strafe; mit einer Geldstrafe belegen**

eine Geldstrafe bezahlen

Der Autofahrer erhielt eine Geldbuße von 50 Pfund.

14.3 Gesetze, Rechtsprechung

☐ **guard** *v* [gaːd]

Prisoners who are likely to commit suicide have to be very closely guarded.

14.3 Gesetze, Rechtsprechung

☐ **bewachen, überwachen**
Gefangene, bei denen Selbstmordgefahr vorliegt, müssen sehr genau überwacht werden.

14.4 Polizei, Kriminalität

- ☐ **police force** *n* [pəˈliːsˌfɔːs]
  the Devon Police Force
- ☐ **police station** *n* [pəˈliːsˌsteɪʃən]
- ☐ **police constable (PC)** *BE n* [pəˌliːsˈkɒnstəbəl (ˌpɪˈsiː)]
- ☐ **policeman**, *pl* policemen *n* [pəˈliːsmən, pəˈliːsmen]
- ☐ **policewoman**, *pl* policewomen *n* [pəˈliːsˌwʊmən, pəˈliːsˌwɪmɪn]
- ☐ **inspector** *n* [ɪnˈspektə]

14.4 Polizei, Kriminalität

- [ ] **Polizei(einheit)**
  die Polizei von Devon
- [ ] **Polizeiwache**
- [ ] **einfache(r) Polizist(in), Wachtmeister(in)**
- [ ] **Polizist**
- [ ] **Polizistin**
- [ ] **Inspektor(in)**

14.4 Polizei, Kriminalität

☐ **suspect** *n* ['sʌspekt]

☐ **suspicion** *n* [sə'spɪʃᵊn]

The detectives **had a suspicion** that the man was lying.

☐ **suspicious** *adj* [sə'spɪʃəs]

☐ **fingerprint** *n* ['fɪŋgəprɪnt]

a genetic fingerprint

14.4 Polizei, Kriminalität

- [ ] **Tatverdächtige(r)**
- [ ] **Verdacht**
  Die Ermittler hatten den Verdacht, dass der Mann log.
- [ ] **verdächtig**
- [ ] **Fingerabdruck**
  ein genetischer Fingerabdruck

14.4 Polizei, Kriminalität

☐ **arrest** *n* [ə'rest]

A suspect was brought in for questioning, but the police **made** no **arrest**.

☐ **raid** *n* [reɪd]

a police raid

14.4 Polizei, Kriminalität

☐ **Festnahme, Verhaftung**
Ein Verdächtiger wurde zum Verhör vorgeführt, aber die Polizei nahm keine Verhaftung vor.

☐ **Razzia**
eine Polizei-Razzia

14.4 Polizei, Kriminalität

☐ **offender** *n* [əˈfendə]

Young offenders are not normally sent to prison, but to a young offenders' home.

14.4 Polizei, Kriminalität

☐ **Straftäter(in)**

Jugendliche Straftäter werden normalerweise nicht ins Gefängnis geschickt, sondern in eine Jugendstrafanstalt.

14.4 Polizei, Kriminalität

- ☐ **shoplifter** *n* [ˈʃɒpˌlɪftə]
- ☐ **shoplifting** *n uncount* [ˈʃɒpˌlɪftɪŋ]
- ☐ **thief**, *pl* thieves *n* [θiːf, θiːvz]
- ☐ **theft** *n uncount* [θeft]

14 Staat, Recht, Politik

14.4 Polizei, Kriminalität

- ☐ **Ladendieb(in)**
- ☐ **Ladendiebstahl**
- ☐ **Dieb(in)**
- ☐ **Diebstahl**

14.4 Polizei, Kriminalität

☐ **rob** *v* [rɒb]

The bank in High Street was robbed by three armed men yesterday.

☐ **robber** *n* [ˈrɒbə]

a bank robber

☐ **robbery** *n* [ˈrɒbᵊri]

☐ **mugger** *n* [ˈmʌgə]

☐ **mugging** *n* [ˈmʌgɪŋ]

The number of muggings in Central Park has decreased over the last ten years.

☐ **blow** *n* [bləʊ]

The mugger knocked his victim out with **a blow to** the head.

14.4 Polizei, Kriminalität

- [ ] **berauben, ausrauben**
  Die Bank in der High Street wurde gestern von drei bewaffneten Männern ausgeraubt.
- [ ] **Räuber(in)**
  ein(e) Bankräuber(in)
- [ ] **Raubüberfall**
- [ ] **Straßenräuber(in)**
- [ ] **Straßenraub**
  Die Anzahl der Raubüberfälle im Central Park ist in den letzten zehn Jahren zurückgegangen.
- [ ] **Schlag, Hieb**
  Der Straßenräuber schlug sein Opfer mit einem Schlag an den Kopf bewusstlos.

14.4 Polizei, Kriminalität

- [ ] **break-in** *n* ['breɪkɪn]
- [ ] **burglar** *n* ['bɜːglə]

14.4 Polizei, Kriminalität

- [ ] **Einbruch, Diebstahl**
- [ ] **Einbrecher(in)**

14.4 Polizei, Kriminalität

- ☐ **killer** *n* ['kɪlə]
- ☐ **murderer** *n* ['mɜːdᵊrə]
- ☐ **rape** *n; v* [reɪp]
  In times of war thousands of women are raped by soldiers.
- ☐ **date rape** *n* ['deɪtˌreɪp]

- ☐ **rapist** *n* ['reɪpɪst]
- ☐ **kidnap** *v* ['kɪdnæp]
- ☐ **kidnapper** *n* ['kɪdnæpə]

14.4 Polizei, Kriminalität

- ☐ **Mörder, Killer**
- ☐ **Mörder(in)**
- ☐ **Vergewaltigung; vergewaltigen**
  In Kriegszeiten werden Tausende Frauen von Soldaten vergewaltigt.
- ☐ **Vergewaltigung während einer Verabredung**
- ☐ **Vergewaltiger**
- ☐ **(Menschen) entführen, kidnappen**
- ☐ **Entführer(in), Kidnapper(in)**

14.5 Innenpolitik

- [ ] the **Home Office** *BE n sing*
  ['həʊmˌɒfɪs]
- [ ] the **Department of Homeland Security** *AE n sing*
  [dɪˈpɑːrtməntəvˈhəʊmlændsɪˌkjʊəret̬i]
- [ ] **Home Secretary** *BE n*
  [ˌhəʊmˈsekrətᵊri]
- [ ] **Secretary of Homeland Security** *AE n*
  [ˌsekrəteriəvˌhəʊmlændsɪˈkjʊəret̬i]

- [ ] **das britische Innenministerium**

- [ ] **das US-Heimatschutz-/ Innenministerium**

- [ ] **der britische Innenminister**

- [ ] **US-Heimatschutz-/Innenminister**

14.5 Innenpolitik

☐ the **Labour Party** *n sing* [ˈleɪbəˌpɑːti]

☐ **Labour** *adj; n* [ˈleɪbə]

This constituency is Labour.

☐ the **Conservative Party** *n sing* [kənˈsɜːvətɪvˌpɑːti]

☐ **Conservative** *adj; n* [kənˈsɜːvətɪv]

☐ **Tory** *BE n* [ˈtɔːri]

☐ the **Liberal Democrats** *n sing* [ˌlɪbᵊrᵊlˈdeməkræts]

☐ the **Green Party** *n sing* [ˈgriːnˌpɑːti]

☐ **Green** *adj; n* [griːn]

the Greens

14.5 Innenpolitik

- ☐ **die Labour Party** *(sozialdemokratische Arbeiterpartei Großbritanniens)*
- ☐ **zur Labour Party gehörend, Labour-; die britische Labour Party**
  In diesem Wahlkreis gibt es eine Labour-Mehrheit.
- ☐ **die Konservative Partei (in GB)**

- ☐ **konservativ; Konservative(r)** *(Mitglied/Anhänger der Konservativen Partei in GB)*
- ☐ **Konservative(r), Tory**
- ☐ **die Liberaldemokraten** *(Partei in GB)*

- ☐ **die Grüne Partei** *(in GB)*
- ☐ **grüne(r, s), Grünen-; Grüne(r)** *(Mitglied der Grünen Partei in GB)*
  die Grünen

14.5 Innenpolitik

- ☐ the **Republican Party** *n sing* [rɪˈpʌblɪkən,pɑːrt̬i]
- ☐ **Republican** *AE adj; n* [rɪˈpʌblɪkən]

- ☐ the **Democratic Party** *n sing* [deməˈkræt̬ɪk,pɑːrt̬i]
- ☐ **Democrat** *AE adj; n* [ˈdeməkræt]

14.5 Innenpolitik

☐ **die Republikanische Partei** *(in den USA)*

☐ **republikanisch, Republikaner-; Republikaner(in)** *(Mitglied/Anhänger der Republikanischen Partei in den USA)*

☐ **die Demokratische Partei** *(in den USA)*

☐ **demokratisch, Demokraten-; Demokrat(in)** *(Mitglied der Demokratischen Partei in den USA)*

14.5 Innenpolitik

☐ **nationalist** *adj; n* [ˈnæʃᵊnᵊlɪst]
a nationalist movement
a moderate/radical nationalist

☐ the **Scottish National Party** *BE n sing* [ˌskɒtɪʃˈnæʃᵊnᵊlˌpɑːti]

☐ **Plaid Cymru** *n* [ˌplaɪdˈkʌmri]

☐ **Nazi** *adj; n* [ˈnɑːtsi]
Nazi party

☐ **communist** *adj; n* [ˈkɒmjənɪst]

☐ **communism** *n uncount* [ˈkɒmjənɪzᵊm]

14.5 Innenpolitik

☐ **nationalistisch**
eine nationalistische Bewegung
ein(e) gemäßigte(r)/radikale(r) Nationalist(in)

☐ *etwa:* **die Schottische Nationalpartei**

☐ **Plaid Cymru** *(Walisische Nationalistenpartei)*

☐ **Nazi-; Nazi, Nationalsozialist**
Nazi-Partei

☐ **kommunistisch; Kommunist(in)**

☐ **(der) Kommunismus**

14.6 Außenpolitik

- ☐ **diplomatic** *adj* [ˌdɪpləˈmætɪk]
- ☐ **diplomatic relations** *n pl* [ˌdɪpləmætɪkrɪˈleɪʃᵊnz]
- ☐ **embassy** *n* [ˈembəsi]
- ☐ **ambassador** *n* [æmˈbæsədə]

14.6 Außenpolitik

- [ ] **diplomatisch**
- [ ] **diplomatische Beziehungen**

- [ ] **Botschaft**
- [ ] **Botschafter(in)**

14.6 Außenpolitik

- ☐ the **Foreign Office** *BE n sing*
  ['fɒrɪnˌɒfis]
- ☐ **Foreign Secretary** *BE n*
  [ˌfɒrɪn'sekrətᵊri]
- ☐ the **State Department** *AE n sing*
  ['steɪtdɪˌpɑːrtmənt]
- ☐ **Secretary of State** *AE n*
  [ˌsekrətᵊriəv'steɪt]

14.6 Außenpolitik

- [ ] **das britische Außenministerium**
- [ ] **britische(r) Außenminister(in)**
- [ ] **das US-Außenministerium**
- [ ] **US-Außenminister(in)**

14.6 Außenpolitik

- ☐ the **British Empire** *n sing* [ˌbrɪtɪʃˈempaɪə]
- ☐ **colony** *n* [ˈkɒləni]
- ☐ the **Commonwealth** *n sing* [ˈkɒmənwelθ]
  The Commonwealth is a loose organization of former British colonies.

- [ ] **das britische Weltreich**

- [ ] **Kolonie**
- [ ] **das Commonwealth**

Der Commonwealth ist eine lose Vereinigung von früheren britischen Kolonien.

14.6 Außenpolitik

- [ ] the **Middle East** *n sing* [ˌmɪdᵊlˈiːst]
- [ ] the **Far East** *n sing* [ˌfɑːrˈiːst]

14.6 Außenpolitik

- ☐ **der Nahe Osten, Nahost**
- ☐ **der Ferne Osten, Fernost**

14.6 Außenpolitik

☐ **developing** *adj* [dɪ'veləpɪŋ]
developing countries

☐ **developed** *adj* [dɪ'veləpt]
a developed country/region

14.6 Außenpolitik

- [ ] **Entwicklungs-**
  die Entwicklungsländer
- [ ] **entwickelt**
  ein (hoch)entwickeltes Land / eine entwickelte Region

14.6 Außenpolitik

☐ **Europe** *n sing* [ˈjʊərəp]
western/eastern/northern/southern Europe

☐ **European** *adj* [ˌjʊərəˈpiːən]
the European Parliament

☐ the **European Union (EU)** *n sing* [jʊərəˌpiːənˈjuːnjən]

14.6 Außenpolitik

☐ **Europa**
West-/Ost-/Nord-/Südeuropa

☐ **europäisch, Europa-**
das Europaparlament

☐ **die Europäische Union**

14.6 Außenpolitik

- [ ] the **United Nations** *n pl*
  [juːˌnaɪtɪdˈneɪʃᵊnz]
- [ ] the **Security Council** *n*
  [sɪˈkjʊərətiˌkaʊnsᵊl]
- [ ] **sanction** *n* [ˈsæŋkʃᵊn]
  The Security Council can **impose sanctions on** countries that disobey its resolutions.
  economic sanctions
- [ ] **non-governmental** *adj*
  [ˌnɒngʌvᵊnˈmentᵊl]
  Along with other **non-governmental organizations (NGOs)** , Greenpeace has taken part in the World Trade Conference.

14.6 Außenpolitik

☐ **die Vereinten Nationen**

☐ **der UN-Sicherheitsrat**

☐ **Sanktion, Strafmaßnahme**
Der Weltsicherheitsrat kann gegen Länder Sanktionen erlassen, die seine Beschlüsse nicht befolgen.
wirtschaftliche Sanktionen

☐ **Nichtregierungs-, regierungsunabhängig**
Greenpeace nahm neben anderen Nichtregierungsorganisationen (NGOs) an der Welthandelskonferenz teil.

14.6 Außenpolitik

- ☐ **provoke** *v* [prə'vəʊk]
- ☐ **negotiation** *n* [nɪˌgəʊʃi'eɪʃən]
- ☐ **compromise** *n* ['kɒmprəmaɪz]
- ☐ **accord** *n* [ə'kɔːd]

The UN is negotiating a **trade accord between** developed and developing countries.

- ☐ **treaty** *n* ['triːti]

Russia and the United States have signed an **arms treaty** banning biological weapons.

14.6 Außenpolitik

- ☐ **provozieren, herausfordern**
- ☐ **Verhandlung**
- ☐ **Kompromiss**
- ☐ **offizielles Abkommen**
  Die UN verhandeln gerade über ein Handelsabkommen zwischen entwickelten und Entwicklungsländern.
- ☐ **Vertrag, Abkommen**
  Russland und die Vereinigten Staaten haben einen Rüstungsvertrag unterzeichnet, der biologische Waffen verbietet.

14.7 Frieden, Krieg, Militär

- ☐ **arms race** *n* ['ɑːmzˌreɪs]
- ☐ **arms control** *n uncount* ['ɑːmzkənˌtrəʊl]
- ☐ **peace movement** *n* ['piːsˌmuːvmənt]
- ☐ **march** *n* [mɑːtʃ]
  a protest march

- ☐ **conscientious objector** *n* [kɒnʃiˌentʃəsəb'dʒektə]
- ☐ **disarmament** *n* [dɪs'ɑːməmənt]
  nuclear disarmament
  disarmament talks

14.7 Frieden, Krieg, Militär

- ☐ **Wettrüsten**
- ☐ **Rüstungskontrolle, Abrüstung**

- ☐ **Friedensbewegung**
- ☐ **Marsch**
  ein Protestmarsch, eine Protestdemonstration
- ☐ **Kriegs-/Wehrdienstverweigerer**

- ☐ **Abrüstung**
  nukleare/atomare Abrüstung
  Abrüstungsgespräche/-verhandlungen

14.7 Frieden, Krieg, Militär

☐ **hostilities** *n pl form* [hɒsˈtɪlɪtiz]
Hostilities broke out early this morning on the Iran-Iraq border.

☐ **aggression** *n uncount* [əˈgreʃᵊn]
an act of aggression

14.7 Frieden, Krieg, Militär

- [ ] **Feindseligkeiten, Kämpfe**
  Heute am frühen Morgen brachen an der iranisch-irakischen Grenze Feindseligkeiten aus.
- [ ] **Angriff, Übergriff, Aggression**
  eine aggressive Handlung, ein Angriff

14.7 Frieden, Krieg, Militär

☐ **ally** *n* ['ælaɪ]

☐ **allied** *adj* ['ælaɪd]

In 1944 the **Allied Armies** attacked Germany from all sides.

14.7 Frieden, Krieg, Militär

☐ **Verbündeter, verbündeter Staat**

☐ **alliierte(r, s), Alliierten-**

1944 griffen die alliierten Armeen Deutschland von allen Seiten an.

14.7 Frieden, Krieg, Militär

- [ ] the **military** *n sing* ['mɪlɪtri]
- [ ] **military service** *n uncount* [ˌmɪlɪtri'sɜːvɪs]
- [ ] **volunteer** *n* [ˌvɒlən'tɪə]
- [ ] the **armed forces** *n pl* [ˌɑːmd'fɔːsɪz]
- [ ] **air force** *n* ['eəˌfɔːs]
- [ ] **navy** *n* ['neɪvi]
- [ ] **naval** *adj* ['neɪvᵊl]
  a naval battle
- [ ] **headquarters (HQ)** *n pl* [ˌhed'kwɔːtəz (ˌeɪtʃ'kjuː)]

14.7 Frieden, Krieg, Militär

☐ **das Militär**
☐ **Wehrdienst; Wehrpflichtdienst**

☐ **Freiwillige(r)**
☐ **(die) Streitkräfte**
☐ **Luftwaffe**
☐ **Marine, Seestreitkräfte**
☐ **See-, Marine-**
eine Seeschlacht
☐ **Hauptquartier**

14.7 Frieden, Krieg, Militär

☐ **troops** *n pl* [truːps]

☐ **Soldaten, Truppen**

14.7 Frieden, Krieg, Militär

- ☐ **advance** *v* [əd'vaːns]
- ☐ **invade** *v* [ɪn'veɪd]
  invade a country
- ☐ **invasion** *n* [ɪn'veɪʒᵊn]
- ☐ **retreat** *n; v* [rɪ'triːt]

- ☐ **surrender** *v* [sə'rendə]
- ☐ **ceasefire** *n* ['siːsfaɪə]
- ☐ **prisoner of war (POW)** *n*
  [ˌprɪzᵊnərəv'wɔː (ˌpiːəʊ'dʌbᵊljʊ)]

14.7 Frieden, Krieg, Militär

- ☐ **vordringen, vorrücken**
- ☐ **einmarschieren, eindringen**
  in ein Land einmarschieren
- ☐ **Invasion, Einmarsch**
- ☐ **geordneter Rückzug; sich zurückziehen**
- ☐ **sich ergeben, kapitulieren**
- ☐ **Waffenstillstand**
- ☐ **Kriegsgefangene(r)**

14.7 Frieden, Krieg, Militär

- ☐ **arms** *n pl* [ɑːmz]
- ☐ **rifle** *n* [ˈraɪfᵊl]
- ☐ **machine gun** *n* [məˈʃiːnˌɡʌn]

14.7 Frieden, Krieg, Militär

- ☐ **Waffen**
- ☐ **Gewehr**
- ☐ **Maschinengewehr**

14.7 Frieden, Krieg, Militär

☐ **artillery** *n uncount* [ɑːˈtɪlᵊri]

☐ **shell** *v* [ʃel]

☐ **bomb** *v* [bɒm]

Baghdad was **bombed heavily** by American planes in 2003.

☐ **atom bomb** *n* [ˈætəmˌbɒm]

☐ **raid** *n* [reɪd]

an air raid

☐ **missile** *n* [ˈmɪsaɪl]

14.7 Frieden, Krieg, Militär

- [ ] **Artillerie, Geschütze**
- [ ] **mit Granaten beschießen**
- [ ] **bombardieren**
  Bagdad wurde 2003 von amerikanischen Flugzeugen schwer bombardiert.
- [ ] **Atombombe**
- [ ] **überraschender Blitzangriff**
  ein Luftangriff
- [ ] **Rakete**

14.7 Frieden, Krieg, Militär

- ☐ **shelter** *v* ['ʃeltə]
  During World War II, thousands of Londoners **sheltered from** German bombs in the Underground.

- ☐ **shelter** *n* ['ʃeltə]
  an air-raid shelter
- ☐ **civilian** *adj; n* [sɪ'vɪlɪən]
- ☐ **flee**, fled, fled *v* [fliː, fled]
  flee from sb/sth
- ☐ **refugee** *n* [ˌrefjʊ'dʒiː]
- ☐ **exile** *n uncount* ['eksaɪl]

14.7 Frieden, Krieg, Militär

- ☐ **Schutz suchen**
  Während des Zweiten Weltkriegs suchten Tausende von Londonern in der U-Bahn Schutz vor deutschen Bomben.
- ☐ **Schutzraum, Bunker**
  ein Luftschutzbunker
- ☐ **zivil, Zivil-; Zivilist(in)**
- ☐ **fliehen, flüchten**
  vor jdm/etw. flüchten
- ☐ **Flüchtling**
- ☐ **Exil**

15.1 Industrie

☐ **power station** *BE n* [ˈpaʊəˌsteɪʃᵊn]
☐ **power plant** *AE n* [ˈpaʊəˌplænt]

15 Wirtschafts- und Geschäftsleben

15.1 Industrie

☐ **Kraftwerk, E-Werk**
☐ **Kraftwerk, E-Werk**

15.1 Industrie

☐ **output** *n uncount* ['aʊtpʊt]

☐ **manufacturer** *n* [ˌmænjə'fæktʃərə]

a car manufacturer

☐ **manufacture** *n uncount* [ˌmænjə'fæktʃə]

15 Wirtschafts- und Geschäftsleben

15.1 Industrie

- [ ] **Ausstoß, Produktion**
- [ ] **Hersteller**
  ein Automobilhersteller
- [ ] **Massenproduktion**

15.1 Industrie

- ☐ **steelworks**, *pl* steelworks *n* [ˈstiːlwɜːks]
- ☐ **steelworker** *n* [ˈstiːlwɜːkə]
- ☐ **brass** *adj; n uncount* [brɑːs]
- ☐ **mill** *n* [mɪl]
  Some typical materials processed in mills are cotton, wool, steel and wood.
- ☐ **sawmill** *n* [ˈsɔːmɪl]

15 Wirtschafts- und Geschäftsleben

15.1 Industrie

- [ ] **Stahlwerk**

- [ ] **Stahlarbeiter(in)**
- [ ] **Messing-; Messing**
- [ ] **Fabrik, Werk**
  Materialien, die typischerweise in „mills" verarbeitet werden, sind Baumwolle, Wolle, Stahl und Holz.
- [ ] **Sägewerk**

15.1 Industrie

☐ **manually** *adv* ['mænjuəli]
☐ **automatically** *adv* [ɔːtə'mætɪkəli]

Many industrial products are not produced manually, but automatically by computers, machines and robots.

15 Wirtschafts- und Geschäftsleben

15.1 Industrie

- [ ] **manuell, von Hand**
- [ ] **automatisch**

Viele Industrieprodukte werden nicht von Hand, sondern automatisch mit Computern, Maschinen und Robotern hergestellt.

15 Wirtschafts- und Geschäftsleben

15.1 Industrie

- ☐ **machinery** *n uncount* [məˈʃiːnəri]
- ☐ **robot** *n* [ˈrəʊbɒt]
- ☐ **assembly line** *n* [əˈsembliˌlaɪn]

15 Wirtschafts- und Geschäftsleben

15.1 Industrie

- ☐ **Maschinen, technische Geräte**
- ☐ **Roboter**
- ☐ **Fließband**

15.1 Industrie

- ☐ **shipbuilding** *n uncount* [ˈʃɪpˌbɪldɪŋ]
- ☐ **shipyard** *n* [ˈʃɪpjɑːd]
- ☐ **shipbuilder** *n* [ˈʃɪpˌbɪldə]
- ☐ **crane** *n* [kreɪn]

15 Wirtschafts- und Geschäftsleben

15.1 Industrie

- [ ] **Schiffbau**
- [ ] **Werft**
- [ ] **Schiffbaufirma, Schiffswerft**
- [ ] **Kran**

15.1 Industrie

☐ **oilrig** *n* [ˈɔɪlrɪg]
The “Petronius Platform” in the Gulf of Mexico is the world’s biggest oilrig and stands 610 m above the ocean floor.

☐ **pipeline** *n* [ˈpaɪplaɪn]
a gas pipeline / an oil pipeline

15 Wirtschafts- und Geschäftsleben

15.1 Industrie

☐ **Bohrinsel**
Die Bohrinsel „Petronius“ im Golf von Mexiko ist die größte der Welt und steht auf 610 m hohen Beinen auf dem Meeresboden.

☐ **Rohrleitung, Pipeline**
eine Gas-/Ölpipeline

15.2 Handwerk

☐ **mend** *BE v* [mend]

15.2 Handwerk

☐ **reparieren, in Ordnung bringen**

15.2 Handwerk

- ☐ **hammer** *n* ['hæmə]
- ☐ **screwdriver** *n* ['skruːˌdraɪvə]
- ☐ **pliers** *n pl* ['plaɪəz]
  a pair of pliers
- ☐ **spanner** *BE n* ['spænə]
- ☐ **wrench** *AE n* [rentʃ]
- ☐ **drill** *n* [drɪl]
- ☐ **power tool** *n* ['paʊəˌtuːl]

15.2 Handwerk

- [ ] **Hammer**
- [ ] **Schraubenzieher**
- [ ] **Zange**

  eine Zange
- [ ] **Schraubenschlüssel**
- [ ] **Schraubenschlüssel**
- [ ] **Bohrer, Bohrmaschine**
- [ ] **Elektrowerkzeug**

15.2 Handwerk

- ☐ **screw** *n; v* [skruː]
- ☐ **drill** *v* [drɪl]

  The carpenter **drilled a hole** in each corner of the board.

15.2 Handwerk

☐ **Schraube; schrauben**

☐ **bohren**

Der Tischler bohrte in jede Ecke des Bretts ein Loch.

15.2 Handwerk

- ☐ **saw** *n* [sɔː]
- ☐ **chain saw** *n* [ˈtʃeɪnsɔː]
- ☐ **saw**, sawed, sawn *v* [sɔː, sɔːd, sɔːn]
- ☐ **saw off**, sawed off, sawn off *phrasal v* [ˌsɔːˈɒf, ˌsɔːdˈɒf, ˌsɔːnˈɒf]
  Mick sawed off the branch of the tree that had been damaged by the storm.

15.2 Handwerk

- ☐ **Säge**
- ☐ **Kettensäge**
- ☐ **sägen**
- ☐ **absägen**

Mick sägte den Ast des Baums ab, der vom Sturm beschädigt worden war.

15.2 Handwerk

- ☐ **workshop** *n* [ˈwɜːkʃɒp]
- ☐ **workman**, *pl* workmen *n* [ˈwɜːkmən]
- ☐ **handyman**, *pl* handymen *n* [ˈhændimæn,ˈhændimen]
- ☐ **do-it-yourself** *n uncount* [ˌduːɪtʃəˈself]
- ☐ **DIY** *BE n uncount* [ˌdiːaɪˈwaɪ]

15.2 Handwerk

- [ ] **Werkstatt**
- [ ] **Handwerker, Arbeiter**
- [ ] **Handwerker; Heimwerker**

- [ ] **Heimwerken**
- [ ] **Heimwerken**

15.2 Handwerk

- ☐ **plumber** *n* [ˈplʌmə]
- ☐ **electrician** *n* [ˌelɪkˈtrɪʃᵊn]
- ☐ **painter** *n* [ˈpeɪntə]
- ☐ **carpenter** *n* [ˈkɑːpəntə]
- ☐ **joiner** *n* [ˈdʒɔɪnə]
- ☐ **builder** *n* [ˈbɪldə]

15.2 Handwerk

- [ ] **Installateur(in), Klempner(in)**
- [ ] **Elektriker(in)**
- [ ] **Anstreicher(in), Maler(in)**
- [ ] **Schreiner(in), Tischler(in)**
- [ ] **Zimmerer(in)**
- [ ] **Bauarbeiter(in)**

15.3 Technik, Forschung, Entwicklung

- ☐ **engineering** *n uncount* [ˌendʒɪˈnɪərɪŋ]
  mechanical engineering
- ☐ **technician** *n* [tekˈnɪʃᵊn]
- ☐ **manual** *n* [ˈmænjuəl]

15.3 Technik, Forschung, Entwicklung

- [ ] **Technik**
  Maschinenbau
- [ ] **Techniker(in)**
- [ ] **Handbuch, Bedienungsanleitung**

15.3 Technik, Forschung, Entwicklung

☐ **electronics** *n uncount* [ˌelekˈtrɒnɪks]
☐ **laser** *n* [ˈleɪzə]
☐ **beam** *n* [biːm]
a laser beam

15.3 Technik, Forschung, Entwicklung

☐ **Elektronik**
☐ **Laser**
☐ **(Licht-)Strahl, Strahlenbündel**
ein Laserstrahl

15.3 Technik, Forschung, Entwicklung

- ☐ **inventor** *n* [ɪnˈventə]
- ☐ **patent** *n; v* [ˈpeɪtənt]
- ☐ **design** *n; v* [dɪˈzaɪn]

The company's experts have designed a new laser device.

- ☐ **process** *n* [ˈprəʊses]

The laboratory was able to develop a new process to manufacture their product more cheaply.

- ☐ **laboratory** *n* [ləˈbɒrətəri]

15.3 Technik, Forschung, Entwicklung

- [ ] **Erfinder(in)**
- [ ] **Patent; patentieren**
- [ ] **Design, Entwurf, Konstruktion; entwerfen, konstruieren**
  Die Experten der Firma haben ein neues Lasergerät konstruiert.
- [ ] **Verfahren**
  Dem Labor gelang es, ein neues Verfahren zu entwickeln, mit dem das Produkt kostengünstiger herzustellen ist.
- [ ] **Labor**

15.3 Technik, Forschung, Entwicklung

- ☐ **trial run** *n* [ˈtraɪəlˌrʌn]
- ☐ **meter** *n* [ˈmiːtə]

15.3 Technik, Forschung, Entwicklung

- [ ] **Versuchs-/Testreihe**
- [ ] **Messgerät**

15.3 Technik, Forschung, Entwicklung

- [ ] **rocket** *n* ['rɒkɪt]
- [ ] **spacecraft**, *pl* spacecraft *n* ['speɪskrɑːft]
  Spacecraft in the 21st century will be built to fly to other solar systems.

- [ ] **spaceship** *n* ['speɪsʃɪp]
- [ ] **space shuttle** *n* ['speɪsˌʃʌtᵊl]
- [ ] **space station** *n* ['speɪsˌsteɪʃᵊn]
- [ ] **astronaut** *n* ['æstrənɔːt]

15.3 Technik, Forschung, Entwicklung

- ☐ **Rakete**
- ☐ **Raumfahrzeug, schiff**

Im 21. Jahrhundert werden Raumfahrzeuge für die Reise zu anderen Sonnensystemen konstruiert werden.

- ☐ **Raumschiff**
- ☐ **Raumfähre**
- ☐ **Raumstation**
- ☐ **Astronaut(in)**

15.4 Büro

☐ **receptionist** *n* [rɪˈsepʃᵊnɪst]

☐ **Empfangschef, Empfangsdame**

15.4 Büro

- ☐ **personal computer (PC)** *n* [ˌpɜːsᵊnᵊlkəmˈpjuːtə (ˌpiːˈsiː)]
- ☐ **intranet** *n* [ˈɪntrənet]

- ☐ **calculator** *n* [ˈkælkjəleɪtə]
- ☐ **photocopier** *n* [ˈfəʊtəʊˌkɒpɪə]
- ☐ **shredder** *n* [ˈʃredə]

15.4 Büro

☐ **Personal Computer (PC)**

☐ **Intranet** *(unternehmensinternes Computer-Netzwerk)*

☐ **Rechenmaschine, Rechner**

☐ **(Foto-)Kopierer**

☐ **Aktenvernichter**

15.4 Büro

- ☐ **fax machine** *n* ['fæksməˌʃiːn]
- ☐ **voicemail** *n uncount* ['vɔɪsmeɪl]

- ☐ **answering machine** *n* ['ɑːnsərɪŋməˌʃiːn]
- ☐ **intercom** *n* ['ɪntəkɒm]

15.4 Büro

☐ **Faxgerät**

☐ **Voicemail** *(elektronischer Anrufbeantworter, der z. B. in einer Firma zentral bereitgestellt wird)*

☐ **(Telefon-)Anrufbeantworter**

☐ **Wechselsprechanlage**

15.4 Büro

- ☐ **tray** *n* [treɪ]
- ☐ **desk tidy** *BE n* [ˈdeskˌtaɪdi]
- ☐ **hole punch** *n* [ˈhəʊlˌpʌntʃ]
- ☐ **mouse mat** *BE n* [ˈmaʊsˌmæt]
- ☐ **mouse pad** *mainly AE n* [ˈmaʊsˌpæd]
- ☐ **briefcase** *n* [ˈbriːfkeɪs]
- ☐ **calendar** *n* [ˈkæləndə]

15.4 Büro

- ☐ **Ablagefach/-korb**
- ☐ **Schreibtisch-Organizer**
- ☐ **Locher**
- ☐ **Mauspad**
- ☐ **Mauspad**
- ☐ **Aktentasche, Aktenkoffer**
- ☐ **Kalender**

15.4 Büro

- ☐ **glue** *n uncount* [gluː]
- ☐ **glue** *v* [gluː]
- ☐ **paperclip** *n* [ˈpeɪpəˌklɪp]
- ☐ **stapler** *n* [ˈsteɪplə]
- ☐ **staple** *n* [ˈsteɪpəl]

15.4 Büro

- ☐ **Klebstoff**
- ☐ **kleben**
- ☐ **Büroklammer**
- ☐ **Hefter, Heftgerät**
- ☐ **Heftklammer**

15.4 Büro

- ☐ **type** *v* [taɪp]
- ☐ **enclose** *v* [ɪnˈkləʊz]
  She **enclosed** her business card **with** the letter.
- ☐ **fax** *n; v* [fæks]
- ☐ **attachment** *n* [əˈtætʃmənt]
- ☐ **photocopy** *n; v* [ˈfəʊtəʊˌkɒpi]

15.4 Büro

- ☐ **(mit der Maschine) schreiben, tippen**
- ☐ **beilegen**
  Sie legte dem Brief ihre Visitenkarte bei.
- ☐ **Fax(sendung); faxen**
- ☐ **E-Mail-Anhang**
- ☐ **Fotokopie; fotokopieren**

15.4 Büro

- ☐ **paperwork** *n uncount* [ˈpeɪpəwɜːk]
- ☐ **filing cabinet** *n* [ˈfaɪlɪŋˌkæbɪnət]

15.4 Büro

- [ ] **Papierkram, Schreibarbeit(en)**
- [ ] **Aktenschrank**

15.5 Handel und Dienstleistungen

☐ **commerce** *n uncount* ['kɒmɜːs]
Chamber of Commerce
Commerce is when something of economic value, e.g. goods or services, is traded between two parties, e.g. the producer and the consumer.

☐ **e-commerce** *n uncount* [ˌiː'kɒmɜːs]

15.5 Handel und Dienstleistungen

☐ **Handel; (Handels-)Verkehr**
Handelskammer
Handelsverkehr bedeutet, dass zwischen zwei Partnern (z. B. Produzent und Konsument) ein wirtschaftlicher Wert (z. B. Waren oder Dienstleistungen) gehandelt wird.

☐ **Handel im Internet, E-Commerce**

15.5 Handel und Dienstleistungen

- ☐ **trade deficit** *n* [ˈtreɪdˌdefɪsɪt]
- ☐ **market economy** *n* [ˈmɑːkɪtɪˌkɒnəmi]
- ☐ **market forces** *n pl* [ˈmɑːkɪtˌfɔːsɪz]

15.5 Handel und Dienstleistungen

- [ ] **Handelsdefizit**
- [ ] **Marktwirtschaft**
- [ ] **Marktkräfte**

15.5 Handel und Dienstleistungen

☐ **surplus** *n* ['sɜːpləs]
The price of coffee has dropped because of a surplus of coffee beans on the world market.

☐ **shortfall** *n* ['ʃɔːtfɔːl]
A shortfall in the budget for highway construction has stopped the completion of several road projects this year.

☐ **costs** *n pl* ['kɒsts]

15.5 Handel und Dienstleistungen

☐ **Überangebot, Überschuss**
Der Preis für Kaffee ist wegen eines Überangebots von Kaffeebohnen auf dem Weltmarkt gefallen.

☐ **Mangel, Knappheit; Defizit**
Wegen eines Defizits im Etat für Fernstraßenbau werden dieses Jahr einige Straßenbauprojekte nicht fertiggestellt.

☐ **laufende Kosten, Betriebsausgaben**

15.5 Handel und Dienstleistungen

☐ **dot.com** *n* [ˌdɒtˈkɒm]

☐ **partnership** *n* [ˈpɑːtnəʃɪp]

The two men had started their successful business as a partnership and saw no reason to become a limited company.

☐ **corporation** *n* [ˌkɔːpəˈreɪʃən]
☐ **conglomerate** *n* [kənˈglɒmərət]

15.5 Handel und Dienstleistungen

- [ ] **Dotcom-Unternehmen** *(das seine Geschäfte ausschließlich über das Internet abwickelt)*
- [ ] **Teilhaberschaft; Personengesellschaft**
  Die beiden Männer hatten ihr erfolgreiches Geschäft als Personengesellschaft gegründet und sahen keinen Grund, daraus eine GmbH zu machen.
- [ ] **große Firma, Gesellschaft**
- [ ] **Konzern**

15.5 Handel und Dienstleistungen

☐ **headquarters** *n pl* [ˌhedˈkwɔːtəz]
The headquarters of Apple Inc. is located in Cupertino, California.
The headquarters of many computer companies are located in California.

☐ **human resources** *n uncount* [ˌhjuːmənrɪˈzɔːsɪz]

☐ **bookkeeping** *n uncount* [ˈbʊkˌkiːpɪŋ]

15.5 Handel und Dienstleistungen

- [ ] **Hauptgeschäftsstelle, Zentrale**
  Die Zentrale von Apple Inc. befindet sich in Cupertino, Kalifornien.
  Die Zentralen von vielen Computerfirmen sind in Kalifornien angesiedelt.
- [ ] **Personalabteilung**

- [ ] **Buchhaltung**

15.5 Handel und Dienstleistungen

☐ **competitor** *n* [kəmˈpetɪtə]

☐ **takeover** *n* [ˈteɪkˌəʊvə]

a hostile/friendly takeover

☐ **merger** *n* [ˈmɜːdʒə]

15.5 Handel und Dienstleistungen

- ☐ **Konkurrent(in), Konkurrenz**
- ☐ **Übernahme, Aufkauf**
  eine feindliche/einvernehmliche Übernahme
- ☐ **Fusion, Zusammenschluss**

15.5 Handel und Dienstleistungen

- ☐ **businessperson**, *pl* businesspeople *n*
  [ˈbɪznɪsˌpɜːsᵊn, ˈbɪznɪsˌpiːpᵊl]
- ☐ **businessman**, *pl* businessmen *n*
  [ˈbɪznɪsmæn, ˈbɪznɪsmen]
- ☐ **businesswoman**, *pl* businesswomen *n*
  [ˈbɪznɪsˌwʊmən, ˈbɪznɪsˌwɪmɪn]
- ☐ **chief executive officer (CEO)** *n*
  [ˌtʃiːfɪgˌzekjətɪvˈɒfɪsə (ˌsiːiːˈəʊ)]
- ☐ **director** *n* [dɪˈrektə]
- ☐ **board** *n* [bɔːd]
  board of directors

15.5 Handel und Dienstleistungen

- [ ] **Geschäftsmann/-frau**

- [ ] **Geschäftsmann**

- [ ] **Geschäftsfrau**

- [ ] **Geschäftsführer(in), Generaldirektor(in)**
- [ ] **Direktor(in), Vorstandsmitglied**
- [ ] **Vorstand/Aufsichtsrat (einer Firma)** Firmenvorstand

☐ **boost** *v* ['bu:st]

☐ **steigern, ankurbeln**

15.5 Handel und Dienstleistungen

- ☐ **balance** *n* [ˈbæləns]
- ☐ **balance sheet** *n* [ˈbælənsˌʃiːt]
- ☐ **turnover** *n* [ˈtɜːnˌəʊvə]

15.5 Handel und Dienstleistungen

- ☐ **Bilanz, Saldo**
- ☐ **schriftliche Firmenbilanz**
- ☐ **Umsatz**

15.5 Handel und Dienstleistungen

☐ **net** *adj; v* [net]

net profit
John's company netted over £15,000 last year.

☐ **gross** *adj; v* [grəʊs]

gross earnings
Some large corporations gross over 50 billion dollars every year.

☐ **gross domestic product (GDP)** *n uncount* [ˌgrəʊsdəˌmestɪkˈprɒdʌkt (ˌdʒiːdiːˈpiː)]

☐ **gross national product (GNP)** *n uncount* [ˌgrəʊsˌnæʃᵊnᵊlˈprɒdʌkt (ˌdʒiːenˈpiː)]

15.5 Handel und Dienstleistungen

☐ **Netto-**; *(nach Abzug von Kosten und Steuern)* **verdienen**
Nettogewinn
Johns Firma hat im letzten Jahr über 15 000 Pfund Nettogewinn gemacht.

☐ **Brutto-**; *(vor Abzug von Kosten und Steuern)* **verdienen**
Bruttoeinkommen
Einige Großkonzerne erzielen jedes Jahr einen Bruttogewinn von über 50 Milliarden US-Dollars.

☐ **Bruttoinlandsprodukt (BIP)**

☐ **Bruttosozialprodukt (BSP)**

15.5 Handel und Dienstleistungen

☐ **bid** *n* [bɪd]

☐ **acknowledgement** *n* [əkˈnɒlɪdʒmənt]

☐ **invoice** *n* [ˈɪnvɔɪs]

Could you please send us a corrected invoice?

☐ **bill** *v* [bɪl]

We billed Xtra Electronics last month, but they still haven't paid.

☐ **discount** *n* [ˈdɪskaʊnt]

We can give you a 5 per cent discount if you pay in cash.

☐ **reminder** *n* [rɪˈmaɪndə]

15.5 Handel und Dienstleistungen

- ☐ **Angebot, Gebot, Offerte**
- ☐ **Empfangsbestätigung**
- ☐ **Rechnung**
  Könnten Sie uns bitte eine berichtigte Rechnung schicken?
- ☐ **eine Rechnung stellen**
  Wir haben Xtra Electronics letzten Monat eine Rechnung gestellt, aber sie haben immer noch nicht bezahlt.
- ☐ **Rabatt; Skonto**
  Wir können Ihnen ein Rabatt von 5 % gewähren, wenn Sie bar bezahlen.
- ☐ **Zahlungserinnerung, Mahnung**

15.5 Handel und Dienstleistungen

☐ **merchandise** *n uncount* [ˈmɜːtʃəndaɪz]
The merchandise sold at the local trade fair was of poor quality.

☐ **trade fair** *n* [ˈtreɪdˌfeə]
☐ **brand name** *n* [ˈbrændˌneɪm]
☐ **trademark (TM)** *n* [ˈtreɪdmɑːk (ˌtiːˈem)]
☐ **storeroom** *n* [ˈstɔːrʊm]
☐ **warehouse** *n* [ˈweəhaʊs]

15.5 Handel und Dienstleistungen

- [ ] **Ware(n)**
  Die Waren, die auf der örtlichen Handelsmesse verkauft wurden, waren von schlechter Qualität.
- [ ] **Handelsmesse**
- [ ] **Markenname**
- [ ] **Markenzeichen**

- [ ] **(Waren-)Lager**
- [ ] **Lagerhaus**

15.5 Handel und Dienstleistungen

- **wholesale** *adj* ['həʊlseɪl]
  wholesale price
- **wholesaler** *n* ['həʊlˌseɪlə]
- **retail** *n uncount* ['riːteɪl]
- **retail** *adj* ['riːteɪl]
  retail price
- **retailer** *n* ['riːteɪlə]
- **deal in**, dealt in, dealt in *v*
  ['diːlɪn, 'deltɪn]
  Fred started a company that only deals in imported goods.

15.5 Handel und Dienstleistungen

☐ **Großhandels-**
Großhandelspreis
☐ **Großhändler(in)**
☐ **Einzelhandel**
☐ **Einzelhandels-**
Einzelhandels-/Ladenpreis
☐ **Einzelhändler(in)**
☐ **handeln mit (etw.)**

Fred hat eine Firma gegründet, die ausschließlich mit Importwaren handelt.

15.5 Handel und Dienstleistungen

☐ **commission** *n* [kəˈmɪʃᵊn]
We pay our sales reps 15 per cent commission on their net sales.

☐ **sales rep(resentative)** *n* [ˈseɪlzˌrep(rɪˌzentətɪv)]

☐ **salesperson**, *pl* salespeople *n* [ˈseɪlzˌpɜːsᵊn, ˈseɪlzˌpiːpl]

☐ **salesman**, *pl* salesmen *n* [ˈseɪlzmən]

☐ **saleswoman**, *pl* saleswomen *n* [ˈseɪlzˌwʊmən, ˈseɪlzˌwɪmɪn]

- [ ] **Provision, Umsatzbeteiligung**
  Wir zahlen unseren Handelsvertreter(inne)n 15 Prozent Provision auf ihre Nettoverkäufe.
- [ ] **Handelsvertreter(in)**

- [ ] **Verkäufer(in)**

- [ ] **Verkäufer**
- [ ] **Verkäuferin**

15.5 Handel und Dienstleistungen

☐ **ship** *v* [ʃɪp]
ship by sea/plane

☐ **verschicken, versenden**
verschiffen / per Luftfracht versenden

15.5 Handel und Dienstleistungen

☐ **marketing** *n uncount* [ˈmɑːkətɪŋ]

☐ **market research** *n uncount* [ˌmɑːkɪtrɪˈsɜːtʃ]

15 Wirtschafts- und Geschäftsleben

15.5 Handel und Dienstleistungen

- [ ] **Marketing, Absatzförderung**
- [ ] **Marktforschung**

15.6 Geld, Banken, Versicherungen

☐ **finances** *n pl* [ˈfaɪnænsɪz]

The company's finances were in such terrible shape that it went bankrupt.

☐ **financial year** *BE n* [faɪˌnænʃᵊlˈjɪə]
☐ **fiscal year** *mainly AE n* [ˌfɪskᵊlˈjɪr]
☐ **boom** *n; v* [buːm]
☐ **recession** *n* [rɪˈseʃᵊn]
☐ **loom** *v* [ˈluːm]

Many financial experts have warned that a recession is looming.

15.6 Geld, Banken, Versicherungen

- [ ] **Finanzen**
  Die Finanzen der Firma waren in derart schlimmer Verfassung, dass sie bankrott ging.
- [ ] **Rechnungsjahr**
- [ ] **Rechnungsjahr**
- [ ] **Boom, Hochkonjunktur; boomen**
- [ ] **Rezession, wirtschaftlicher Rückgang**
- [ ] **sich abzeichnen, sich zusammenbrauen**
  Viele Finanzexperten weisen schon länger darauf hin, dass sich eine Rezession abzeichnet.

15.6 Geld, Banken, Versicherungen

☐ **shoot up**, shot up, shot up *phrasal v*
[ˌʃuːtˈʌp, ˌʃɒtˈʌp]

☐ **decrease** *n* [ˈdiːkriːs]
There was a 5 per cent decrease in the company's personnel costs last year.

☐ **decrease** *v* [diːˈkriːs]
The company's profits **decreased by** 20 per cent last year.

☐ **expenses** *n pl* [ɪksˈpensɪz]
Without health insurance, expenses for medical care in the US can be very high.

Brad's employer pays for all his **travelling expenses**.

☐ **in die Höhe schießen, explodieren**

☐ **Abnahme, Zurückgang**
Letztes Jahr gab es eine 5 %ige Reduzierung der Firmenpersonalkosten.

☐ **abnehmen, zurückgehen**
Die Gewinne der Firma gingen letztes Jahr um 20 % zurück.

☐ **Ausgaben, Spesen**
Ohne Krankenversicherung können die Ausgaben für medizinische Versorgung in den USA sehr hoch sein.
Brads Arbeitgeber übernimmt seine kompletten Reisekosten.

15.6 Geld, Banken, Versicherungen

- [ ] **cent** *n* [sent]
- [ ] **penny**, *pl* pence *mainly BE n* ['peni, pens]
- [ ] **banknote** *mainly BE n* ['bæŋknəʊt]
- [ ] **bill** *AE n* [bɪl]

15.6 Geld, Banken, Versicherungen

- [ ] **Cent** *(1/100 eines Dollars oder Euros)*
- [ ] **Penny** *(1/100 eines Pfund Sterling)*

- [ ] **Geldschein, Banknote**
- [ ] **Geldschein, Banknote**

15.6 Geld, Banken, Versicherungen

- ☐ **cash** *v* [kæʃ]
- ☐ **cheque book** *n* [ˈtʃekbʊk]
- ☐ **credit card** *n* [ˈkredɪtˌkaːd]
- ☐ **bank card** *n* [ˈbæŋkˌkaːd]
- ☐ **debit card** *n* [ˈdebɪtˌkaːd]
- ☐ **PIN** *n* [ˈpɪn]

15.6 Geld, Banken, Versicherungen

- [ ] **einlösen** *(z. B. einen Scheck)*
- [ ] **Scheckheft**
- [ ] **Kreditkarte**
- [ ] **Bankkarte**
- [ ] **Debitkarte, Geldkarte**
- [ ] **PIN, persönliche Identifikationsnummer**

15.6 Geld, Banken, Versicherungen

- ☐ **banking** *n uncount* [ˈbæŋkɪŋ]
  online banking
- ☐ **teller** *n* [ˈtelə]
- ☐ **banker** *n* [ˈbæŋkə]
- ☐ **building society** *BE n* [ˈbɪldɪŋsəˌsaɪəti]
- ☐ **savings and loan association** *AE n* [ˌseɪvɪŋzəndˈləʊnəˌsəʊʃiˌeɪʃᵊn]

15.6 Geld, Banken, Versicherungen

- [ ] **Bankwesen, Bankgewerbe**
  Online-/Internet-Banking
- [ ] **Kassierer(in)**
- [ ] **leitende(r) Bankangestellte(r)**
- [ ] *etwa:* **Bausparkasse**
- [ ] *etwa:* **Bausparkasse**

15.6 Geld, Banken, Versicherungen

- ☐ **bank account** *n* [ˈbæŋkəˌkaʊnt]
- ☐ **current account** *BE n* [ˈkʌrəntəˌkaʊnt]
- ☐ **checking account** *AE n* [ˈtʃekɪŋəˌkaʊnt]
- ☐ **deposit account** *BE n* [dɪˈpɒzɪtəˌkaʊnt]
- ☐ **savings account** *AE n* [ˈseɪvɪŋzəˌkaʊnt]
- ☐ **bank statement** *n* [ˈbæŋkˌsteɪtmənt]

15.6 Geld, Banken, Versicherungen

- [ ] **Bankkonto**
- [ ] **Girokonto**
- [ ] **Girokonto**

- [ ] **Sparkonto**

- [ ] **Sparkonto**
- [ ] **Kontoauszug**

15.6 Geld, Banken, Versicherungen

- ☐ **deposit** *v* [dɪˈpɒzɪt]
- ☐ **credit** *v* [ˈkredɪt]

  Your account has been **credited with** $950.
- ☐ **withdrawal** *n* [wɪðˈdrɔːᵊl]
- ☐ **debit** *v* [ˈdebɪt]

  The cheques will be **debited to** your account.
- ☐ **slip** *n* [ˈslɪp]

  a deposit/withdrawal slip

- ☐ **overdraft** *n* [ˈəʊvədrɑːft]

  Stella **has an overdraft of** £100 on her account this month.
- ☐ **overdrawn** *adj* [əʊvəˈdrɔːn]

  My account is £50 overdrawn.

15.6 Geld, Banken, Versicherungen

- [ ] **einzahlen**
- [ ] **gutschreiben**
  Ihrem Konto sind 950 Dollar gutgeschrieben worden.
- [ ] **Geldabhebung**
- [ ] **in Rechnung stellen, belasten**
  Die Schecks werden ihrem Konto belastet.
- [ ] **Formular; Quittung**
  ein Einzahlungs-/Auszahlungsformular
- [ ] **Konto-Überziehung**
  Stella hat diesen Monat ihr Konto um 100 Pfund überzogen.
- [ ] **überzogen**
  Mein Konto ist um 50 Pfund überzogen.

15.6 Geld, Banken, Versicherungen

☐ **cashpoint** *BE n* [ˈkæʃpɔɪnt]

☐ **Automatic Teller Machine (ATM)** *AE n* [ˌeɪtiːˈem]

15.6 Geld, Banken, Versicherungen

- [ ] **Geldautomat, Bankomat**
- [ ] **Geldautomat**

15.6 Geld, Banken, Versicherungen

☐ **mortgage** *n* [ˈmɔːgɪdʒ]
After talking to various banks, Susan and her husband were finally able to **get a mortgage**.

We'll have to **take out a** second **mortgage** to pay for our daughter's wedding.

☐ **terms** *n pl* [tɜːmz]
terms of payment

☐ **instalment** *n* [ɪnˈstɔːlmənt]
Catherine finally bought herself a new TV and is paying it off in twenty instalments of £30.

15.6 Geld, Banken, Versicherungen

☐ **Hypothek**

Nachdem sie mit verschiedenen Banken Gespräche geführt hatten, gelang es Susan und ihrem Mann schließlich eine Hypothek zu bekommen.

Wir werden eine zweite Hypothek aufnehmen müssen, damit wir die Hochzeit unserer Tochter bezahlen können.

☐ **Konditionen, Bedingungen**

Zahlungsbedingungen

☐ **Rate**

Catherine hat sich endlich einen neuen Fernseher gekauft und zahlt ihn mit 20 Raten à 30 Pfund ab.

15.6 Geld, Banken, Versicherungen

☐ **bankrupt** *adj* [ˈbæŋkrʌpt]
The company could not pay its debts, so it **went bankrupt**.

15.6 Geld, Banken, Versicherungen

☐ **bankrott, pleite**
Die Firma konnte ihre Schulden nicht bezahlen, deshalb ging sie bankrott.

15.6 Geld, Banken, Versicherungen

- ☐ **long-term** *adj* [ˈlɒŋtɜːm]
  a long-term investment
- ☐ **medium-term** *adj* [ˈmiːdiəmtɜːm]
- ☐ **short-term** *adj* [ˈʃɔːttɜːm]

- [ ] **langfristig**
  eine langfristige Investition
- [ ] **mittelfristig**
- [ ] **kurzfristig**

15.6 Geld, Banken, Versicherungen

- ☐ **stock market** *n* [ˈstɒkˌmɑːkɪt]
- ☐ **stock exchange** *n* [ˈstɒkɪksˌtʃeɪndʒ]
- ☐ **shareholder** *n* [ˈʃeəˌhəʊldə]
- ☐ **securities** *n pl* [sɪˈkjʊərətiz]
- ☐ **plummet** *v* [ˈplʌmɪt]

On Tuesday, shares on the New York Stock Exchange plummeted to a record low.

15.6 Geld, Banken, Versicherungen

- [ ] **Börse**
- [ ] **Börse**
- [ ] **Aktienbesitzer(in), Aktionär(in)**
- [ ] **Wertpapiere, Effekten**
- [ ] **abstürzen**

Am Dienstag stürzten die Aktien an der New Yorker Börse auf ein Rekordtief.

16.1 Telekommunikation

☐ **telecommunications** *n uncount* [ˌtelɪkəˌmjuːnɪˈkeɪʃᵊnz]

☐ **telephony** *n uncount* [tɪˈlefᵊni]
Quite a few telephone companies use Internet telephony in order to provide their customers with cheaper phone services.

☐ **provider** *n* [prəˈvaɪdə]
Nowadays if you're not satisfied with your phone or Internet connection, you just change providers.

16 Kommunikationsmittel, Medien

16.1 Telekommunikation

☐ **Telekommunikation**

☐ **Telefonie, Telefondienste**
Zahlreiche Telefongesellschaften nutzen die Internet-Telefonie, um ihren Kunden preiswertere Telefonmöglichkeiten zu bieten.

☐ **Provider, Dienstleister**
Wenn man heute mit seinem Telefon- oder Internetdienst unzufrieden ist, wechselt man einfach den Provider.

16.1 Telekommunikation

- ☐ **mobile (phone)** *BE n* [ˌməʊbaɪlˈfəʊn]
- ☐ **cell phone** *AE n* [ˈselfoʊn]
- ☐ **headset** *n* [ˈhedset]

I have a Bluetooth headset so that I can talk on my mobile while driving.

- ☐ **Bluetooth** *n uncount* [ˈbluːtuːθ]

16 Kommunikationsmittel, Medien

16.1 Telekommunikation

- ☐ **Handy**
- ☐ **Handy**
- ☐ **Headset** *(Kopfhörer-Mikrofon-Kombination)*
  Ich habe ein Bluetooth-fähiges Headset, sodass ich auch beim Autofahren übers Handy telefonieren kann.
- ☐ **Bluetooth** *(Industriestandard für die Funkvernetzung von Geräten über kurze Distanzen, z. B. Mobiltelefone, PDAs, Computer und Peripheriegeräte, um Kabelverbindungen zu ersetzen.)*

16.1 Telekommunikation

☐ **text** *v* [tekst]
I texted Doris that I would be a bit late for our appointment.

☐ **text message** *n* [ˈtekstˌmesɪdʒ]
☐ **ring tone** *n* [ˈrɪŋtəʊn]

16 Kommunikationsmittel, Medien

16.1 Telekommunikation

☐ **eine SMS schicken, simsen**
Ich habe Doris eine SMS geschickt, dass ich etwas später zu unserer Verabredung komme.

☐ **SMS**

☐ **Klingelton**

16.1 Telekommunikation

- ☐ **phone number** *n* [ˈfəʊnˌnʌmbə]
- ☐ **area code** *n* [ˈeəriəˌkəʊd]
- ☐ **phone box** *BE n* [ˈfəʊnˌbɒks]
- ☐ **phone booth** *AE n* [ˈfoʊnˌbuːθ]
- ☐ **payphone** *n* [ˈpeɪfəʊn]
- ☐ **phone card** *n* [ˈfəʊnˌkɑːd]

16 Kommunikationsmittel, Medien

16.1 Telekommunikation

- [ ] **Telefonnummer**
- [ ] **Vorwahl(nummer)**
- [ ] **Telefonzelle**
- [ ] **Telefonzelle**
- [ ] **Münztelefon**
- [ ] **Telefonkarte**

16.1 Telekommunikation

☐ **long-distance** *adj* [ˌlɒŋˈdɪstᵊns]
a long-distance call

☐ **dial** *v* [ˈdaɪəl]
In Britain dial 999 in an emergency, in the United States 911.

☐ **skype** *v* [skaɪp]
I'll be in Vancouver on Monday, but we can skype then if you'd like.

16 Kommunikationsmittel, Medien

16.1 Telekommunikation

- [ ] **Fern-**
  ein Ferngespräch
- [ ] **(eine Telefonnummer) wählen**
  In Großbritannien wählen Sie im Notfall 999, in den USA 911.
- [ ] **skypen, übers Internet telefonieren**
  Montags bin ich in Vancouver, aber wir können dann übers Internet telefonieren, wenn du magst.

16.1 Telekommunikation

- ☐ **phone book** *n* [ˈfəʊŋˌbʊk]
- ☐ **telephone directory** *n* [ˈtelɪfəʊndɪˌrektᵊri]
- ☐ **directory enquiries** *BE n uncount* [dɪˌrektᵊriɪnˈkwaɪəriz]
- ☐ **information** *AE n uncount* [ˌɪnfəˈmeɪʃᵊn]

16 Kommunikationsmittel, Medien

16.1 Telekommunikation

- ☐ **Telefonbuch**
- ☐ **Telefonbuch**

- ☐ **Telefonauskunft**

- ☐ **Telefonauskunft**

16.1 Telekommunikation

☐ **answering machine** *n* [ˈænsərɪŋməˌʃiːn]

☐ **answerphone** *BE n* [ˈɑːnsəfəʊn]

☐ **voicemail** *n uncount* [ˈvɔɪsmeɪl]

☐ **fax** *n; v* [fæks]

☐ **fax machine** *n* [ˈfæksməˌʃiːn]

16 Kommunikationsmittel, Medien

16.1 Telekommunikation

- [ ] **Anrufbeantworter**

- [ ] **Anrufbeantworter**
- [ ] **Voicemail** *(elektronischer Anrufbeantworter, der z. B. bei einer Telefongesellschaft zentral bereitgestellt wird)*
- [ ] **(Tele-)Fax; faxen**
- [ ] **Faxgerät**

16.2 Post

☐ **snail mail** *n uncount* [ˈsneɪlmeɪl]

☐ **post office** *n* [ˈpəʊstˌɒfɪs]

☐ **postman**, *pl* postmen *BE n* [ˈpəʊstmən]

☐ **mail carrier** *AE n* [ˈmeɪlˌkəriɚ]

☐ **postcode** *BE n* [ˈpəʊstˌkəʊd]

In Canada the postcode is called the postal code.

☐ **zip code** *AE n* [ˈzɪpˌkoʊd]

☐ **postal** *adj* [ˈpəʊstᵊl]

The **postal service** in the UK is called the Royal Mail.

I've just heard that the **postal workers** are out on strike.

16 Kommunikationsmittel, Medien

16.2 Post

☐ **Schneckenpost** *(gewöhnliche Postzustellung im Gegensatz zur blitzschnellen E-Mail)*

☐ **Postamt**

☐ **Briefträger**

☐ **Briefträger(in)**

☐ **Postleitzahl**

In Kanada heißt die Postleitzahl „postal code“.

☐ **Postleitzahl**

☐ **Post-, postalisch**

Die Post im Vereinigten Königreich heißt „Royal Mail“.

Ich habe eben gehört, dass die Post-Mitarbeiter(innen) in Streik getreten sind.

16.2 Post

- ☐ **stationery** *n uncount* ['steɪʃᵊnᵊrɪ]
- ☐ **postcard** *n* ['pəʊstkɑːd]
- ☐ **parcel** *n* ['pɑːsᵊl]

16.2 Post

- [ ] **Schreibzeug; Briefpapier**
- [ ] **Postkarte**
- [ ] **Paket, Päckchen**

16.2 Post

- [ ] **postage** *n* [ˈpəʊstɪdʒ]
  What's the **postage for** an airmail letter to New Zealand?
- [ ] **postage online** *n uncount* [ˈpəʊstɪdʒˌɒnˈlaɪn]
- [ ] **postage by phone** *n uncount* [ˈpəʊstɪdʒˌbaɪˈfəʊn]
- [ ] **airmail** *n uncount* [ˈeəmeɪl]
  How much does a letter to Hong Kong **by airmail** cost?
- [ ] **express delivery** *BE n* [ɪkˈspresdɪˌlɪvəri]
  an express delivery letter
- [ ] **special delivery** *AE n* [ˈspeʃəldɪˌlɪvəri]
  a special delivery letter

16.2 Post

- ☐ **Porto**
  Wie hoch ist das Porto für einen Luftpostbrief nach Neuseeland?
- ☐ **Online-Frankierung** *(Frankierung von Paketen und Päckchen übers Internet)*
- ☐ **Handy-Porto** *(Porto-Buchung per Handy-Anruf oder SMS)*
- ☐ **Luftpost**
  Was kostet ein Brief per Luftpost nach Hongkong?
- ☐ **Eilzustellung**

  ein Eilbrief
- ☐ **Eilzustellung**
  ein Eilbrief

16.2 Post

- ☐ **postbox** *BE n* [ˈpəʊstbɒks]
- ☐ **letterbox** *BE n* [ˈletəˌbɒks]
- ☐ **mailbox** *AE n* [ˈmeɪlbɑːks]
- ☐ **enclose** *v* [ɪnˈkləʊz]
  Enclosed please find a cheque for £10.

16.2 Post

- ☐ **Briefkasten**
- ☐ **Hausbriefkasten**
- ☐ **Briefkasten; Hausbriefkasten**
- ☐ **beilegen, beifügen**

  Ein Scheck über 10 Pfund liegt bei.

16.3 Fernsehen, Radio

☐ the **mass media** *n pl* [ˌmæsˈmiːdiə]

☐ **broadcast**, broadcast, broadcast *v* [ˈbrɔːdkɑːst]
The BBC World Service also broadcasts radio programmes for learners and teachers of English.

☐ **broadcast** *n* [ˈbrɔːdkɑːst]
There's going to be a special BBC broadcast direct from Kabul at 10.30 this evening.

☐ **coverage** *n uncount* [ˈkʌvᵊrɪdʒ]
On Saturday, BBC1 will be offering **live coverage** of both soccer matches.

16.3 Fernsehen, Radio

☐ **die Massenmedien**

☐ **ausstrahlen, senden**

Der BBC World Service strahlt auch Rundfunksendungen für Englischlernende und -lehrer(innen) aus.

☐ **Ausstrahlung, Sendung**

Heute Abend um 22.30 Uhr gibt es eine BBC-Sondersendung direkt aus Kabul.

☐ **Berichterstattung**

Am Samstag wird BBC1 eine Live-Übertragung beider Fußballspiele anbieten.

16.3 Fernsehen, Radio

☐ **listener** *n* ['lɪsᵊnə]

☐ **viewer** *n* ['vjuːə]

☐ **announcer** *n* [ə'naʊnsə]

☐ **presenter** *BE n* [prɪ'zentə]

16.3 Fernsehen, Radio

- ☐ **Radiohörer(in)**
- ☐ **Fernsehzuschauer(in)**
- ☐ **Ansager(in), Sprecher(in)**
- ☐ **Moderator(in), Showmaster(in)**

16.3 Fernsehen, Radio

☐ **live** *adv* [laɪv]
The Liverpool-Manchester United match was **broadcast live**.

☐ **teletext** *n uncount* [ˈtelɪtekst]
☐ **television licence** *BE n* [ˈtelɪvɪʒᵊnˌlaɪsᵊns]

16.3 Fernsehen, Radio

- ☐ **live, direkt**
  Das Spiel FC Liverpool gegen Manchester United wurde live übertragen.
- ☐ **Videotext**
- ☐ *etwa:* **Rundfunkgebühren**

16.3 Fernsehen, Radio

- [ ] **cable** *n uncount* ['keɪbᵊl]
- [ ] **cable television** *n uncount* ['keɪbᵊlˌtelɪvɪʒᵊn]
- [ ] **satellite television** *n uncount* ['sætᵊlaɪtˌtelɪvɪʒᵊn]

16.3 Fernsehen, Radio

- [ ] **Kabelfernsehen**
- [ ] **Kabelfernsehen**

- [ ] **Satellitenfernsehen**

16.3 Fernsehen, Radio

- ☐ **satellite dish** *n* ['sæt^{ə}laɪtˌdɪʃ]
- ☐ **aerial** *BE n* ['eəriəl]
- ☐ **antenna** *AE n* [æn'tenə]

16.3 Fernsehen, Radio

- [ ] **Satellitenschüssel**
- [ ] **Antenne**
- [ ] **Antenne**

16.4 Zeitungen, Zeitschriften, Bücher

☐ **publisher** *n* [ˈpʌblɪʃə]
Gareth Stevens is a well-known publisher of children's books in the US.

☐ **Verleger(in); Verlag**

Gareth Stevens ist in den USA ein bekannter Verleger von Kinderbüchern / Verlag für Kinderbücher.

16.4 Zeitungen, Zeitschriften, Bücher

- ☐ **advertisement** *n* [əd'vɜːtɪsmənt]
- ☐ **flyer** *n* ['flaɪə]
- ☐ **leaflet** *n* ['liːflət]
- ☐ **brochure** *n* ['brəʊʃə]

16.4 Zeitungen, Zeitschriften, Bücher

☐ **Anzeige, Inserat**
☐ **Flugblatt, Handzettel, Werbebeilage**
☐ **Prospekt; Flugblatt**
☐ **Broschüre; Prospekt**

16.4 Zeitungen, Zeitschriften, Bücher

☐ **daily** *n* ['deɪli]

☐ **weekly** *n* ['wiːkli]

Magazines are much more common as weeklies, newspapers as dailies.

☐ **newsagent** *BE n* ['njuːzˌeɪdʒᵊnt]

Our newsagent always saves some computer magazines for me if I forget to buy them on Sunday.

☐ **newsagent's** *BE n uncount* ['njuːzˌeɪdʒᵊnts]

I'm just going to the newsagent's to buy the *TV Times*.

☐ **tabloid** *n* ['tæblɔɪd]

the tabloid press

16.4 Zeitungen, Zeitschriften, Bücher

- ☐ **Tageszeitung**
- ☐ **Wochenzeitung; Wochenzeitschrift**
  Zeitschriften erscheinen viel häufiger wöchentlich, Zeitungen eher täglich.
- ☐ **Zeitschriftenhändler(in)**
  Unser Zeitschriftenhändler legt immer einige Computer-Zeitschriften für mich zurück, falls ich vergesse, sie am Sonntag zu kaufen.
- ☐ **Zeitschriftenladen, Zeitungskiosk**

  Ich gehe mal kurz zum Zeitungskiosk, um die *TV Times* zu kaufen.
- ☐ **Boulevard-; Boulevardzeitung (mit kleinerem Seitenformat)**
  die Boulevardpresse

16.4 Zeitungen, Zeitschriften, Bücher

- ☐ **reporter** *n* [rɪˈpɔːtə]
- ☐ **editorial** *n* [ˌedɪˈtɔːriəl]
- ☐ **headline** *n* [ˈhedlaɪn]

  The plane crash **made headlines** around the world.
- ☐ **crossword (puzzle)** *n* [ˈkrɒswɜːd (pʌzᵊl)]

  I always **do the crossword** in the paper while I'm having breakfast.

- ☐ **cartoon** *n* [kɑːˈtuːn]
- ☐ **comic strip** *n* [ˈkɒmɪkˌstrɪp]

16.4 Zeitungen, Zeitschriften, Bücher

- ☐ **Reporter(in)**
- ☐ **Leitartikel, Kommentar**
- ☐ **Schlagzeile**
  Der Flugzeugabsturz machte in der ganzen Welt Schlagzeilen.
- ☐ **Kreuzworträtsel**

  Während ich frühstücke, löse ich immer Kreuzworträtsel aus der Zeitung.
- ☐ **Karikatur, Witzzeichnung, Cartoon**
- ☐ **Comicstrip**

16.4 Zeitungen, Zeitschriften, Bücher

☐ **edition** *n* [ɪˈdɪʃᵊn]

a first edition / a new edition

☐ **paperback** *n* [ˈpeɪpəbæk]

Dan Brown's new book should be published as a paperback very soon.

☐ **hardback** *n* [ˈhɑːdbæk]

☐ **reference book** *n* [ˈrefᵊrᵊnsˌbʊk]

☐ **dictionary** *n* [ˈdɪkʃᵊnᵊri]

☐ **encyclopedia** *n* [ɪnˌsaɪkləˈpiːdiə]

☐ **librarian** *n* [laɪˈbreəriən]

16.4 Zeitungen, Zeitschriften, Bücher

- [ ] **Ausgabe**
  eine Erstausgabe / eine Neuausgabe
- [ ] **Taschenbuch**
  Das neue Buch von Dan Brown müsste sehr bald als Taschenbuch erscheinen.
- [ ] **fest gebundenes Buch**
- [ ] **Nachschlagewerk**
- [ ] **Wörterbuch**
- [ ] **Lexikon**
- [ ] **Bibliothekar(in)**

16.4 Zeitungen, Zeitschriften, Bücher

- ☐ **quotation** *n* [kwəʊ'teɪʃᵊn]
- ☐ **footnote** *n* ['fʊtnəʊt]
- ☐ **excerpt** *n* ['eksɜːpt]
  Using *Google Books* you can look at **excerpts from** millions of books on the Internet.
- ☐ **copyright** *n* ['kɒpiraɪt]
- ☐ **appendix**, *pl* appendices *n* [ə'pendɪks, ə'pendɪsiːz]

16.4 Zeitungen, Zeitschriften, Bücher

- [ ] **Zitat**
- [ ] **Fußnote**
- [ ] **Auszug**

  Bei *Google Books* kann man Auszüge aus Millionen von Büchern im Internet lesen.
- [ ] **Copyright, Urheberrecht**
- [ ] **Anhang**

16.5 Ton- und Bildträger

- [ ] **compact disc (CD)** *n* [ˌkɒmpækt'dɪsk (ˌsiː'diː)]
- [ ] **cassette** *n* [kə'set]
- [ ] **single** *n* ['sɪŋgᵊl]
- [ ] **LP** *n* [ˌel'piː]
- [ ] **MP3** *n uncount* [ˌempiː'θriː]
  Barry's parents bought him a new **MP3 player** when his old one was stolen.

16.5 Ton- und Bildträger

☐ **Compact Disc, CD**

☐ **Kassette**

☐ **Single(-Schallplatte)**

☐ **Langspielplatte, LP**

☐ **MP3** *(digitales Audiodatei-Format)*

Als ihm sein alter MP3-Player gestohlen wurde, haben Barrys Eltern ihm einen neuen gekauft.

16.5 Ton- und Bildträger

- ☐ **CD player** *n* [ˌsiːˈdiːˌpleɪə]
- ☐ **iPod®** *n* [ˈaɪpɒd]
- ☐ **stereo** *n* [ˈsteriəʊ]
  Let's go over to Nigel's and listen to some music on his stereo.

16.5 Ton- und Bildträger

- ☐ **CD-Spieler, CD-Player**
- ☐ **iPod**
- ☐ **Stereoanlage**

  Gehen wir zu Nigel rüber und hören auf seiner Stereo-Anlage ein bisschen Musik.

16.5 Ton- und Bildträger

☐ **loudspeaker** *n* [ˌlaʊdˈspiːkə]

☐ **headphones** *n pl* [ˈhedfəʊnz]

16.5 Ton- und Bildträger

- [ ] **Lautsprecher, Box**
- [ ] **Kopfhörer**

16.5 Ton- und Bildträger

☐ **recording** *n* [rɪˈkɔːdɪŋ]
a digital recording

☐ **tape** *v* [teɪp]

I taped my band yesterday. Do you want to listen to it?

☐ **mike** *n inform* [ˈmaɪk]

☐ **microphone** *n* [ˈmaɪkrəfəʊn]

16.5 Ton- und Bildträger

- [ ] **Aufnahme, Aufzeichnung**
  eine Digitalaufnahme/-aufzeichnung
- [ ] **(auf Ton-/Videoband) aufzeichnen, aufnehmen**
  Ich habe gestern meine Band aufgenommen. Möchtest du die Aufnahme hören?
- [ ] **Mikro(fon)**
- [ ] **Mikrofon**

16.5 Ton- und Bildträger

- ☐ **video clip** *n* ['vɪdiəʊˌklɪp]
- ☐ **DVD** *n* [ˌdiːviː'diː]
  a DVD player
- ☐ **memory card** *n* ['memᵊriˌkɑːd]

- ☐ **Blu-ray disc (BD)** *n* ['bluːreɪˌdɪsk]

16.5 Ton- und Bildträger

- ☐ **Videoclip**
- ☐ **DVD**
  ein DVD-Spieler/-Player
- ☐ **Speicherkarte** *(z. B. für eine Digitalkamera)*
- ☐ **Blu-Ray-Disc**

16.5 Ton- und Bildträger

- ☐ **digital camera** *n* ['dɪdʒɪtᵊlˌkæmᵊrə]
- ☐ **video camera** *n* ['vɪdiəʊˌkæmᵊrə]
- ☐ **video recorder** *n* ['vɪdiəurɪˌkɔːdə]
- ☐ **camcorder** *n* ['kæmˌkɔːdə]

- ☐ **pixel** *n* ['pɪksᵊl]

16.5 Ton- und Bildträger

- ☐ **Digitalkamera**
- ☐ **Videokamera**
- ☐ **Videorekorder**
- ☐ **Videokamera, Camcorder/ Kamerarekorder**
- ☐ **Pixel, Bildpunkt**

16.6 Computer, Multimedia, Internet

☐ **information technology (IT)** *n uncount* [ɪnfəˌmeɪʃəntekˈnɒlədʒi (ˌaɪˈtiː)]

☐ **data processing** *n uncount* [ˌdeɪtəˈprəʊsesɪŋ]

☐ **operating system (OS)** *n* [ˈɒpəreɪtɪŋˌsɪstəm (ˌəʊˈes)]

☐ **hardware** *n uncount* [ˈhɑːdweə]

- [ ] **Informationstechnik, Computertechnik**

- [ ] **Datenverarbeitung**

- [ ] **Betriebssystem**

- [ ] **Hardware** *(z. B. Rechner, Monitor, Drucker)*

16.6 Computer, Multimedia, Internet

- ☐ **random access memory (RAM)** *n uncount* [ˌrændəmækses'memᵊri (ræm)]
- ☐ **read only memory (ROM)** *n uncount* [ˌriːdəʊnli'memᵊri (rɒm)]
- ☐ **byte** *n* [baɪt]
- ☐ **kilobyte (KB)** *n* ['kɪləʊbaɪt]
- ☐ **megabyte (MB)** *n* ['megəbaɪt]
- ☐ **gigabyte (GB)** *n* ['gɪgəbaɪt]

16.6 Computer, Multimedia, Internet

☐ **Arbeitsspeicher**

☐ **Nur-Lese-Speicher**

☐ **Byte** *(Informationseinheit von 8 Bits)*
☐ **Kilobyte** *(1024 Bytes)*
☐ **Megabyte** *(1024 Kilobytes)*
☐ **Gigabyte** *(1024 Megabytes)*

16.6 Computer, Multimedia, Internet

- ☐ **mainframe** *n* ['meɪnfreɪm]
- ☐ **personal computer (PC)** *n* [ˌpɜːsᵊnᵊlkəm'pjuːtə (ˌpiː'siː)]
- ☐ **notebook** *n* ['nəʊtbʊk]
- ☐ **mini-notebook** *n* [ˌmɪni'nəʊtbʊk]
- ☐ **laptop** *n* ['læptɒp]

16.6 Computer, Multimedia, Internet

- ☐ **Großrechner**
- ☐ **Personalcomputer, PC**

- ☐ **Notebook** *(tragbarer Computer)*
- ☐ **Mini-Notebook, Netbook**
- ☐ **Laptop** *(tragbarer Computer)*

16.6 Computer, Multimedia, Internet

- ☐ **microprocessor** *n* [ˌmaɪkrəʊˈprəʊsesə]
- ☐ **input** *n; v* [ˈɪnpʊt]

  I still have to **input** 8 pages of data **into** the system before I can go home.
- ☐ **output** *n* [ˈaʊtpʊt]

16.6 Computer, Multimedia, Internet

- ☐ **Mikroprozessor**
- ☐ **Daten-Eingabe; Daten eingeben**
  Ich muss noch 8 Seiten Daten ins System eingeben, bevor ich heimgehen kann.
- ☐ **Daten-Ausgabe**

16.6 Computer, Multimedia, Internet

☐ **keyboard** *n* [ˈkiːbɔːd]

☐ **function key** *n* [ˈfʌŋkʃᵊnˌkiː]

Most programs use the function key "F1" to call up the help function.

☐ **slash** *n* [slæʃ]

☐ **backslash** *n* [ˈbækslæʃ]

16.6 Computer, Multimedia, Internet

- ☐ **Tastatur**
- ☐ **Funktionstaste**

  Die meisten Programme benutzen die Funktionstaste „F1“, um die Hilfe-Funktion aufzurufen.
- ☐ **Schrägstrich** *(/)*
- ☐ **Backslash** *(\ = Schrägstrich von links oben nach rechts unten)*

16.6 Computer, Multimedia, Internet

☐ **click** *n; v* [klɪk]

I like ordering things online with just the click of a mouse.

Click the image with the right mouse button and choose "Save image as".

☐ **mouse mat** *BE n* [ˈmaʊsmæt]

☐ **mouse pad** *mainly AE n* [ˈmaʊspæd]

☐ **touchpad** *n* [ˈtʌtʃpæd]

- ☐ **(Maus-)Klick; (mit der Maus) klicken**
  Ich bestelle gerne etwas übers Internet, einfach mit einem Mausklick.
  Mit der rechten Maustaste auf das Bild klicken und „Bild speichern unter“ wählen.
- ☐ **Mauspad**
- ☐ **Mauspad**
- ☐ **Touchpad, Tastfeld**
  (berührungsempfindliche Steuerfläche bei Notebooks)

16.6 Computer, Multimedia, Internet

- ☐ **scanner** *n* ['skænə]
- ☐ **scan** *v* [skæn]
- ☐ **reader** *n* ['ri:də]
- ☐ **bar code** *n* ['bɑ:kəʊd]

a bar code reader/scanner

16.6 Computer, Multimedia, Internet

- [ ] **Scanner, optisches Lesegerät**
- [ ] **(ein)scannen**
- [ ] **Lesegerät**
- [ ] **Strichcode**

ein Strichcode-Lesegerät

16.6 Computer, Multimedia, Internet

- ☐ **monitor** *n* ['mɒnɪtə]
- ☐ **data projector** *n* ['deɪtəprə'dʒektə]
- ☐ **cursor** *n* ['kɜːsə]
- ☐ **icon** *n* ['aɪkɒn]

16.6 Computer, Multimedia, Internet

- ☐ **Monitor**
- ☐ **Beamer**
- ☐ **Cursor, Mauszeiger**
- ☐ **Icon, Bildsymbol (auf dem Bildschirm)**

16.6 Computer, Multimedia, Internet

☐ **offline** *adj* ['ɒflaɪn]

☐ **online** *adj* ['ɒnlaɪn]

16.6 Computer, Multimedia, Internet

- ☐ **nicht angeschlossen, nicht betriebsbereit**
- ☐ **angeschlossen, betriebsbereit**

16.6 Computer, Multimedia, Internet

☐ **disk** *n* [ˈdɪsk]

☐ **hard disk** *n* [ˈhɑːddɪsk]
☐ **disk drive** *n* [ˈdɪskˌdraɪv]
☐ **memory stick** *n* [ˈmemᵊriˌstɪk]
☐ **CD-ROM** *n* [ˌsiːdiːˈrɒm]
☐ **DVD-ROM** *n* [ˌdiːviːdiːˈrɒm]
☐ **insert** *v* [ɪnˈsɜːt]
Just **insert** a CD-ROM **into** the CD-ROM drive.
☐ **CD writer** *n* [ˌsiːˈdiːˌraɪtə]

16.6 Computer, Multimedia, Internet

- [ ] **Datenträger** *(wird oft verwendet für Festplatte oder Daten-CD)*
- [ ] **Festplatte**
- [ ] **CD-Laufwerk**
- [ ] **Memory-Stick**
- [ ] **CD-ROM**
- [ ] **DVD-ROM**
- [ ] **einführen, einlegen**
  Legen Sie einfach eine CD-ROM in das CD-ROM-Laufwerk ein.
- [ ] **CD-Brenner**

16.6 Computer, Multimedia, Internet

☐ **file extension** *n* [ˈfaɪlɪksˌtenʃᵊn]

☐ **folder** *n* [ˈfəʊldə]

☐ **zip** *v* [zɪp]

- ☐ **Dateierweiterung** *(z. B. .doc, .exe, .pdf, .wpd, .tif)*
- ☐ **(Datei-)Ordner**
- ☐ **(eine Datei) komprimieren/zippen**

16.6 Computer, Multimedia, Internet

- ☐ **backup** *n* ['bækʌp]

- ☐ **format** *v* ['fɔːmæt]
  I almost never have to format a disk because the ones I buy are already formatted.
- ☐ **update** *n* ['ʌpdeɪt]
- ☐ **update** *v* ['ʌp'deɪt]

- [ ] **Sicherungskopie, Back-up (von Daten/Dateien)**
- [ ] **formatieren**
  Ich muss fast nie CDs formatieren, weil die CDs, die ich kaufe, schon formatiert sind.
- [ ] **Aktualisierung eines Programms**
- [ ] **ein Programm aktualisieren**

16.6 Computer, Multimedia, Internet

- ☐ **word processor** *n* [ˌwɜːd'preʊsesə]
- ☐ **spreadsheet** *n* ['spredʃiːt]
- ☐ **database** *n* ['deɪtəbeɪs]
- ☐ **multimedia** *n uncount* [ˌmʌltɪ'miːdiə]

The book includes a CD-ROM with an interactive multimedia program.

- ☐ **graphics** *n pl* ['græfɪks]
  a graphics program
- ☐ **exit** *v* ['eksɪt]

16.6 Computer, Multimedia, Internet

- ☐ **Textverarbeitungsprogramm**
- ☐ **Tabellenkalkulation**
- ☐ **Datenbank**
- ☐ **Multimedia** *(Zusammenspiel von Texten, Bildern, Videos und Ton)*
  Das Buch enthält eine CD-ROM mit einem interaktiven Multimedia-Programm.
- ☐ **Grafik**
  ein Grafikprogramm
- ☐ **verlassen** *(z. B. ein Computerprogramm)*

16.6 Computer, Multimedia, Internet

☐ **program** *v* [ˈprəʊɡræm]

☐ **programming** *n uncount* [ˈprəʊɡræmɪŋ]

programming language

☐ **programmer** *n* [ˈprəʊɡræmə]

16.6 Computer, Multimedia, Internet

☐ **programmieren**
☐ **das Programmieren**

Programmiersprache
☐ **Programmierer(in)**

16.6 Computer, Multimedia, Internet

☐ **user-friendly** *adj* [ˌjuːzəˈfrendli]
Wow! Now that's what I call a user-friendly program!

☐ **interactive** *adj* [ˌɪntərˈæktɪv]
My new word processor is very interactive and user-friendly!

☐ **manual** *n* [ˈmænjʊəl]
Nowadays most computer products have a manual on a CD-ROM or a DVD-ROM only.

☐ **hotline** *n* [ˈhɒtlaɪn]

16.6 Computer, Multimedia, Internet

- [ ] **benutzerfreundlich**
  Donnerwetter, das nenne ich wirklich ein benutzerfreundliches Programm!
- [ ] **interaktiv**
  Mein neues Textverarbeitungsprogramm ist sehr interaktiv und benutzerfreundlich.
- [ ] **Handbuch, Bedienungsanleitung**
  Heute haben die meisten EDV-Produkte nur ein Handbuch auf CD-ROM oder DVD-ROM.
- [ ] **Service-Telefon, Hotline**

16.6 Computer, Multimedia, Internet

☐ **Ethernet** *n uncount* [ˈiːθənet]

☐ **local area network (LAN)** *n* [ˌləʊkəlˌeəriəˈnetwɜːk]

☐ **wireless** *adj* [ˈwaɪələs]

☐ **wireless local area network (WLAN)** *n* [ˈwaɪələsˌləʊkəlˌeəriəˈnetwɜːk]

☐ **broadband** *n uncount* [ˈbrɔːdbænd]
a broadband connection

☐ **server** *n* [ˈsɜːvə]

☐ **administrator** *n* [ədˈmɪnɪstreɪtə]
a network administrator

16.6 Computer, Multimedia, Internet

- ☐ **Ethernet** *(Standard für Netzwerke aus verkabelten Computern)*
- ☐ **lokales Netzwerk** *(aus verkabelten Computern)*
- ☐ **drahtlos, kabellos**
- ☐ **drahtloses lokales Netzwerk** *(durch Funk verbundene Computer)*
- ☐ **Breitband**
  ein Breitbandanschluss
- ☐ **Server, zentraler Netzwerkcomputer**
- ☐ **Administrator(in), Verwalter(in)**
  ein(e) Netzwerkadministrator(in)

16.6 Computer, Multimedia, Internet

☐ **disconnect** *v* [ˌdɪskəˈnekt]

☐ **log in** *phrasal v* [ˌlɒgˈɪn]

☐ **log out** *phrasal v* [ˌlɒgˈaʊt]

☐ **username** *n* [ˈjuːzəneɪm]
☐ **password** *n* [ˈpɑːswɜːd]
☐ **access** *v* [ˈækses]

Something must be wrong. I can't access the network or the Internet!

16.6 Computer, Multimedia, Internet

- [ ] **die Verbindung (zum Internet/ Netzwerk) abbrechen**
- [ ] **sich im Netzwerk/Internet anmelden, sich einloggen**
- [ ] **sich vom Netzwerk/Internet abmelden, sich ausloggen**
- [ ] **Benutzername**
- [ ] **Passwort, Kennwort**
- [ ] **auf etw. zugreifen, in etw. hineinkommen**

  Irgendetwas stimmt nicht. Ich komme weder ins Netzwerk noch ins Internet!

16.6 Computer, Multimedia, Internet

☐ the **World Wide Web (WWW)** *n*
[ˌwɜːldwaɪdˈweb]
The World Wide Web is a system of digital documents with hyperlinks to texts, images, videos, sounds etc. which can be accessed through the Internet.

☐ the **Web** *n* [web]

☐ **uniform resource locator (URL)** *n*
[ˈjuːnɪfɔːmrɪˌzɔːsləʊˈkeɪtə]

☐ **hyperlink** *n* [ˈhaɪpəlɪŋk]

☐ **cloud computing** *n*
[ˈklaʊdkəmˌpjuːtɪŋ]

16.6 Computer, Multimedia, Internet

- ☐ **das World Wide Web,** *umgangssprachlich auch:* **das Internet**
  Das World Wide Web ist ein System von digitalen Dokumenten mit Links zu Texten, Bildern, Videos, Tonaufnahmen usw., auf die man über das Internet zugreifen kann.
- ☐ **das Netz**
- ☐ **URL** *(individuelle Internetadresse, z. B. www.klett.de)*
- ☐ **Hyperlink** *(bedeutungsgleich mit „link“)*
- ☐ **Cloud Computing, Cloud IT, Rechnerwolke** *(Nutzung von Software und Hardware als Dienstleistung mit einem Browser übers Internet, nicht auf dem lokalen PC)*

16.6 Computer, Multimedia, Internet

☐ **online** *adj* [ˌɒnˈlaɪn]
When I get home from work, I always **go online** and check my mailbox.

☐ **offline** *adj* [ˌɒfˈlaɪn]

☐ **surf** *v* [sɜːf]
How many hours a day do you **surf the Internet**?

☐ **browser** *n* [ˈbraʊzə]

☐ **web browser** *n* [ˈwebˌbraʊzə]

- ☐ **mit dem Internet verbunden**
  Wenn ich von der Arbeit nach Hause komme, gehe ich immer ins Internet und schaue in meine Mailbox.
- ☐ **vom Internet getrennt**
- ☐ **(im Internet) surfen**
  Wie viele Stunden am Tag surfen Sie im Internet?
- ☐ **Browser, Internet-Navigationsprogramm**
- ☐ **Browser, Internet-Navigationsprogramm**

16.6 Computer, Multimedia, Internet

☐ **website** *n* ['websaɪt]

☐ **webmaster** *n* ['webˌmɑːstə]

☐ **web page** *n* ['webpeɪdʒ]

☐ **home page** *n* ['həʊmˌpeɪdʒ]
☐ **search engine** *n* ['sɜːtʃˌendʒɪn]
☐ **download** *n; v* [ˌdaʊn'ləʊd]

Just a minute. I'm still **downloading** some files **from** the Internet.

☐ **upload** *v* [ˌʌp'ləʊd]

Have you seen the photos I **uploaded to** my Google web album?

16.6 Computer, Multimedia, Internet

- ☐ **Website, Internetauftritt** *(alle Internet-Seiten einer Person, Firma o. Ä. unter einer Adresse)*
- ☐ **Webmaster** *(Betreuer(in) einer/ mehrerer Websites)*
- ☐ **einzelne Internetseite (einer Website)**
- ☐ **Startseite einer Website**
- ☐ **Suchmaschine**
- ☐ **Download, Herunterladen; (Datei aus dem Internet) herunterladen**
  Moment bitte! Ich lade gerade einige Dateien aus dem Internet herunter.
- ☐ **(eine Datei ins Internet) hinaufladen/kopieren**
  Hast du die Fotos gesehen, die ich in mein Google-Webalbum kopiert habe?

16.6 Computer, Multimedia, Internet

- ☐ **chat room** *n* [ˈtʃætruːm]
- ☐ **posting** *n* [ˈpəʊstɪŋ]

- ☐ **instant messaging** *n uncount* [ˈɪntstənt,ðɜɛ̃ˈmesɪdʒɪŋ]
- ☐ **newsgroup** *n* [ˈnjuːzgruːp]

- ☐ **blog** *n* [blɒg]

- ☐ **webcam** *n* [ˈwebkæm]
- ☐ **webcast** *n; v* [ˈwebkɑːst]

- ☐ **podcast** *n; v* [ˈpɒdkɑːst]

16.6 Computer, Multimedia, Internet

- ☐ **Chatroom**
- ☐ **Posting** *(Mitteilung an eine Newsgroup, Mailingliste oder ein Forum im Internet)*
- ☐ **Instant-Messaging, Nachrichtensofortversand**
- ☐ **Newsgroup** *(öffentliches Diskussionsforum im Internet)*
- ☐ **Blog, Internet-Tagebuch** *(einer Person oder einer Gruppe)*
- ☐ **Webcam, Internetkamera**
- ☐ **Webcast, Radio- oder Fernsehsendung übers Internet (verbreiten)**
- ☐ **Podcast** *(Radio-/Fernsehbeitrg als Audio-/Videodatei im Internet zum Herunterladen)*; **podcasten**

16.6 Computer, Multimedia, Internet

- ☐ **mail** *AE v* [meɪl]
- ☐ **spam** *n uncount* [spæm]

- ☐ **attachment** *n* [əˈtætʃmənt]
  As an attachment to this email, I am sending you a recent photo of myself.
- ☐ **webmail** *n uncount* [ˈwebmeɪl]

- ☐ **mailbox** *n* [ˈmeɪlbɑks]

16.6 Computer, Multimedia, Internet

- ☐ **mailen, E-Mail(s) versenden**
- ☐ **Spam, Spammail** *(unerwünschte Werbemails)*
- ☐ **E-Mail-Anhang**
  Als Anhang zu dieser E-Mail schicke ich Ihnen ein aktuelles Foto von mir.
- ☐ **Webmail** *(E-Mail-Kommunikation über einen Internetbrowser)*
- ☐ **Mailbox** *(elektronischer Briefkasten im Internet)*

17.1 Verkehr allgemein

☐ **frequent** *adj* [ˈfriːkwənt]
There's a frequent train service from London to Brighton.

☐ **destination** *n* [ˌdestɪˈneɪʃᵊn]
The group's **final destination** is Brussels.

17.1 Verkehr allgemein

- [ ] **häufig, regelmäßig**
  Es gibt eine regelmäßige Zugverbindung von London nach Brighton.
- [ ] **Ziel, Bestimmungsort**
  Das endgültige Reiseziel der Gruppe ist Brüssel.

17.1 Verkehr allgemein

☐ **queue** *BE v* [kjuː]

We **queued up** at the bus stop just like everybody else.

17 Verkehr

17.1 Verkehr allgemein

☐ **sich anstellen, Schlange stehen**
Wir haben uns wie alle anderen an der Bushaltestelle angestellt.

17.1 Verkehr allgemein

☐ **board** *v* [bɔːd]

board a plane/a ship

17 Verkehr

17.1 Verkehr allgemein

☐ **einsteigen, an Bord gehen**
an Bord eines Flugzeuges/Schiffes gehen

17.1 Verkehr allgemein

☐ **commute** *v* [kə'mjuːt]

☐ **commuter** *n* [kə'mjuːtə]

Many commuters to London drive to the station in their town and then catch a **commuter train** into Central London.

☐ **aisle** *n* [aɪl]

17 Verkehr

17.1 Verkehr allgemein

☐ **pendeln**

☐ **Pendler(in)**

Viele London-Pendler(innen) fahren mit dem Auto zu ihrem örtlichen Bahnhof und fahren dann weiter mit einem Pendlerzug nach London Mitte.

☐ **Gang** *(im Zug/Flugzeug)*

17.1 Verkehr allgemein

- ☐ **single** *BE n* [ˈsɪŋgəl]
- ☐ **one-way** *AE adj* [ˌwʌnˈweɪ]
  a one-way ticket
- ☐ **round-trip** *AE adj* [ˌraʊndˈtrɪp]
- ☐ **season ticket** *n* [ˈsiːzənˌtɪkɪt]
- ☐ **fare** *n* [feə]
  What's the **bus fare** from Heathrow to Victoria Station?

17 Verkehr

17.1 Verkehr allgemein

- [ ] **Fahrkarte für einfache Fahrt**
- [ ] **einfache Fahrt**
  eine Fahrkarte für einfache Fahrt
- [ ] **Rückfahrkarte**
- [ ] **Zeitkarte**
- [ ] **Fahrpreis**
  Was kostet die Busfahrt von Heathrow nach Victoria Station?

17.1 Verkehr allgemein

☐ **depart** *v form* [dɪˈpɑːt]
The train **departed for** Paris on time.

☐ **departure** *n* [dɪˈpɑːtʃə]

☐ **timetable** *BE n* [ˈtaɪmˌteɪbᵊl]

☐ **schedule** *AE n* [ˈskedʒuːl]

17 Verkehr

17.1 Verkehr allgemein

- ☐ **abfahren**
  Der Zug fuhr pünktlich nach Paris ab.
- ☐ **Abfahrt; Abflug**
- ☐ **Fahrplan** *(Bus, Bahn)*
- ☐ **Fahrplan** *(Bus, Bahn)*

17.2 Öffentlicher Verkehr

- [ ] **track** *n* [træk]
- [ ] **freight** *n* [freɪt]

a freight train *mainly AE*

17.2 Öffentlicher Verkehr

☐ **Schiene, Gleis**
☐ **Fracht**
ein Güterzug

17.2 Öffentlicher Verkehr

- ☐ **locomotive** *n* [ˌləʊkəˈməʊtɪv]
- ☐ **carriage** *BE n* [ˈkærɪdʒ]
- ☐ **coach** *AE n* [kəʊtʃ]
- ☐ **wagon** *BE n* [ˈwægən]
- ☐ **car** *AE n* [kɑːr]
- ☐ **dining car** *n* [ˈdaɪnɪŋˌkɑː]

17.2 Öffentlicher Verkehr

- ☐ **Lokomotive**
- ☐ **Personenwagen**
- ☐ **Personenwagen**
- ☐ **Eisenbahnwagen, Waggon**
- ☐ **Eisenbahnwagen, Waggon**
- ☐ **Speisewagen**

17.2 Öffentlicher Verkehr

☐ **compartment** *n* [kəm'pɑːtmənt]
The compartments in standard class are not as comfortable as those in first class, but much cheaper.

☐ **first class** *adj; adv; n uncount*
[ˌfɜːst'klɑːs]

☐ **standard class** *adj; adv; n uncount*
['stændədˌklɑːs]

17.2 Öffentlicher Verkehr

- [ ] **(Zug-)Abteil**
  Die Abteile der zweiten Klasse sind nicht so komfortabel wie die der ersten Klasse, aber viel preiswerter.
- [ ] **erste Klasse**
- [ ] **zweite Klasse**

17.2 Öffentlicher Verkehr

- ☐ **train driver** *BE n* ['treɪnˌdraɪvə]
- ☐ **engineer** *AE n* [ˌendʒɪ'nɪr]

17.2 Öffentlicher Verkehr

- [ ] **Lokführer(in)**
- [ ] **Lokführer(in)**

17.2 Öffentlicher Verkehr

- ☐ **control tower** *n* [kən'trəʊl,taʊə]
- ☐ **terminal** *n* ['tɜːmɪnᵊl]
  Your British Airways flight to New York leaves from Terminal 1.
- ☐ **check-in** *n uncount* ['tʃekɪn]
- ☐ **security check** *n* [sɪ'kjʊərəti,tʃek]
- ☐ **baggage reclaim** *BE n uncount* ['bægɪdʒ,rɪkleɪm]
- ☐ **baggage claim** *AE n uncount* ['bægɪdʒ,kleɪm]

17.2 Öffentlicher Verkehr

- [ ] **Kontrollturm, Tower**
- [ ] **Terminal**
  Ihr British-Airways-Flug nach New York geht von Terminal 1 ab.
- [ ] **Abfertigungs-/Abflugschalter**
- [ ] **Sicherheitskontrolle**
- [ ] **Gepäckausgabe**

- [ ] **Gepäckausgabe**

17.2 Öffentlicher Verkehr

- ☐ **cockpit** *n* [ˈkɒkpɪt]
- ☐ **cabin** *n* [ˈkæbɪn]

- ☐ **first class** *n* [ˌfɜːstˈklɑːs]
- ☐ **business class** *n uncount* [ˈbɪznɪsˌklɑːs]
- ☐ **economy class** *n uncount* [ɪˈkɒnəmiˌklɑːs]
- ☐ **coach** *AE n uncount* [kəʊtʃ]

17.2 Öffentlicher Verkehr

- ☐ **Pilotenkanzel, Cockpit**
- ☐ **Passagierraum, Kabine (eines Passagierfluzeugs)**
- ☐ **erste Klasse**
- ☐ **Business-Klasse**

- ☐ **Touristenklasse**

- ☐ **Touristenklasse**

17.2 Öffentlicher Verkehr

☐ **cabin crew** *n* [ˈkæbɪnˌkruː]

☐ **flight attendant** *n* [ˈflaɪtəˌtendənt]

- [ ] **Flugbegleitpersonal**
- [ ] **Flugbegleiter(in)**

17.2 Öffentlicher Verkehr

- [ ] **seat belt** *n* ['siːtbelt]
- [ ] **take-off** *n* ['teɪkɒf]
  The plane's engines were warm and it was **ready for take-off**.
- [ ] **landing** *n* ['lændɪŋ]
- [ ] **runway** *n* ['rʌnweɪ]

17.2 Öffentlicher Verkehr

- ☐ **Sicherheitsgurt** *(Auto, Flugzeug)*
- ☐ **Start, Abflug**
  Die Triebwerke waren warm und das Flugzeug war startbereit.
- ☐ **Landung**
- ☐ **Start- und Landebahn**

17.2 Öffentlicher Verkehr

- ☐ **cancel** *v* ['kænsᵊl]
- ☐ **non-stop** *adj* [ˌnɒnˈstɒp]
- ☐ **stopover** *n* ['stɒpˌəʊvə]
- ☐ **refreshments** *n pl* [rɪˈfreʃmənts]
  Light refreshments will be served during the flight.

- [ ] **absagen, streichen**
- [ ] **ohne Zwischenlandung, Nonstop-**
- [ ] **Zwischenlandung**
- [ ] **Erfrischungen (Getränke und Imbiss)**
  Während des Fluges werden Getränke und ein leichter Imbiss gereicht.

17.2 Öffentlicher Verkehr

- ☐ **harbour** *n* ['hɑːbə]
- ☐ **voyage** *n* ['vɔɪɪdʒ]
- ☐ **cruise** *n* [kruːz]
  go on a cruise
- ☐ **aboard** *prep* [ə'bɔːd]
  They just managed to **get aboard** before the ship left the harbour.

- ☐ **dock** *n; v* [dɒk]
  After two weeks at sea, the ship finally docked in the Port of Manhattan.
- ☐ **canal** *n* [kə'næl]

17.2 Öffentlicher Verkehr

- ☐ **Hafen**
- ☐ **Seereise**
- ☐ **Kreuzfahrt**
  eine Kreuzfahrt machen
- ☐ **an Bord**
  Sie schafften es gerade noch an Bord zu kommen, bevor das Schiff auslief.
- ☐ **Pier, Kai; anlegen**
  Nach einer zweiwöchigen Seereise legte das Schiff endlich im Hafen von Manhattan an.
- ☐ **Kanal, Wasserweg**

17.2 Öffentlicher Verkehr

- ☐ **ferry** *n* ['feri]
- ☐ **deck** *n* [dek]

  Some of the passengers remained **on deck** until the ship had left the harbour.
- ☐ **cabin** *n* ['kæbɪn]
- ☐ **lifeboat** *n* ['laɪfbəʊt]

17.2 Öffentlicher Verkehr

- [ ] **Fähre**
- [ ] **(Schiffs)deck**
  Einige der Passagiere blieben auf Deck, bis das Schiff den Hafen verlassen hatte.
- [ ] **Kabine, Kajüte**
- [ ] **Rettungs-, Beiboot**

17.2 Öffentlicher Verkehr

☐ **unload** *v* [ʌnˈləʊd]
The cargo was slowly unloaded and carefully placed on the dock.

☐ **cargo** *n* [ˈkɑːgəʊ]
☐ **tanker** *n* [ˈtæŋkə]

17.2 Öffentlicher Verkehr

- [ ] **löschen**
  Die Schiffsladung wurde in Ruhe gelöscht und vorsichtig auf den Kai gestellt.
- [ ] **Schiffsladung**
- [ ] **Tanker**

17.2 Öffentlicher Verkehr

- ☐ **sailor** *n* ['seɪlə]
- ☐ **steward** *n* ['stjuːəd]

17.2 Öffentlicher Verkehr

- [ ] **Matrose, Matrosin**
- [ ] **Schiffssteward(ess)**

17.3 Individueller Verkehr

- ☐ **pedestrian** *n* [pɪ'destrɪən]
- ☐ **crossing** *n* ['krɒsɪŋ]
- ☐ **pedestrian crossing** *n* [pɪˌdestriən'krɒsɪŋ]
- ☐ **zebra crossing** *BE n* [ˌzebrə'krɒsɪŋ]
- ☐ **crosswalk** *AE n* ['krɑːswɑːk]
- ☐ **subway** *BE n* ['sʌbweɪ]

  A subway is a very safe way to cross a busy London street.

- ☐ **underpass** *AE n* ['ʌndɚpæs]

17.3 Individueller Verkehr

- ☐ **Fußgänger(in)**
- ☐ **Übergang**
- ☐ **Fußgängerübergang, Zebrastreifen**

- ☐ **Fußgängerübergang, Zebrastreifen**
- ☐ **Fußgängerübergang, Zebrastreifen**
- ☐ **Fußgängerunterführung**
  Durch eine Fußgängerunterführung kann man absolut sicher eine viel befahrene Straße in London unterqueren.
- ☐ **Fußgängerunterführung**

17.3 Individueller Verkehr

- ☐ **hitchhike** *v* [ˈhɪtʃhaɪk]
- ☐ **hitchhiker** *n* [ˈhɪtʃˌhaɪkə]
- ☐ **hitchhiking** *n uncount* [ˈhɪtʃˌhaɪkɪŋ]

17.3 Individueller Verkehr

- ☐ **per Anhalter fahren, trampen**
- ☐ **Anhalter(in), Tramper(in)**
- ☐ **Trampen**

17.3 Individueller Verkehr

- [ ] **bicycle** *n* ['baɪsɪkᵊl]
- [ ] **pedal** *n; v* ['pedᵊl]
  Frank pedalled down the street quickly with an angry dog on his heels.
- [ ] **cyclist** *n* ['saɪklɪst]
- [ ] **bike lane** *n* ['baɪkˌleɪn]
- [ ] **cycle path** *BE n* ['saɪkᵊlˌpɑːθ]
- [ ] **bike path** *mainly AE n* ['baɪkˌpɑːθ]

17.3 Individueller Verkehr

- ☐ **Fahrrad**
- ☐ **Pedal; (in die Pedale) treten**
  Frank radelte – mit einem wütenden Hund auf den Fersen – schnell die Straße entlang.
- ☐ **Radfahrer(in)**
- ☐ **Fahrradspur**
- ☐ **(Fahr-)Radweg**
- ☐ **(Fahr-)Radweg**

17.3 Individueller Verkehr

- ☐ **lorry** *BE n* ['lɒri]
- ☐ **motorbike** *n* ['məʊtəbaɪk]
- ☐ **motorcycle** *n form* ['məʊtəˌsaɪkᵊl]
- ☐ **moped** *n* ['məʊped]

17.3 Individueller Verkehr

- ☐ **Lastwagen**
- ☐ **Motorrad**
- ☐ **Motorrad**
- ☐ **Moped**

17.3 Individueller Verkehr

- ☐ **motorist** *n* [ˈməʊtərɪst]
- ☐ **driving licence** *BE n* [ˈdraɪvɪŋˌlaɪsəns]
- ☐ **driver's license** *AE n* [ˈdraɪvɚzˌlaɪsəns]

17.3 Individueller Verkehr

- [ ] **Autofahrer(in)**
- [ ] **Führerschein**
- [ ] **Führerschein**

17.3 Individueller Verkehr

☐ **fetch** *BE v* [fetʃ]
Give me a ring when you get in and I'll come and fetch you!

17.3 Individueller Verkehr

☐ **(mit dem Auto) abholen**
Ruf mich an, wenn du ankommst, dann hole ich dich ab.

17.3 Individueller Verkehr

- ☐ **mechanic** *n* [mɪˈkænɪk]
- ☐ **petrol station** *BE n* [ˈpetrᵊlˌsteɪʃᵊn]
- ☐ **service station** *n* [ˈsɜːvɪsˌsteɪʃᵊn]

- ☐ **gasoline** *AE n* [ˈgæsᵊliːn]
- ☐ **gas station** *AE n* [ˈgæsˌsteɪʃᵊn]

17.3 Individueller Verkehr

- ☐ **Kfz-Mechaniker(in)**
- ☐ **Tankstelle**
- ☐ **Tankstelle (AE); Autobahn-Raststätte (BE)**
- ☐ **Benzin**
- ☐ **Tankstelle**

17.3 Individueller Verkehr

- [ ] **breakdown** *n* [ˈbreɪkdaʊn]
- [ ] **puncture** *BE n* [ˈpʌŋktʃə]
- [ ] **tow** *v* [təʊ]

The mechanic towed Nancy's car back to the garage with his truck.

- [ ] **wreck** *n; v* [rek]

The car he's driving is a total wreck.

Sarah wrecked her car in an accident.

17.3 Individueller Verkehr

- [ ] **(Auto-)Panne**
- [ ] **Reifenpanne**
- [ ] **schleppen**

  Der Mechaniker zog Nancys Wagen mit seinem Abschlepper zurück in die Werkstatt.
- [ ] **Wrack, Schrotthaufen; zu Schrott fahren; zerstören**

  Der Wagen, den er fährt, ist ein alter Schrotthaufen.

  Sarah hat bei einem Unfall ihren Wagen zu Schrott gefahren.

17.3 Individueller Verkehr

- [ ] **steering wheel** *n* [ˈstɪərɪŋˌwiːl]
- [ ] **handbrake** *BE n* [ˈhændbreɪk]
- [ ] **parking brake** *AE n* [ˈpɑːrkɪŋˌbreɪk]
- [ ] **slam** *v* [slæm]

He had to **slam on his brakes** to avoid hitting a dog.

17.3 Individueller Verkehr

- ☐ **Lenkrad**
- ☐ **Handbremse**
- ☐ **Handbremse**
- ☐ **voll auf etw. treten**
  Er musste voll auf die Bremse treten um einem Hund auszuweichen.

17.3 Individueller Verkehr

- [ ] **bonnet** *BE n* [ˈbɒnɪt]
- [ ] **hood** *AE n* [hʊd]
- [ ] **windscreen** *BE n* [ˈwɪndskriːn]
- [ ] **windshield** *AE n* [ˈwindʃiːld]
- [ ] **windscreen wiper** *BE n* [ˈwɪnskriːnˌwaɪpə]
- [ ] **windshield wiper** *AE n* [ˈwɪndʃiːldˌwaɪpə]
- [ ] **back seat** *n* [ˌbækˈsiːt]

17.3 Individueller Verkehr

- [ ] **Motorhaube**
- [ ] **Motorhaube**
- [ ] **Windschutzscheibe**
- [ ] **Windschutzscheibe**
- [ ] **Scheibenwischer**

- [ ] **Scheibenwischer**

- [ ] **Rücksitz**

17.3 Individueller Verkehr

- ☐ **headlight** *n* ['hedlaɪt]
- ☐ **brake light** *n* ['breɪk,laɪt]
- ☐ **rear light** *BE n* ['rɪə,laɪt]
- ☐ **tail light** *AE n* ['teɪl,laɪt]
- ☐ **number plate** *BE n* ['nʌmbə,pleɪt]
- ☐ **license plate** *AE n* ['laɪsᵊns,pleɪt]

17 Verkehr

17.3 Individueller Verkehr

- ☐ **Scheinwerfer**
- ☐ **Bremslicht/-leuchte**
- ☐ **Rücklicht**
- ☐ **Rücklicht**
- ☐ **Nummernschild, Autokennzeichen**
- ☐ **Nummernschild, Autokennzeichen**

17.3 Individueller Verkehr

- [ ] **indicator** *BE n* [ˈɪndɪkeɪtə]
- [ ] **turn signal** *AE n* [ˈtɜːrnˌsɪgnəl]
- [ ] **indicate** *BE v* [ˈɪndɪkeɪt]
- [ ] **signal** *AE v* [ˈsɪgnəl]

  The driver signalled to turn left, but then suddenly turned right.
- [ ] **horn** *n* [hɔːn]

  You should only **honk your horn** in an emergency.
- [ ] **honk** *v* [hɒŋk]

17.3 Individueller Verkehr

- [ ] **Blinker**
- [ ] **Blinker**
- [ ] **blinken**
- [ ] **blinken**

  Der Fahrer blinkte links, bog dann aber plötzlich rechts ab.
- [ ] **Hupe**

  Man sollte nur im Notfall hupen.

- [ ] **hupen**

17.3 Individueller Verkehr

- ☐ **main road** *BE n* [ˌmeɪnˈrəʊd]
- ☐ **highway** *AE n* [ˈhaɪweɪ]
- ☐ **avenue** *n* [ˈævənjuː]
- ☐ **bend** *n* [bend]

  Watch out! There's **a sharp bend** in the road up ahead.

17.3 Individueller Verkehr

- ☐ **Hauptstraße; Bundesstraße**
- ☐ **Hauptstraße; Bundesstraße**
- ☐ **Allee, breite Hauptstraße**
- ☐ **Kurve**

  Pass auf! Da vorn macht die Straße eine scharfe Kurve.

17.3 Individueller Verkehr

- ☐ **dual carriageway** *BE n* [ˌdjuːəlˈkærɪdʒweɪ]
- ☐ **divided highway** *AE n* [dɪˈvaɪdɪdˌhaɪweɪ]
- ☐ **motorway** *BE n* [ˈməʊtəweɪ]
- ☐ **expressway** *AE n* [ɪkˈspresweɪ]

17.3 Individueller Verkehr

- [ ] **Schnellstraße mit getrennten Fahrbahnen**
- [ ] **Schnellstraße mit getrennten Fahrbahnen**
- [ ] **Autobahn**
- [ ] **Autobahn**

17.3 Individueller Verkehr

- [ ] **bus lane** *n* ['bʌsˌleɪn]
- [ ] **outside lane** *BE n* ['aʊtˌsaɪd'leɪn]
- [ ] **passing lane** *AE n* ['pɑːsɪŋ'leɪn]
- [ ] **overtake**, overtook, overtaken *BE v* [ˌəʊvə'teɪk, ˌəʊvə'tʊk, ˌəʊvə'teɪkən]
- [ ] **pass** *AE v* [pæs]

17.3 Individueller Verkehr

- ☐ **Busspur**
- ☐ **Überholspur**
- ☐ **Überholspur**
- ☐ **überholen**

- ☐ **überholen**

17.3 Individueller Verkehr

- ☐ **one-way** *adj* [ˌwʌnˈweɪ]
  a one-way street
- ☐ **dead end** *n* [ˌdedˈend]
- ☐ **cul-de-sac** *BE n* [ˈkʌldəsæk]
- ☐ **intersection** *n* [ˌɪntəˈsekʃᵊn]
- ☐ **underpass** *n* [ˈʌndəpɑːs]

17.3 Individueller Verkehr

- ☐ **in einer Richtung, Einbahn-**
  eine Einbahnstraße
- ☐ **Sackgasse**
- ☐ **Sackgasse**
- ☐ **Kreuzung**
- ☐ **Straßenunterführung**

17.3 Individueller Verkehr

- ☐ **roadworks** *BE n pl* [ˈrəʊdwɜːks]
- ☐ **road construction** *AE n* [ˈrəʊdkənˌstrʌkʃᵊn]
- ☐ **detour** *n* [ˈdiːtʊə]
  Because of roadworks, we had to **take a long detour around** the tunnel.
- ☐ **tarmac** *BE n uncount* [ˈtɑːmæk]
- ☐ **asphalt** *n uncount* [ˈæsfælt]

- [ ] **Straßenbauarbeiten**
- [ ] **Straßenbauarbeiten**

- [ ] **Umweg, Umleitung**
  Wegen der Straßenarbeiten mussten wir einen langen Umweg machen, um den Tunnel zu umfahren.
- [ ] **Straßenbelag**
- [ ] **Asphalt**

17.3 Individueller Verkehr

- ☐ **road sign** *n* [ˈrəʊdˌsaɪn]
- ☐ **give way**, gave way, given way *BE v* [ˌgivˈweɪ, ˌgeɪvˈweɪ, ˌgivnˈweɪ]
- ☐ **yield** *AE v* [jiːld]

17.3 Individueller Verkehr

- [ ] **Verkehrsschild**
- [ ] **Vorfahrt achten/geben**

- [ ] **Vorfahrt achten/geben**

17.3 Individueller Verkehr

- [ ] **speed limit** *n sing* [ˈspiːdˌlɪmɪt]
- [ ] **slippery** *adj* [ˈslɪpᵊri]
  Drive safely! The roads are very slippery tonight.
- [ ] **safely** *adv* [ˈseɪfli]

17.3 Individueller Verkehr

- ☐ **Tempolimit**
- ☐ **rutschig, glatt**
  Fahr(t) vorsichtig! Die Straßen sind heute Nacht sehr glatt.
- ☐ **vorsichtig**

17.3 Individueller Verkehr

- ☐ **rush hour** *n* [ˈrʌʃˌaʊə]
- ☐ **traffic jam** *n* [ˈtræfɪkˌdʒæm]
- ☐ **traffic lights** *n pl* [ˈtræfɪkˌlaɪts]
- ☐ **roundabout** *n* [ˈraʊndəˌbaʊt]

- ☐ **traffic circle** *AE n* [ˈtræfɪkˌsɜːrkəl]

17.3 Individueller Verkehr

- ☐ **Hauptverkehrszeit**
- ☐ **Verkehrsstau**
- ☐ **Verkehrsampel**
- ☐ **Kreisverkehr** *(UK, USA: Autos im Kreis haben Vorfahrt)*
- ☐ **Kreisverkehr** *(einfahrende Autos haben Vorfahrt)*

17.3 Individueller Verkehr

- ☐ **road map** *n* ['rəʊdˌmæp]
- ☐ **slow down** *v* [ˌsləʊ'daʊn]
- ☐ **turning** *BE n* ['tɜːnɪŋ]
- ☐ **turn** *mainly AE n* [tɜːrn]

  Drive straight on. Then **take the next turn(ing)** on your right.

17.3 Individueller Verkehr

- ☐ **Straßenkarte**
- ☐ **langsamer fahren, abbremsen**
- ☐ **Abbiegung, Abzweigung**
- ☐ **Abbiegung, Abzweigung**

  Fahren Sie geradeaus. Nehmen Sie dann die nächste Abzweigung rechts.

17.3 Individueller Verkehr

☐ **parking** *n uncount* [ˈpɑːkɪŋ]
pay by phone parking

☐ **car park** *BE n* [ˈkɑːˌpɑːk]
☐ **parking lot** *AE n* [ˈpɑːrkɪŋˌlɑːt]
☐ **parking meter** *n* [ˈpɑːkɪŋˌmiːtə]
☐ **parking ticket** *n* [ˈpɑːkɪŋˌtɪkɪt]
☐ **traffic warden** *BE n* [ˈtræfɪkˌwɔːdᵊn]
☐ **traffic cop** *AE n* [ˈtræfɪkˌkɑːp]

17.3 Individueller Verkehr

- ☐ **Parken**
  Handy-Parken *(Verfahren, bei dem Parkgebühren durch Telefonanruf/ SMS und mit EC- oder Kreditkarte bezahlt werden)*
- ☐ **(großer) Parkplatz**
- ☐ **(großer) Parkplatz**
- ☐ **Parkuhr**
- ☐ **Strafzettel (für Falschparken)**
- ☐ *etwa:* **Hilfspolizist/Politesse**
- ☐ **Verkehrspolizist(in)**

18.1 Weltall, Erde, Landschaft

- [ ] the **universe** *n sing* [ˈjuːnɪvɜːs]
- [ ] **evolution** *n uncount* [ˌiːvəˈluːʃᵊn]
- [ ] **process** *n* [ˈprəʊses]

  The universe is still **in the process of** evolution.
- [ ] **expansion** *n uncount* [ɪkˈspæntʃᵊn]
- [ ] **dimension** *n* [ˌdaɪˈmenʃᵊn]

  The universe has three dimensions of space and one of time.

18 Natur, Umwelt, Ökologie

18.1 Weltall, Erde, Landschaft

- [ ] **das Weltall, das Universum**
- [ ] **(die) Evolution, (die) Entwicklung**
- [ ] **Vorgang, Prozess**

  Das Weltall befindet sich noch im Entwicklungsprozess.
- [ ] **Ausdehnung**
- [ ] **Dimension**

  Das Universum hat drei räumliche Dimensionen und eine zeitliche.

18.1 Weltall, Erde, Landschaft

- ☐ **galaxy** *n* ['gæləksi]
- ☐ the **solar system** *n sing* ['səʊlə,sɪsəm]
  Our solar system consists of the sun and its eight planets.
- ☐ **model** *n* ['mɒdəl]
  Newton developed a very realistic model of our solar system.

18.1 Weltall, Erde, Landschaft

- ☐ **Galaxie**
- ☐ **unser Sonnensystem**
  Unser Sonnensystem besteht aus der Sonne und ihren acht Planeten.
- ☐ **Modell(vorstellung)**
  Newton entwickelte ein sehr realistisches Modell unseres Sonnensystems.

18.1 Weltall, Erde, Landschaft

- ☐ **sunrise** *n uncount* ['sʌnraɪz]
- ☐ **dawn** *n uncount* [dɔːn]
  at dawn
- ☐ the **horizon** *n sing* [hə'raɪzᵊn]
  The sun was just coming up **over the horizon**.
- ☐ **sunlight** *n uncount* ['sʌnlaɪt]
- ☐ **sunset** *n uncount* ['sʌnset]
- ☐ **dusk** *n uncount* [dʌsk]
  at dusk
  from dusk to dawn
- ☐ **darkness** *n uncount* ['dɑːknɪs]

18 Natur, Umwelt, Ökologie

18.1 Weltall, Erde, Landschaft

- [ ] **Sonnenaufgang**
- [ ] **Morgendämmerung, -röte**
  bei Tagesanbruch, im Morgengrauen
- [ ] **Horizont**
  Die Sonne stieg gerade über den Horizont.
- [ ] **Sonnenlicht**
- [ ] **Sonnenuntergang**
- [ ] **Abenddämmerung**
  bei Einbruch der Dunkelheit
  von abends bis morgens
- [ ] **Dunkelheit, Finsternis**

18.1 Weltall, Erde, Landschaft

☐ **polar** *adj* [ˈpəʊlə]

18 Natur, Umwelt, Ökologie

18.1 Weltall, Erde, Landschaft

☐ **polar, Pol-**

18.1 Weltall, Erde, Landschaft

☐ **mud** *n uncount* [mʌd]
☐ **dirt** *n uncount* [dɜːt]

18.1 Weltall, Erde, Landschaft

- [ ] **Schlamm, Morast**
- [ ] **Schmutz, Dreck**

18.1 Weltall, Erde, Landschaft

☐ **cliff** *n* [klɪf]
the white cliffs of Dover

☐ **bare** *adj* [beə]
There was nothing but **bare rock** near the summit – no trees or bushes anywhere.

☐ **plain** *n* [pleɪn]
the Great Plains

☐ **valley** *n* ['væli]
the Thames valley

☐ **cave** *n* [keɪv]

18 Natur, Umwelt, Ökologie

18.1 Weltall, Erde, Landschaft

- [ ] **Felsen, Klippe**
  die weißen Klippen von Dover
- [ ] **kahl, nackt**
  In der Gipfelgegend gab es nichts als kahle Felsen – nirgendwo ein Baum oder Busch.
- [ ] **Ebene, Flachland**
  die Great Plains *(große Ebenen im Mittleren Westen der USA)*
- [ ] **Tal**
  das Themse-Tal
- [ ] **Höhle, Grotte**

18.1 Weltall, Erde, Landschaft

☐ **pond** *n* [pɒnd]

☐ **shore** *n uncount* [ʃɔː]

on the shore of the lake/river

☐ **reservoir** *n* [ˈrezəvwɑː]

a natural reservoir

18.1 Weltall, Erde, Landschaft

☐ **Teich**

☐ **Ufer**

am Ufer des Sees/Flusses

☐ **Wasserreservoir, Speichersee**

ein natürlicher Wasserspeicher

18.1 Weltall, Erde, Landschaft

☐ **coastal** *adj* [ˈkəʊstᵊl]

☐ the **seaside** *n sing* [ˈsiːsaɪd]
We're going to spend our next holiday **at the seaside**.

☐ **bay** *n* [beɪ]

☐ **tide** *n* [taɪd]
high/low tide

18.1 Weltall, Erde, Landschaft

- [ ] **Küsten-**
- [ ] **die (Meeres-)Küste**

  Wir wollen unseren nächsten Urlaub an der See verbringen.
- [ ] **Bucht**
- [ ] **Gezeiten**

  Flut/Ebbe

18 Natur, Umwelt, Ökologie

18.1 Weltall, Erde, Landschaft

- [ ] **disaster area** *n* [dɪˈzɑːstəˌeəriə]
- [ ] **disastrous** *adj* [dɪˈzɑːstrəs]

a disastrous flood/earthquake

- [ ] **earthquake** *n* [ˈɜːθkweɪk]
- [ ] **volcano** *n* [vɒlˈkeɪnəʊ]

18.1 Weltall, Erde, Landschaft

☐ **Katastrophengebiet**

☐ **verheerend, katastrophal**
eine verheerende Flut /
ein verheerendes Erdbeben

☐ **Erdbeben**

☐ **Vulkan**

18.2 Klima, Wetter

☐ **compass** *n* ['kʌmpəs]

points of the compass

☐ **north** *adj* [nɔːθ]

You can find almost every kind of climate in **North America**.

☐ **north-east** *adj; n uncount* [ˌnɔːθ'iːst]

☐ **north-west** *adj; n uncount* [ˌnɔːθ'west]

☐ **south** *adj* [saʊθ]

A warm **south wind** is blowing from the mountains today.

☐ **south-east** *adj; n uncount* [ˌsaʊθ'iːst]

☐ **south-west** *adj; n uncount* [ˌsaʊθ'west]

18.2 Klima, Wetter

☐ **Kompass**
Himmelsrichtungen

☐ **nördlich, Nord-**
In Nordamerika kann man fast alle Klimaarten antreffen.

☐ **nordöstlich, Nordost-; Nordosten**

☐ **nordwestlich, Nordwest-; Nordwesten**

☐ **südlich, Süd-**
Ein warmer Südwind weht heute von den Bergen.

☐ **südöstlich, Südost-; Südosten**

☐ **südwestlich, Südwest-; Südwesten**

18.2 Klima, Wetter

☐ **east** *adj* [iːst]
Venice is on **the east coast of** Italy.

☐ **west** *adj* [west]
the west shore of Lake Victoria

☐ **östlich, Ost-**
Venedig liegt an der Ostküste von Italien.

☐ **westlich, West-**
das Westufer des Viktoriasees

18.2 Klima, Wetter

- ☐ **thermometer** *n* [θəˈmɒmɪtə]
- ☐ **Celsius (C)** *n uncount* [ˈselsiəs]
- ☐ **Fahrenheit (F)** *n uncount* [ˈfærənhaɪt]

- ☐ **frost** *n* [frɒst]
- ☐ **freezing** *adj; n inform* [ˈfriːzɪŋ]
  It was **freezing cold** in their flat when they got home from their winter holiday.
- ☐ **icy** *adj* [ˈaɪsi]
  an icy wind
- ☐ **snowstorm** *n* [ˈsnəʊstɔːm]
  In the winter of 2009, there were terrible snowstorms in Western Europe.

18.2 Klima, Wetter

☐ **Thermometer**

☐ **Grad Celsius**

☐ **Grad Fahrenheit** *(Umrechnung in Grad C: 32° abziehen und mit 5/9 multiplizieren)*

☐ **Frost**

☐ **eiskalt; Gefrierpunkt (0°)**
Es war eiskalt in ihrer Wohnung, als sie aus dem Winterurlaub zurückkamen.

☐ **eisig, eiskalt**
ein eisiger Wind

☐ **Schneesturm**
Im Winter 2009 gab es in Westeuropa verheerende Schneestürme.

18.2 Klima, Wetter

- ☐ **sunshine** *n uncount* ['sʌnʃaɪn]
- ☐ **sunny** *adj* ['sʌni]
  a sunny day
- ☐ **tropical** *adj* ['trɒpɪkᵊl]
  tropical climate/heat

18.2 Klima, Wetter

- ☐ **Sonnenschein**
- ☐ **sonnig**
  ein Sonnentag
- ☐ **Tropen-, tropisch**
  Tropenklima / tropische Hitze

18.2 Klima, Wetter

☐ **humid** *adj* [ˈhjuːmɪd]
The tropical island was known for its **humid air**.

☐ **rainy** *adj* [ˈreɪni]
a rainy day

☐ **rainbow** *n* [ˈreɪnbəʊ]

☐ **fog** *n uncount* [fɒg]

☐ **foggy** *adj* [ˈfɒgi]

☐ **cloudy** *adj* [ˈklaʊdi]

18.2 Klima, Wetter

- ☐ **feucht; schwül**
  Die Tropeninsel war bekannt für ihre feuchte Luft.
- ☐ **regnerisch, Regen-**
  ein Regentag
- ☐ **Regenbogen**
- ☐ **Nebel**
- ☐ **neblig**
- ☐ **bewölkt, wolkig**

18.2 Klima, Wetter

- ☐ **windy** *adj* ['wɪndi]
- ☐ **thunderstorm** *n* ['θʌndəstɔːm]
- ☐ **thunder** *n uncount* ['θʌndə]
- ☐ **lightning** *n uncount* ['laɪtnɪŋ]
  a flash of lightning
- ☐ **hurricane** *n* ['hʌrɪkən]

18.2 Klima, Wetter

- ☐ **windig**
- ☐ **Gewitter**
- ☐ **Donner**
- ☐ **Blitz(en)**
  ein Blitz
- ☐ **Wirbelsturm, Hurrikan**

18.3 Materie, Stoffe, Energie

- ☐ **atom** *n* ['ætəm]
- ☐ **density** *n uncount* ['densɪti]
  Heavy substances are of **high density**.
- ☐ **solid** *n* ['sɒlɪd]
  Iron and rock are solids; water and oil are liquids.
- ☐ **liquid** *n* ['lɪkwɪd]
- ☐ **mineral** *n* ['mɪnᵊrᵊl]

  Copper and salt are both minerals.

- ☐ **chemical** *adj* ['kemɪkᵊl]

18.3 Materie, Stoffe, Energie

- ☐ **Atom**
- ☐ **Dichte**
  Schwere Stoffe haben eine hohe Dichte.
- ☐ **fester Stoff, Feststoff**
  Eisen und Fels sind feste Stoffe, Wasser und Öl sind Flüssigkeiten.
- ☐ **Flüssigkeit**
- ☐ **Mineral** *(natürlicher Stoff aus der Erde)*
  Kupfer und Salz sind beide Mineralien.
- ☐ **chemisch**

18.3 Materie, Stoffe, Energie

- ☐ **precious metal** *n* [ˌpreʃəsˈmetᵊl]
- ☐ **copper** *adj; n uncount* [ˈkɒpə]
- ☐ **miner** *n* [ˈmaɪnə]
- ☐ **calcium** *adj; n uncount* [ˈkælsiəm]
- ☐ **marble** *adj; n uncount* [ˈmɑːbᵊl]
- ☐ **diamond** *adj; n* [ˈdaɪəmənd]
- ☐ **uranium** *adj; n uncount* [jʊˈreɪniəm]
  Natural uranium is used to produce both nuclear fuel and nuclear bombs.

18.3 Materie, Stoffe, Energie

- [ ] **Edelmetall**
- [ ] **Kupfer-, kupfern; Kupfer**
- [ ] **Bergarbeiter(in), Kumpel**
- [ ] **Kalk-; Kalzium**
- [ ] **Marmor-, marmorn; Marmor**
- [ ] **Diamant-, diamanten; Diamant**
- [ ] **Uran-; Uran**

  Natururan wird zur Herstellung von Kernbrennstoff wie auch von Atombomben verwendet.

18.3 Materie, Stoffe, Energie

- ☐ **rubber** *adj; n uncount* [ˈrʌbə]
- ☐ **wax** *n uncount* [wæks]

18.3 Materie, Stoffe, Energie

- [ ] **Gummi-; Gummi**
- [ ] **Wachs**

18.3 Materie, Stoffe, Energie

- ☐ **power station** *BE n* [ˈpaʊəˌsteɪʃᵊn]
- ☐ **power plant** *AE n* [ˈpaʊɚˌplænt]
- ☐ **power cut** *BE n* [ˈpaʊəˌkʌt]
- ☐ **power outage** *AE n* [ˈpaʊɚˌaʊt̬ɪdʒ]
- ☐ **wind power** *n uncount* [ˈwɪndˌpaʊə]
- ☐ **wind turbine** *n* [ˈwɪndˌtɜːbaɪn]
- ☐ **wind farm** *n* [ˈwɪndˌfɑːm]

18.3 Materie, Stoffe, Energie

- ☐ **Kraftwerk, E-Werk**
- ☐ **Kraftwerk, E-Werk**
- ☐ **Stromabschaltung, Stromausfall**
- ☐ **Stromausfall, Stromabschaltung**
- ☐ **Windenergie**
- ☐ **Windrad, Windkraftwerk**
- ☐ **Windpark**

18.3 Materie, Stoffe, Energie

- ☐ **solar** *adj* [ˈsəʊlə]
- ☐ **solar energy** *n uncount* [ˌsəʊlərˈenədʒi]
- ☐ **solar panel** *n* [ˌsəʊləˈpænᵊl]
- ☐ **grid** *n* [ɡrɪd]

  Nowadays anyone can supply green electricity to the **national grid**.

18.3 Materie, Stoffe, Energie

- ☐ **Solar-, Sonnen-**
- ☐ **Solar-/Sonnenenergie**

- ☐ **Solar-/Sonnenkollektor, Solarmodul**
- ☐ **Verteilernetz, Stromnetz**

  Jedermann kann heute Ökostrom ins öffentliche Netz einspeisen.

18.3 Materie, Stoffe, Energie

☐ **fossil fuel** *n* [ˈfɒsəlˌfjuːəl]

Coal, oil and gas are all fossil fuels.

18.3 Materie, Stoffe, Energie

☐ **fossiler Brennstoff**

Kohle, Öl und Gas sind sämtlich fossile Brennstoffe.

18.4 Pflanzen, Garten, Landwirtschaft

- [ ] **herb** *n* [hɜːb]
  a herb garden
- [ ] **weed** *n* [wiːd]
  There are weeds in every garden.

18 Natur, Umwelt, Ökologie

18.4 Pflanzen, Garten, Landwirtschaft

- [ ] **Gewürzkraut; Heilpflanze**
  ein Kräutergarten
- [ ] **Unkraut**
  In jedem Garten gibt es Unkraut.

18.4 Pflanzen, Garten, Landwirtschaft

- ☐ **gardener** *n* [ˈgɑːdnə]
- ☐ **gardening** *n uncount* [ˈgɑːdᵊnɪŋ]
  gardening tools
- ☐ **allotment** *BE n* [əˈlɒtmənt]
- ☐ **lawn** *n* [lɔːn]
  If you want a **neat lawn**, cut the grass once a week.

18.4 Pflanzen, Garten, Landwirtschaft

- [ ] **Gärtner(in)**
- [ ] **Gartenarbeit, Gärtnern**
  Gartengeräte
- [ ] **Schrebergarten, kleiner Nutzgarten**
- [ ] **Rasen**
  Wenn Sie einen gepflegten Rasen wollen, mähen Sie das Gras einmal pro Woche.

18.4 Pflanzen, Garten, Landwirtschaft

- [ ] **spade** *n* [speɪd]
- [ ] **water** *v* [ˈwɔːtə]
  water the flowers
- [ ] **well** *n* [wel]
- [ ] **bucket** *n* [ˈbʌkɪt]
- [ ] **hose** *n* [həʊz]
- [ ] **spray** *n; v* [spreɪ]
- [ ] **lawnmower** *n* [ˈlɔːnˌməʊə]

18.4 Pflanzen, Garten, Landwirtschaft

- [ ] **Spaten**
- [ ] **wässern, gießen**
  die Blumen gießen
- [ ] **Brunnen**
- [ ] **Eimer**
- [ ] **Wasserschlauch, Gartenschlauch**
- [ ] **Spray, Sprühnebel; sprühen**
- [ ] **Rasenmäher**

18.4 Pflanzen, Garten, Landwirtschaft

☐ **national park** *n* [ˌnæʃᵊnᵊlˈpɑːk]

☐ **Nationalpark, Naturschutzgebiet**

18.4 Pflanzen, Garten, Landwirtschaft

- [ ] **oak** *n* [əuk]
- [ ] **pine (tree)** *n* ['paɪn(ˌtriː)]
- [ ] **trunk** *n* [trʌŋk]

  a tree trunk
- [ ] **bark** *n uncount* [bɑːk]
- [ ] **blossom** *n; v* ['blɒsəm]

  apple/cherry blossom
- [ ] **hedge** *n* [hedʒ]

18.4 Pflanzen, Garten, Landwirtschaft

- [ ] **Eiche**
- [ ] **Kiefer; Pinie (BE)**
- [ ] **Stamm**
  ein Baumstamm
- [ ] **Rinde**
- [ ] **(Baum-)Blüte; blühen**
  Apfel-/Kirschblüte
- [ ] **Hecke**

18.4 Pflanzen, Garten, Landwirtschaft

- ☐ **rainforest** *n* ['reɪnˌfɒrɪst]
- ☐ **vegetation** *n uncount* [ˌvedʒɪ'teɪʃᵊn]

- ☐ **cut down**, cut down, cut down
  phrasal v [ˌkʌt'daʊn]
- ☐ **log** *n* [lɒg]
  The workers were piling up the heavy logs.
- ☐ **pile up** *phrasal v* [ˌpaɪl'ʌp]

18.4 Pflanzen, Garten, Landwirtschaft

- [ ] **Regenwald**
- [ ] **Vegetation, natürlicher Pflanzenbewuchs**
- [ ] **fällen, abhacken**

- [ ] **Teil eines gefällten Baumstamms**
  Die Arbeiter schichteten die schweren Baumstämme auf.
- [ ] **aufschichten, auftürmen**

18.4 Pflanzen, Garten, Landwirtschaft

- ☐ **agriculture** *n uncount* ['ægrɪkʌltʃə]
  Many more people in Europe are employed in industry than in agriculture.
- ☐ **agricultural** *adj* [ˌægrɪ'kʌltʃᵊrᵊl]
  Argentina's an agricultural country.
  an agricultural area
- ☐ **farming** *n uncount* ['fɑːmɪŋ]
  He gave up farming to become a factory worker.
- ☐ **farm** *n* [fɑːm]
  farm products
- ☐ **farmer** *n* ['fɑːmə]

18.4 Pflanzen, Garten, Landwirtschaft

- [ ] **(die) Landwirtschaft**
  In Europa arbeiten viel mehr Menschen in der Industrie als in der Landwirtschaft.
- [ ] **landwirtschaftlich, Landwirtschafts-**
  Argentinien ist ein Agrarland.
  ein Landwirtschaftsgebiet
- [ ] **Ackerbau und Viehzucht**
  Er gab die Landwirtschaft auf und wurde Fabrikarbeiter.
- [ ] **Bauernhof**
  landwirtschaftliche Erzeugnisse
- [ ] **Landwirt(in), Bauer/Bäuerin**

18.4 Pflanzen, Garten, Landwirtschaft

☐ **intensive** *adj* [ɪnˈtensɪv]
intensive farming

☐ **tractor** *n* [ˈtræktə]

☐ **plough** *n; v* [plaʊ]

☐ **cultivate** *v* [ˈkʌltɪveɪt]
A lot of land in the Brazilian rainforests has never been cultivated.

The farmers in this area cultivate wheat and vegetables.

☐ **fertile** *adj* [ˈfɜːtaɪl]
fertile soil/land

☐ **sow**, sowed, sown/sowed *v*
[səʊ, səʊd, səʊn/səʊd]
In spring **corn is sown** in the fields.

18.4 Pflanzen, Garten, Landwirtschaft

- [ ] **intensiv, Intensiv-**
  intensive Landwirtschaft *(mit hohem Chemie- und Maschineneinsatz)*
- [ ] **Traktor**
- [ ] **Pflug; pflügen**
- [ ] **urbar machen; anbauen**
  Sehr viel Land in den Regenwäldern Brasiliens ist noch nie urbar gemacht worden.
  Die Bauern hier in der Gegend bauen Weizen und Gemüse an.
- [ ] **fruchtbar**
  fruchtbarer Boden / fruchtbares Land
- [ ] **(an)säen**

  Im Frühling wird auf den Feldern Getreide angesät.

18.4 Pflanzen, Garten, Landwirtschaft

☐ **grain** *n uncount* [greɪn]

☐ **corn** *BE n uncount* [kɔːn]

☐ **maize** *BE n uncount* [meɪz]

☐ **corn** *AE n uncount* [kɔːrn]

What is called "corn" in the US, is known as "maize" in the UK.

☐ **wheat** *n uncount* [wiːt]

☐ **barley** *n uncount* [ˈbɑːli]

☐ **rye** *n uncount* [raɪ]

18.4 Pflanzen, Garten, Landwirtschaft

- ☐ **Getreide** *(besonders Weizen und Gerste)*
- ☐ **Getreide, Weizen**
- ☐ **Mais**
- ☐ **Mais**

  Was in den USA „corn“ genannt wird, heißt in Großbritannien „maize“.
- ☐ **Weizen**
- ☐ **Gerste**
- ☐ **Roggen**

18.4 Pflanzen, Garten, Landwirtschaft

- ☐ **ripe** *adj* [raɪp]
- ☐ **harvest** *n; v* [ˈhɑːvɪst]
- ☐ **straw** *n uncount* [strɔː]
- ☐ **hay** *n uncount* [heɪ]

18.4 Pflanzen, Garten, Landwirtschaft

- [ ] **reif**
- [ ] **Ernte, Erntezeit; ernten**
- [ ] **Stroh**
- [ ] **Heu**

18.5 Tiere, Tierhaltung

- ☐ **cattle** *n pl* ['kætᵊl]
  He's got more than a hundred cattle in his barn.
- ☐ **barn** *n* [bɑːn]
- ☐ **milk** *v* [mɪlk]
  Learning how to **milk a cow** is quite difficult.
- ☐ **bull** *n* [bʊl]
- ☐ **calf**, *pl* calves *n* [kɑːf, kɑːvz]

18.5 Tiere, Tierhaltung

- [ ] **Vieh, Rinder**
  Er hat mehr als hundert Stück Vieh in seinem Stall.
- [ ] **Kuhstall, Rinderstall**
- [ ] **melken**
  Es ist ziemlich schwer zu lernen, wie man eine Kuh melkt.
- [ ] **Bulle, Stier**
- [ ] **Kalb**

18.5 Tiere, Tierhaltung

- [ ] **lamb** *n* [læm]
- [ ] **goat** *n* [gəʊt]
- [ ] **pony** *n* ['pəʊni]

18.5 Tiere, Tierhaltung

- ☐ **Lamm**
- ☐ **Ziege**
- ☐ **Pony**

18.5 Tiere, Tierhaltung

☐ **wildlife** *n uncount* ['waɪld,laɪf]

There's plenty of wildlife in some parts of Africa: elephants, lions, zebras etc.

☐ **lion** *n* ['laɪən]

☐ **tiger** *n* ['taɪgə]

☐ **bear** *n* [beə]

☐ **roar** *v* [rɔː]

We could hear the lions and tigers in the zoo roaring.

☐ **bark** *v* [bɑːk]

18.5 Tiere, Tierhaltung

- [ ] **(die) natürliche Tier- und Pflanzenwelt**
  In manchen Teilen Afrikas gibt es eine Fülle frei lebender Tiere: Elefanten, Löwen, Zebras usw.
- [ ] **Löwe**
- [ ] **Tiger**
- [ ] **Bär**
- [ ] **brüllen**
  Wir konnten die Löwen und Tiger im Zoo brüllen hören.
- [ ] **bellen**

18.5 Tiere, Tierhaltung

- ☐ **elephant** *n* ['elɪfənt]
- ☐ **rabbit** *n* ['ræbɪt]
- ☐ **fox** *n* [fɒks]
- ☐ **wolf**, *pl* wolves *n* [wʊlf, wʊlvz]

18.5 Tiere, Tierhaltung

- ☐ **Elefant**
- ☐ **Kaninchen**
- ☐ **Fuchs**
- ☐ **Wolf**

18.5 Tiere, Tierhaltung

- [ ] **whale** *n* [weɪl]
- [ ] **dolphin** *n* [ˈdɒlfɪn]
- [ ] **seal** *n* [siːl]

18.5 Tiere, Tierhaltung

- [ ] **Wal**
- [ ] **Delphin**
- [ ] **Robbe, Seehund**

18.5 Tiere, Tierhaltung

- ☐ **feather** *n* [ˈfeðə]
- ☐ **nest** *n* [nest]
- ☐ **goose**, *pl* geese *n* [guːs, giːs]
- ☐ **duck** *n* [dʌk]
- ☐ **turkey** *n* [ˈtɜːki]
- ☐ **cage** *n* [keɪdʒ]
  Some farmers still take their ducks to market in a cage.

- ☐ **factory farm** *n uncount* [ˈfæktəriˌfɑːm]

- ☐ **eagle** *n* [ˈiːgəl]

18.5 Tiere, Tierhaltung

- [ ] **Feder**
- [ ] **Nest**
- [ ] **Gans**
- [ ] **Ente**
- [ ] **Truthahn, Truthenne**
- [ ] **(Vogel-)Käfig**
  Manche Bauern bringen ihre Enten immer noch in einem Käfig zum Markt.
- [ ] **Tierfabrik, automatisierte Tierhaltung**
- [ ] **Adler**

18.5 Tiere, Tierhaltung

- ☐ **fish** *v* [fɪʃ]
- ☐ **fishing** *n uncount* [ˈfɪʃɪŋ]
  a fishing boat
- ☐ **fisherman**, *pl* fishermen *n* [ˈfɪʃəmən]

18.5 Tiere, Tierhaltung

- [ ] **fischen, angeln**
- [ ] **Fischfang, Angeln**

  ein Fischkutter, ein Fischerboot
- [ ] **Fischer, Angler**

18.5 Tiere, Tierhaltung

- ☐ **trout**, *pl* trout *n* [traʊt]
- ☐ **salmon**, *pl* salmon *n* ['sæmən]

18.5 Tiere, Tierhaltung

- [ ] **Forelle**
- [ ] **Lachs**

18.5 Tiere, Tierhaltung

☐ **hunt** *v* [hʌnt]
Many people hunt wild animals as a sport.

☐ **hunting** *n uncount* [ˈhʌntɪŋ]

☐ **hunter** *n* [hʌntə]

☐ **trap** *n* [træp]
set a trap
a mouse trap

☐ **fur** *n uncount* [fɜː]
a fox/rabbit fur

18.5 Tiere, Tierhaltung

- ☐ **jagen, auf die Jagd gehen**
  Viele Leute betreiben die Jagd auf Wildtiere als Sport.
- ☐ **Jagd, Jagen**
- ☐ **Jäger(in)**
- ☐ **Falle**
  eine Falle aufstellen
  eine Mausefalle
- ☐ **Fell, Pelz**
  ein Fuchs-/Kaninchenpelz

18.5 Tiere, Tierhaltung

- [ ] **snake** *n* [sneɪk]
- [ ] **worm** *n* [wɜːm]

18.5 Tiere, Tierhaltung

- ☐ **Schlange**
- ☐ **Wurm**

18.5 Tiere, Tierhaltung

- [ ] **bee** *n* [biː]
- [ ] **fly** *n* [flaɪ]
- [ ] **sting** *n* [stɪŋ]

  I had five **bee stings** last summer.

- [ ] **ant** *n* [ænt]
- [ ] **butterfly** *n* ['bʌtəflaɪ]
- [ ] **spider** *n* ['spaɪdə]

18.5 Tiere, Tierhaltung

- ☐ **Biene**
- ☐ **Fliege**
- ☐ **Stachel; Stich**

  Ich hatte vergangenen Sommer fünf Bienenstiche.
- ☐ **Ameise**
- ☐ **Schmetterling**
- ☐ **Spinne**

18.5 Tiere, Tierhaltung

☐ **vet** *n* [vet]
I'm afraid we'll have to **take** the cat **to the local vet**.

18.5 Tiere, Tierhaltung

☐ **Tierarzt/-ärztin**
Ich fürchte, wir müssen mit unserer Katze zum hiesigen Tierarzt!

18.6 Stadt, Land

- [ ] **city centre** *BE n* [ˌsɪtiˈsentə]
- [ ] **downtown** *AE n* [ˌdaʊnˈtaʊn]

  downtown Chicago
- [ ] **suburb** *n* [ˈsʌbɜːb]

  Today more people live **in the suburbs** than in the city centre.

18.6 Stadt, Land

- [ ] **Stadtzentrum, Innenstadt, City**
- [ ] **Stadtzentrum, Innenstadt, City**
  das Stadtzentrum von Chicago
- [ ] **Vorort, Wohngebiet am Stadtrand**
  Heute wohnen mehr Menschen in den Vororten als im Stadtzentrum.

18.6 Stadt, Land

- [ ] **populated** *v* ['pɒpjəleɪtɪd]
  a densely populated area
- [ ] **inhabitant** *n* [in'hæbɪtᵊnt]
- [ ] **residential** *adj* [ˌrezɪ'denʃᵊl]
  The London Docks, also known as "the Docklands", have become a very popular **residential area**.

- [ ] **slum** *n* [slʌm]

18.6 Stadt, Land

☐ **besiedelt, bewohnt**
ein dicht besiedeltes Gebiet

☐ **Einwohner(in)**

☐ **Wohn-**
Das Londoner Hafenviertel, auch als „Docklands" bekannt, ist zu einem sehr beliebten Wohngebiet geworden.

☐ **Slum, Elendsviertel**

18.6 Stadt, Land

- ☐ **landscape** *n* ['lænskeɪp]
- ☐ **village** *BE* *n* ['vɪlɪdʒ]
- ☐ **small town** *AE* *n* [ˌsmɔːl'taʊn]

18.6 Stadt, Land

- [ ] **Landschaft**
- [ ] **Dorf**
- [ ] **Dorf**

18.7 Ökologie, Umweltschutz

- ☐ **ecology** *n uncount* [iːˈkɒlədʒi]
- ☐ **ecosystem** *n* [ˈiːkəʊˌsɪstəm]
  All the animals and plants that live in one ecosystem (for example a forest) depend on each other.
- ☐ **adapt** *v* [əˈdæpt]
  Plants and animals have always **adapted to** their natural surroundings.
- ☐ **natural resources** *n pl* [ˌnætʃᵊrᵊlrɪˈsɔːsɪz]
  Britain used to be **rich in natural resources**.

18.7 Ökologie, Umweltschutz

- [ ] **Ökologie; Umweltforschung**
- [ ] **Ökosystem**

  Alle Tiere und Pflanzen, die in einem Ökosystem (z. B. einem Wald) leben, sind voneinander abhängig.
- [ ] **(sich) anpassen**

  Die Pflanzen und Tiere haben sich schon immer an ihre natürliche Umwelt angepasst.
- [ ] **Bodenschätze, natürliche Ressourcen**

  Früher war Großbritannien reich an natürlichen Ressourcen.

18.7 Ökologie, Umweltschutz

☐ **pollute** *v* [pə'luːt]
Worldwide, many rivers and lakes have been **heavily polluted** with industrial waste.

☐ **pollutant** *n* [pə'luːtᵊnt]
Planes and lorries emit tremendous amounts of pollutants.

☐ **emit** *v* [ɪ'mɪt]

☐ **emission** *n* [ɪ'mɪʃᵊn]
Carbon emissions caused by human activity have been increasing for approximately 250 years.

The most promising zero-emissions vehicle (ZEV) is the electric car.

☐ **carbon emissions** *n pl*
[ˌkaːbᵊnɪ'mɪʃᵊnz]

18.7 Ökologie, Umweltschutz

- [ ] **verschmutzen, verunreinigen**
  Weltweit sind viele Flüsse und Seen durch Industrieabwässer stark verschmutzt worden.
- [ ] **Schadstoff**
  Flugzeuge und Lastwagen stoßen gewaltige Schadstoffmengen aus.
- [ ] **emittieren, ausstoßen**
- [ ] **(Schadstoff-)Emission, Ausstoß**
  Die Kohlenstoff-Emissionen, die durch menschliche Aktivitäten verursacht sind, steigen seit ca. 250 Jahren laufend an.
  Das erfolgversprechendste emissionsfreie Fahrzeug ist das Elektroauto.
- [ ] **Kohlenstoff-Emission(en)**

18.7 Ökologie, Umweltschutz

- [ ] **exhaust** *n* [ɪg'zɔːst]
  exhaust fumes
- [ ] **fumes** *n pl* [fjuːmz]
- [ ] **acid rain** *n uncount* [ˌæsɪd'reɪn]
- [ ] **smog** *n uncount* [smɒg]
  Smog consists of fog, smoke and gases from factories and cars.
- [ ] **harm** *v* [hɑːm]
  Traffic fumes **harm the environment** and human health.
- [ ] **filter** *n* ['fɪltə]

18.7 Ökologie, Umweltschutz

- ☐ **Auspuffabgas(e)**
  Auspuffgase, Autoabgase
- ☐ **Abgas(e)**
- ☐ **saurer Regen**
- ☐ **stark verschmutzte Luft, Smog**
  Smog besteht aus Nebel, Rauch und Abgasen von Fabriken und Autos.
- ☐ **schaden, Schaden zufügen**
  Verkehrsabgase schaden der Umwelt und der menschlichen Gesundheit.
- ☐ **Filter**

18.7 Ökologie, Umweltschutz

☐ **global warming** *n uncount*
[ˌgləʊbəlˈwɔːmɪŋ]

☐ **climate change** *n uncount*
[ˈklaɪmətˌtʃeɪndʒ]

☐ the **greenhouse effect** *n sing*
[ˈgriːnhaʊsɪˌfekt]

☐ **ice cap** *n* [ˈaɪsˌkæp]
The **polar ice caps** and the glaciers are melting due to global warming.

☐ **glacier** *n* [ˈglæziə]

☐ **erosion** *n uncount* [ɪˈrəʊʒən]
coastal erosion / soil erosion

18.7 Ökologie, Umweltschutz

☐ **globale Erwärmung, Erderwärmung**

☐ **Klimawandel/-veränderung**

☐ **der Treibhauseffekt**

☐ **Eiskappe, Eisdecke**
Die Eiskappen der Pole und die Gletscher schmelzen wegen der Erderwärmung.

☐ **Gletscher**

☐ **Erosion**
Küstenerosion / Bodenerosion
(Verlust der fruchtbaren Humusschicht)

18.7 Ökologie, Umweltschutz

☐ **greenhouse gas** *n* [ˌgriːnhaʊsˈgæs]

☐ **carbon dioxide (CO_2)** *n* [ˌkɑːbᵊndaɪˈɒksaɪd]
The **CO_2 emissions** from power stations, factories and vehicles have to be reduced by 50 % by 2050.

☐ **carbon footprint** *n* [ˌkɑːbᵊnˈfʊtprɪnt]

☐ **carbon tax** *n* [ˌkɑːbᵊnˈtæks]

☐ **methane (CH_4)** *n uncount* [ˈmiːθeɪn]

☐ **carbon (C)** *n uncount* [ˈkɑːbᵊn]

☐ **oxygen (CO_2)** *n uncount* [ˈɒksɪdʒən]

☐ **hydrogen (H)** *n uncount* [ˈhaɪdrədʒən]

18.7 Ökologie, Umweltschutz

- ☐ **Treibhausgas** *(z. B. Kohlendioxid, Methan)*
- ☐ **Kohlendioxid**

Die CO_2-Emissionen aus Kraftwerken, Fabriken und Fahrzeugen müssen bis 2050 um 50 % verringert werden.

- ☐ **CO_2-Konto** *(CO_2-Emissionen durch Aktivitäten einer Person)*
- ☐ **Kohlenstoff-Emissionssteuer** *(Steuer auf die Menge freigesetzter Kohlenstoff-Verbindungen)*
- ☐ **Methan**
- ☐ **Kohlenstoff**
- ☐ **Sauerstoff**
- ☐ **Wasserstoff**

18.7 Ökologie, Umweltschutz

☐ **radiation** *n uncount* [ˌreɪdiˈeɪʃᵊn]

☐ **radioactive** *adj* [ˌreɪdɪəʊˈæktɪv]

radioactive waste

☐ **exposed** *adj* [ɪkˈspəʊzd]

We are being **exposed to** dangerous radiation because of the hole in the ozone layer.

☐ **ozone (CO_3)** *n uncount* [ˈəʊzəʊn]

☐ the **ozone layer** *n sing* [ˈəʊzəʊnˌleɪə]

The biggest **hole in the ozone layer** has been observed in the atmosphere above Australia and New Zealand.

18.7 Ökologie, Umweltschutz

☐ **(radioaktive) Strahlung**
☐ **radioaktiv**
radioaktive Abfälle, Atommüll
☐ **ausgesetzt, exponiert**
Wegen des Ozonlochs sind wir gefährlicher Strahlung ausgesetzt.

☐ **Ozon** *(dreiatomiger Sauerstoff)*
☐ **Ozonschicht**
Das größte Ozonloch ist in der Atmosphäre über Australien und Neuseeland beobachtet worden.

18.7 Ökologie, Umweltschutz

☐ **consume** *v* [kən'sjuːm]
The more goods we consume, the more waste we produce.

☐ **prevention** *n uncount* [prɪ'venʃᵊn]
Waste prevention ought to be standard practice for industry and private households.

☐ **litter** *n uncount; v* ['lɪtə]
Many mountain tops are covered with litter from tourists.
At the end of the open-air festival, the lawns were **littered with** waste.

☐ **sewage** *n uncount* ['suːɪdʒ]

18.7 Ökologie, Umweltschutz

☐ **verbrauchen, konsumieren**
Je mehr Waren wir verbrauchen, desto mehr Müll produzieren wir.

☐ **Vermeidung, Verhütung**
Müllvermeidung sollte in der Industrie und in privaten Haushalten Standardpraxis sein.

☐ **Abfälle; Abfälle liegen lassen**
Viele Berggipfel sind von Abfällen der Touristen übersät.
Am Ende des Open-Air-Festivals waren die Rasenflächen mit Müll übersät.

☐ **Abwasser**

18.7 Ökologie, Umweltschutz

- [ ] **dispose of** *phrasal v* [dɪˈspəʊzəv]
Disposing of waste and sewage has become a serious problem for many big cities.
- [ ] **disposal** *n uncount* [dɪˈspəʊzᵊl]
waste disposal
a waste disposal site
- [ ] **dump** *n; v* [dʌmp]

rubbish dump
Dumping prohibited!

- [ ] **tip** *BE n* [tɪp]

18.7 Ökologie, Umweltschutz

- ☐ **(etw.) beseitigen, entsorgen**
  Für viele Großstädte ist die Entsorgung von Müll und Abwasser zu einem ernsten Problem geworden.
- ☐ **Beseitigung, Entsorgung**
  Müllbeseitigung/-entsorgung
  eine Mülldeponie
- ☐ **Abfallhaufen, Müllkippe; (Müll) ablagern**
  Müllabladeplatz, Müllhalde
  Müll abladen verboten! *(Hinweisschild)*
- ☐ **Müllkippe**

18.7 Ökologie, Umweltschutz

- ☐ **dustman**, *BE pl* dustmen *n* ['dʌstmən]
- ☐ **garbage collector** *AE n* ['gɑːrbɪdʒkəˌlektɚ]
- ☐ **biodegradable** *adj* [ˌbaɪədɪ'greɪdəbᵊl]
- ☐ **reusable** *adj* [ˌrɪ'juːzəbᵊl]
- ☐ **returnable** *adj* [rɪ'tɜːnəbᵊl]
  a returnable bottle
- ☐ **bottle bank** *BE n* ['bɒtlˌbæŋk]

18.7 Ökologie, Umweltschutz

- ☐ **Müllmann**
- ☐ **Müllmann**

- ☐ **biologisch abbaubar**
- ☐ **wiederverwertbar**
- ☐ **Mehrweg-**
  eine Mehrwegflasche
- ☐ **Altglascontainer**

18.7 Ökologie, Umweltschutz

☐ **recycle** *v* [ˌriːˈsaɪkəl]
It's now possible to recycle more and more industrial products, even complete cars.
recycled paper/glass

☐ **wastepaper** *n uncount* [ˌweɪstˈpeɪpə]

☐ **recycling** *n uncount* [ˌriːˈsaɪklɪŋ]
recycling centre

18.7 Ökologie, Umweltschutz

☐ **wiederverwerten**
Es ist heute möglich, immer mehr Industrieprodukte wieder zu verwerten, sogar ganze Autos.
Recyclingpapier / Recyclingglas

☐ **Altpapier**

☐ **Wiederverwertung**
Wertstoffsammelstelle, Recyclinghof

18.7 Ökologie, Umweltschutz

☐ **eco-friendly** *adj* [ˈiːkəʊˌfrendli]

☐ **sustainable** *adj* [səˈsteɪnəbᵊl]

The **sustainable development** of society must be based on an eco-friendly lifestyle of its members.

☐ **biodiversity** *n uncount* [ˌbaɪəʊdaɪˈvɜːsəti]

We have to maintain biodiversity in order to give mankind a future.

18.7 Ökologie, Umweltschutz

- [ ] **umweltfreundlich**
- [ ] **nachhaltig**

  Die nachhaltige Entwicklung der Gesellschaft braucht als Grundlage einen umweltfreundlichen Lebensstil ihrer Mitglieder.
- [ ] **Vielfalt der Lebewesen**

  Wir müssen die Lebensvielfalt erhalten, um der Menschheit eine Zukunft zu geben.

18.7 Ökologie, Umweltschutz

- ☐ **conserve** *v* [kən'sɜːv]
  conserve energy/water
- ☐ **renewable** *adj* [rɪ'njuːəbᵊl]
  renewable energy
- ☐ **short-term** *adj* ['ʃɔːttɜːm]
  short-term effect
- ☐ **long-term** *adj* ['lɒŋtɜːm]
  long-term effect

18.7 Ökologie, Umweltschutz

- ☐ **einsparen**
  Energie/Wasser einsparen
- ☐ **erneuerbar, regenerierbar**
  erneuerbare Energie
- ☐ **kurzfristig, Kurzzeit-**
  kurzfristige Wirkung
- ☐ **langfristig, Langzeit-**
  langfristige Wirkung

18.7 Ökologie, Umweltschutz

☐ **environmentalist** *n* [ɪnˌvaɪrᵊnˈmentᵊlɪst]

☐ **committed** *adj* [kəˈmɪtɪd]
Dora is an **actively committed** environmentalist.
Robin is **committed to** saving the environment.

☐ **ecological** *adj* [ˌiːkəˈlɒdʒɪkᵊl]
the ecological movement

☐ **Greenpeace** *n sing* [ˈgriːnpiːs]

☐ **Friends of the Earth International** *n sing* [ˌfrendzəvðiˈɜːθɪntəˈnæʃᵊnᵊl]

18.7 Ökologie, Umweltschutz

- ☐ **Umweltschützer(in)**

- ☐ **engagiert**
  Dora ist eine aktiv engagierte Umweltschützerin.
  Robin engagiert sich für die Erhaltung der Umwelt.
- ☐ **ökologisch**
  die Ökologiebewegung
- ☐ **Greenpeace** *(unabhängige Umweltschutz-Organisation)*
- ☐ *etwa:* **Internationaler Verband der Freunde der Erde** *(Weltverband der größten nationalen Umweltschutz-Verbände)*

19.1 Raum

☐ **situated** *adj* ['sɪtjueɪtɪd]
Las Vegas is situated in the south-western corner of the state of Nevada.

19 Raum und Zeit

19.1 Raum

☐ **gelegen**

Las Vegas liegt im Südwesten des US-Bundesstaates Nevada.

19.1 Raum

☐ **everywhere** *adv* ['evriweə]
Mr Jones takes his dog with him everywhere.

19 Raum und Zeit

19.1 Raum

☐ **überall(hin)**
Herr Jones nimmt seinen Hund überallhin mit.

19.1 Raum

☐ **nearby** *adj; adv* [ˌnɪəˈbaɪ]
The nearby factory caused quite a smell in the neighbourhood.

My brother lives nearby – just two houses down.

☐ **opposite** *BE adv* [ˈɒpəzɪt]
Sally lives in the house opposite.

19 Raum und Zeit

19.1 Raum

☐ **nahe (gelegen), in der Nähe**
Die nahe gelegene Fabrik verursachte einen ziemlichen Gestank in der Umgebung.
Mein Bruder wohnt in der Nähe – nur zwei Häuser weiter.

☐ **gegenüber(liegend)**
Sally wohnt im Haus gegenüber.

19.1 Raum

- ☐ **left** *adv* [left]
  Turn left at the traffic lights.
- ☐ **left-hand** *adj* [ˌleftˈhænd]
- ☐ **right-hand** *adj* [ˌraɪtˈhænd]

19 Raum und Zeit

19.1 Raum

- [ ] **links**
  Biegen Sie an der Ampel links ab.
- [ ] **linke(r, s)**
- [ ] **rechte(r, s)**

19 Raum und Zeit

19.1 Raum

- [ ] **bottom** *adj* [ˈbɒtəm]
  Have you already looked in the bottom drawer?
- [ ] **upwards** *adv* [ˈʌpwədz]
- [ ] **downwards** *adv* [ˈdaʊnwədz]

19 Raum und Zeit

19.1 Raum

- [ ] **untere(r, s), unterste(r, s)**
  Hast du schon in der untersten Schublade nachgesehen?
- [ ] **aufwärts**
- [ ] **abwärts**

19.1 Raum

☐ **inside** *n* [ˌɪnˈsaɪd]
We liked the inside of the house, but the outside was ugly.

☐ **indoors** *adv* [ˌɪnˈdɔːz]

The children stayed indoors because of the rainy weather.

☐ **outside** *n uncount*
The outside of the cottage was in bad condition.

☐ **outdoors** *adv* [ˌaʊtˈdɔːz]

There was nothing they liked better than sleeping outdoors in their tent.

19 Raum und Zeit

19.1 Raum

- [ ] **Inneres, Innenseite**
  Uns gefiel das Hausinnere gut, aber das Äußere war hässlich.
- [ ] **im/ins Haus/Gebäude, (nach) drinnen**
  Die Kinder blieben wegen des regnerischen Wetters im Haus.
- [ ] **Äußeres, Außenseite**
  Das Äußere des Bauernhäuschens war in schlechtem Zustand.
- [ ] **außerhalb des Hauses/Gebäudes, draußen**
  Sie taten nichts lieber als draußen in ihrem Zelt zu schlafen.

19.2 Zeit

☐ **endless** *adj* ['endləs]

☐ **shortly** *adv* ['ʃɔːtli]

We'll be taking a break shortly, so let's get this vocabulary exercise finished.

☐ **briefly** *adv* ['briːfli]

Perhaps you could briefly give me your side of the story.

- ☐ **endlos**
- ☐ **bald, in kurzer Zeit**
  In Kürze machen wir eine Pause; deshalb sollten wir diese Wortschatzübung jetzt zu Ende bringen.
- ☐ **in Kürze; eine kurze Zeit lang**
  Vielleicht könntest du mir ganz kurz die Geschichte aus deiner Sicht erzählen.

19.2 Zeit

☐ **am** *adv* [ˌeɪˈem]

3 am

☐ **pm** *adv* [ˌpiːˈem]

3 pm

19.2 Zeit

- ☐ **morgens, vormittags (0 – 11.59 Uhr)**
  3 Uhr morgens
- ☐ **nachmittags, abends, nachts (12.00 – 23.59 Uhr)**
  15 Uhr, 3 Uhr nachmittags

19.2 Zeit

☐ the **meantime** *n sing* [ˌmiːnˈtaɪm]
I'll go and pick up our daughter from the airport and **in the meantime** you can finish cooking.

☐ **Zwischenzeit**
Ich fahre unsere Tochter am Flughafen abholen; in der Zwischenzeit kannst du fertig kochen.

19.2 Zeit

☐ **leap year** *n* ['liːpˌjɪə]

☐ **annually** *adv* ['ænjuəli]

Our town's harvest festival is held annually.

☐ **yearly** *adj; adv* ['jɪəli]

19.2 Zeit

☐ **Schaltjahr**

☐ **jährlich**

Das Erntedankfest unserer Stadt wird jedes Jahr gefeiert.

☐ **jährlich**

19.2 Zeit

☐ **quarterly** *adj; adv* ['kwɔːtᵊli]
I have to pay taxes quarterly.

☐ **monthly** *adj; adv* ['mʌnθli]

☐ **fortnight** *BE n* ['fɔːtnaɪt]
The Smiths were on holiday in Austria **for a fortnight**.

☐ **weekly** *adj; adv* ['wiːkli]

☐ **weekday** *n* ['wiːkdeɪ]

☐ **daily** *adv* ['deɪli]
To have beautiful, healthy teeth you should brush them at least three times daily.

19.2 Zeit

- [ ] **vierteljährlich**
  Ich muss vierteljährlich Steuern bezahlen.
- [ ] **monatlich**
- [ ] **zwei Wochen, vierzehn Tage**
  Die Smiths machten vierzehn Tage Urlaub in Österreich.
- [ ] **wöchentlich**
- [ ] **Werktag, Wochentag**
- [ ] **täglich**
  Wenn man schöne, gesunde Zähne haben möchte, sollte man sie mindestens dreimal täglich putzen.

19.2 Zeit

☐ **noon** *n uncount* [nuːn]

at noon

☐ **midday** *n uncount* [ˌmɪdˈdeɪ]

Twenty years ago, most shops in Britain closed at midday for lunch.

☐ **Mittag**

(um 12 Uhr) mittags

☐ **Mittagszeit**

Vor 20 Jahren schlossen in Großbritannien noch die meisten Geschäfte mittags während der Essenszeit.

19.2 Zeit

☐ **24/7** *adv inform* [ˌtwentifɔːˈsevᵊn]

Man, they must really be in love!
They're together 24/7!

☐ **ununterbrochen, ständig** *(24 Stunden am Tag / sieben Tage die Woche)*
Mann, die müssen ja echt verliebt sein! Sie sind ununterbrochen zusammen!

19.2 Zeit

- ☐ **seldom** *adv* [ˈseldəm]
- ☐ **prompt** *adj* [prɒmpt]
- ☐ **straight away** *BE adv* [ˌstreɪtəˈweɪ]
  His mother told him to clean his room straight away.

- [ ] **selten**
- [ ] **prompt, sofort**
- [ ] **sofort, unverzüglich**

Seine Mutter forderte ihn auf, sein Zimmer jetzt sofort zu putzen.

20.1 Farben

☐ **colourful** *adj* [ˈkʌləfᵊl]
☐ **colourless** *adj* [ˈkʌlələs]

20 Farben und Formen

20.1 Farben

- ☐ **bunt, farbig**
- ☐ **farblos**

20.1 Farben

- ☐ **yellow** *n* ['jeləʊ]
- ☐ **orange** *adj* ['ɔrɪndʒ]
- ☐ **pink** *adj; n* [pɪŋk]
- ☐ **purple** *adj; n* ['pɜːpᵊl]

- ☐ **violet** *adj; n* ['vaɪələt]

20 Farben und Formen

20.1 Farben

- ☐ **(das) Gelb**
- ☐ **orange(farben)**
- ☐ **rosa(farben); (das) Rosa**
- ☐ **lila, purpurrot; (das) Lila, (das) Purpurrot**
- ☐ **violett; (das) Violett**

20 Farben und Formen

20.1 Farben

- [ ] **grey** *n* [greɪ]
- [ ] **silver** *adj* [ˈsɪlvə]
- [ ] **gold** *adj* [gəʊld]

20 Farben und Formen

20.1 Farben

- ☐ **(das) Grau**
- ☐ **silbern**
- ☐ **golden**

20.1 Farben

- ☐ **bluish** *adj* ['bluːɪʃ]
- ☐ **greenish** *adj* ['griːnɪʃ]
  greenish-blue
- ☐ **yellowish** *adj* ['jeləʊɪʃ]
- ☐ **reddish** *adj* ['redɪʃ]
  reddish-brown
- ☐ **brownish** *adj* ['braʊnɪʃ]

20 Farben und Formen

20.1 Farben

- ☐ **bläulich**
- ☐ **grünlich**
  grünlich blau
- ☐ **gelblich**
- ☐ **rötlich**
  rötlich braun
- ☐ **bräunlich**

20.2 Formen

- ☐ **shaped** *adj*
  Her birthday cake **was shaped like** a bird.
- ☐ **diamond** *n* [ˈdaɪəmənd]
- ☐ **semicircle** *n* [ˈsemɪˌsɜːkəl]
- ☐ **circular** *adj* [ˈsɜːkjələ]
- ☐ **cylinder** *n* [ˈsɪlɪndə]
- ☐ **cylindrical** *adj* [sɪˈlɪndrɪkəl]

20.2 Formen

- ☐ **geformt**
  Ihr Geburtstagkuchen hatte die Form eines Vogels.
- ☐ **Raute**
- ☐ **Halbkreis**
- ☐ **kreisförmig**
- ☐ **Zylinder**
- ☐ **zylindrisch**

20.2 Formen

- ☐ **triangle** *n* ['traɪæŋgᵊl]
- ☐ **triangular** *adj* [traɪ'æŋgjələ]
- ☐ **rectangle** *n* ['rektæŋgᵊl]
- ☐ **rectangular** *adj* [rek'tæŋgjələ]
- ☐ **cube** *n* [kjuːb]

20 Farben und Formen

20.2 Formen

- ☐ **Dreieck**
- ☐ **dreieckig**
- ☐ **Rechteck**
- ☐ **rechteckig**
- ☐ **Würfel**

20.2 Formen

- ☐ **dot** *n* [dɒt]
- ☐ **dotted line** *n* [ˌdɒtɪd'laɪn]
- ☐ **horizontal** *adj* [ˌhɒrɪ'zɒntᵊl]
- ☐ **vertical** *adj* ['vɜːtɪkᵊl]
- ☐ **parallel** *adj* ['pærəlel]
  parallel lines
- ☐ **curve** *n* [kɜːv]
- ☐ **oval** *adj; n* ['əʊvᵊl]

20 Farben und Formen

20.2 Formen

- [ ] **Punkt**
- [ ] **punktierte Linie**
- [ ] **waagerecht, horizontal**
- [ ] **senkrecht, vertikal**
- [ ] **parallel**
  Parallelen
- [ ] **Kurve**
- [ ] **oval; Oval**

21.1 Mengenbegriffe

☐ **quantity** *n* ['kwɒntəti]

The police found **a small quantity** of drugs when they searched Eric's car.

21 Mengen, Zahlen, Maße

21.1 Mengenbegriffe

☐ **Quantität, Menge**

Als die Polizei das Auto von Eric durchsuchte, fand sie eine geringe Menge Drogen.

21.1 Mengenbegriffe

☐ **bunch** *n sing inform* [bʌntʃ]
I wanted to run away when I saw **a bunch of** noisy kids coming into the library.

☐ **greatly** *adv* ['greɪtli]
We were able to reduce our costs greatly by changing Internet providers.

21 Mengen, Zahlen, Maße

21.1 Mengenbegriffe

☐ **Haufen, Menge**
Ich wollte weglaufen, als ich ein Haufen lärmender Kinder in die Bücherei kommen sah.

☐ **sehr, dramatisch**
Durch den Wechsel zu einem anderen Internet-Anbieter konnten wir unsere Kosten dramatisch senken.

21.1 Mengenbegriffe

☐ **dozen** *det* ['dʌzᵊn]
Could I have two dozen Biros, please?

21 Mengen, Zahlen, Maße

21.1 Mengenbegriffe

☐ **Dutzend**

Könnte ich bitte zwei Dutzend Kugelschreiber haben?

21.1 Mengenbegriffe

- ☐ **mostly** *adv* ['məʊstli]
  There were lots of people at the disco, mostly boys.
- ☐ **something** *pron* ['sʌmθɪŋ]
  Whenever I take my girlfriend anywhere, she always wants to buy something.
- ☐ **anything** *pron* ['eniθɪŋ]
  My mother is seriously ill and there really isn't anything I can do about it.
- ☐ **everything** *pron* ['evriθɪŋ]
  The mugger took everything I had.
- ☐ **nothing** *pron* ['nʌθɪŋ]
  There was **next to nothing** I could do to stop the fight.

21 Mengen, Zahlen, Maße

21.1 Mengenbegriffe

- [ ] **hauptsächlich, überwiegend**
  Es waren sehr viele Leute in der Disko – überwiegend Jungs.
- [ ] **etwas**
  Jedes Mal, wenn ich meine Freundin irgendwohin mitnehme, will sie etwas kaufen.
- [ ] **(irgend)etwas**
  Meine Mutter ist ernstlich krank und ich kann einfach nichts dagegen tun.
- [ ] **alles**
  Der Straßenräuber nahm alles mit, was ich hatte.
- [ ] **nichts**
  Ich konnte so gut wie gar nichts tun, um die Schlägerei zu beenden.

21.1 Mengenbegriffe

- ☐ **subtract** *v* [səbˈtrækt]
- ☐ **multiply** *v* [ˈmʌltɪplaɪ]
- ☐ **times** *prep inform* [taɪmz]
  5 times 6 is 30.
- ☐ **three times** *adv* [ˈθriːˌtaɪmz]

21 Mengen, Zahlen, Maße

21.1 Mengenbegriffe

- ☐ **abziehen, subtrahieren**
- ☐ **malnehmen, multiplizieren**
- ☐ **mal**

  5 mal 6 ist 30.
- ☐ **dreimal**

21.2 Zahlen und Zahlwörter

☐ **figure** *n* ['fɪgə]

The figure quoted by the Opposition is much lower than the Government's.

I'm **no good at figures**.

official figures

☐ **digit** *n* ['dɪdʒɪt]

a six-digit figure

☐ **decimal** *adj* ['desɪməl]

the decimal system

☐ **cardinal number** *n* [ˌkɑːdɪnəl 'nʌmbə]

21.2 Zahlen und Zahlwörter

☐ **Zahl**
Die Zahl, die von der Opposition genannt wird, ist deutlich niedriger als die der Regierung.
Ich kann mit Zahlen nicht umgehen.
offizielle Zahlen

☐ **Ziffer (zwischen 0 und 9)**
eine sechsstellige Zahl

☐ **Dezimal-**
das Dezimalsystem

☐ **Grundzahl**

21.2 Zahlen und Zahlwörter

- [ ] **nil** *BE num inform* [nɪl]

- [ ] **twenty** *num* [ˈtwenti]
- [ ] **twenty-one** *num* [ˌtwentiˈwʌn]

21 Mengen, Zahlen, Maße

21.2 Zahlen und Zahlwörter

- ☐ **null** *(wird nur mündlich, z. B. bei Fußballergebnissen, verwendet)*
- ☐ **zwanzig**
- ☐ **einundzwanzig**

21.2 Zahlen und Zahlwörter

- [ ] **billion** *num* ['bɪliən]
- [ ] **trillion** *num* ['trɪljən]

21.2 Zahlen und Zahlwörter

- [ ] **Milliarde**
- [ ] **Billion**

21.2 Zahlen und Zahlwörter

- ☐ **ordinal number** *n* [ˌɔːdɪnəlˈnʌmbə]
- ☐ **third** *num* [θɜːd]
- ☐ **fourth** *num* [fɔːθ]
- ☐ **fifth** *num* [fɪfθ]
- ☐ **sixth** *num* [sɪksθ]
- ☐ **seventh** *num* [ˈsevənθ]
- ☐ **eighth** *num* [eɪtθ]
- ☐ **ninth** *num* [naɪnθ]
- ☐ **tenth** *num* [tenθ]

21.2 Zahlen und Zahlwörter

- [ ] **Ordnungszahl**
- [ ] **dritte(r, s)**
- [ ] **vierte(r, s)**
- [ ] **fünfte(r, s)**
- [ ] **sechste(r, s)**
- [ ] **siebte(r, s)**
- [ ] **achte(r, s)**
- [ ] **neunte(r, s)**
- [ ] **zehnte(r, s)**

21.2 Zahlen und Zahlwörter

- ☐ **eleventh** *num* [ɪˈlevᵊnθ]
- ☐ **twelfth** *num* [twelfθ]
- ☐ **thirteenth** *num* [θɜːˈtiːnθ]
- ☐ **twentieth** *num* [ˈtwentiɪθ]
- ☐ **twenty-first** *num* [ˌtwentiˈfɜːst]
- ☐ **twenty-second** *num* [ˌtwentiˈsekᵊnd]

21 Mengen, Zahlen, Maße

21.2 Zahlen und Zahlwörter

- ☐ **elfte(r, s)**
- ☐ **zwölfte(r, s)**
- ☐ **dreizehnte(r, s)**
- ☐ **zwanzigste(r, s)**
- ☐ **einundzwanzigste(r, s)**
- ☐ **zweiundzwanzigste(r, s)**

21.3 Maße und Gewichte

- ☐ **measurement** *n* ['meʒəmənt]
- ☐ **metric** *adj* ['metrɪk]
- ☐ the **metric system** *n sing* ['metrɪksɪstəm]

21 Mengen, Zahlen, Maße

21.3 Maße und Gewichte

- [ ] **Messung**
- [ ] **metrisch**
- [ ] **das metrische System**

21.3 Maße und Gewichte

☐ **width** *n* [wɪdθ]
The table has a width of 90 cm and is 120 cm long.

☐ **dimension** *n* [ˌdaɪˈmenʃᵊn]

If I'm going to build the box for you, I'll need the **exact dimensions**.

21.3 Maße und Gewichte

- [ ] **Breite**
  Der Tisch hat eine Breite von 90 cm und ist 120 cm lang.
- [ ] **Abmessungen, Maße** *(Länge, Breite, Höhe)*
  Wenn ich die Kiste für dich bauen soll, brauche ich erst die genauen Maße.

21.3 Maße und Gewichte

- [ ] **centimetre** *n* [ˈsentɪˌmiːtə]
- [ ] **kilometre** *n* [ˈkɪləˌmiːtə]

21.3 Maße und Gewichte

- [ ] **Zentimeter**
- [ ] **Kilometer**

21.3 Maße und Gewichte

- [ ] **ounce** *n* [aʊns]
  There are sixteen ounces in a pound.
- [ ] **ton** *n* [tʌn]

- [ ] **gram** *n* [græm]
- [ ] **kilo(gram)** *n* ['kiːləʊ, 'kɪləgræm]
- [ ] **scales** *n pl* [skeɪlz]
  bathroom scales / kitchen scales

21 Mengen, Zahlen, Maße

21.3 Maße und Gewichte

- ☐ **Unze (28,35 g)**
  Ein Pfund hat 16 Unzen.
- ☐ **Tonne (GB: 1016,05 kg; USA: 907,18 kg)**
- ☐ **Gramm**
- ☐ **Kilogramm**
- ☐ **Waage**
  Badezimmer-/Küchenwaage

21.3 Maße und Gewichte

- ☐ **pint** *n* [paɪnt]
- ☐ **gallon** *n* [ˈgælən]
- ☐ **litre** *n* [ˈliːtə]

21.3 Maße und Gewichte

- ☐ **Pint (GB: 0,568 l; USA: 0,473 l)**
- ☐ **Gallone (GB: 4,546 l; USA: 3,785 l)**
- ☐ **Liter**

22.1 Klassifizierung

- [ ] **classification** *n* [klæsɪfɪ'keɪʃᵊn]

- [ ] **category** *n* ['kætəgᵊri]
  Manners can be **divided into** two **categories** – good manners and bad manners.
- [ ] **typically** *adv* ['tɪpɪkᵊli]
  Courses at our language school typically last for two weeks.

22 Allgemeine Begriffe

22.1 Klassifizierung

- [ ] **Klassifizierung, Einordnung (in ein System)**
- [ ] **Kategorie, Klasse**
  Das Benehmen kann man in zwei Kategorien einteilen – gutes und schlechtes Benehmen.
- [ ] **normalerweise**
  In unserer Sprachenschule dauern Kurse normalerweise zwei Wochen.

22.1 Klassifizierung

☐ **characteristic** *adj; n* [ˌkærəktəˈrɪstɪk]

My sister did the job with her characteristic determination.

The **main characteristic of** Quentin Tarantino's films is violence.
Two **common characteristics** of flu are a high fever and a dry cough.

☐ **correspond to** *phrasal v* [ˌkɒrɪˈspɒndtu]
Steven's new job in Los Angeles roughly corresponds to his old one in London.

☐ **opposite** *n* [ˈɒpəzɪt]
The **opposite of** "cold" is "hot".

22 Allgemeine Begriffe

22.1 Klassifizierung

- [ ] **charakteristisch; Merkmal, Kennzeichen**
  Meine Schwester erledigte den Auftrag mit der für sie charakteristischen Entschlossenheit.
  Das Hauptmerkmal von Quentin Tarantinos Filmen ist Gewalt.
  Zwei häufige Kennzeichen der Grippe sind hohes Fieber und ein trockener Husten.
- [ ] **(einer anderen Sache) entsprechen**

  Stevens neue Arbeitsstelle in Los Angeles entspricht ungefähr seiner früheren in London.
- [ ] **Gegenteil**
  Das Gegenteil von „kalt“ ist „heiß“.

22.1 Klassifizierung

☐ **vital** *adj* [ˈvaɪtᵊl]

☐ **entscheidend, wesentlich**

22.1 Klassifizierung

☐ **unimportant** *adj* [ˌʌnɪmˈpɔːtᵊnt]

22 Allgemeine Begriffe

22.1 Klassifizierung

☐ **unwichtig, unbedeutend**

22.1 Klassifizierung

☐ **latter** *adj* ['lætə]

the latter

22 Allgemeine Begriffe

22.1 Klassifizierung

☐ **letztere(r, s)**
der/die/das Letztere

22.3 Ursache, Wirkung, Zusammenhänge

☐ **on account of** *prep* [ˌɒnəˈkaʊntəv]
On account of his injury, he was unable to work.

☐ **wegen, aufgrund (von)**
Aufgrund seiner Verletzung konnte er nicht arbeiten.

22.4 Vergleich, Eigenschaften

☐ **contrast** *v* [kən'trɑːst]

The speaker **contrasted** the situation of the homeless today **with** that of twenty years ago.

22.4 Vergleich, Eigenschaften

☐ **gegenüberstellen**
Der Vortragende stellte die Situation der Obdachlosen heute der vor zwanzig Jahren gegenüber.

22.4 Vergleich, Eigenschaften

☐ **alike** *adj* [əˈlaɪk]

The twins were so alike even their parents couldn't tell them apart.

22.4 Vergleich, Eigenschaften

☐ **ähnlich, gleich**

Die Zwillinge waren sich so ähnlich, dass selbst ihre Eltern sie nicht auseinanderhalten konnten.

22.4 Vergleich, Eigenschaften

- [ ] **uncommon** *adj* [ʌnˈkɒmən]
- [ ] **peculiar** *adj* [pɪˈkjuːliə]

22.4 Vergleich, Eigenschaften

- [ ] **ungewöhnlich, rar**
- [ ] **eigenartig, seltsam**

22.4 Vergleich, Eigenschaften

☐ **brand-new** *adj* [ˌbrændˈnjuː]
Her father gave her a brand-new bicycle for her birthday.

☐ **novel** *adj* [ˈnɒvᵊl]
a novel idea

22.4 Vergleich, Eigenschaften

☐ **nagelneu**
Ihr Vater schenkte ihr zum Geburtstag ein nagelneues Fahrrad.

☐ **neuartig, neu**
eine neuartige Idee

22.4 Vergleich, Eigenschaften

☐ **tremendous** *adj* [trɪˈmendəs]

I have a **tremendous amount** of work to do.

22.4 Vergleich, Eigenschaften

☐ **gewaltig, enorm**

Ich habe eine Riesenmenge Arbeit zu erledigen.

22.4 Vergleich, Eigenschaften

- [ ] **blank** *adj* [blæŋk]
  a blank sheet of paper
- [ ] **incomplete** *adj* [ˌɪnkəmˈpliːt]

22.4 Vergleich, Eigenschaften

☐ **leer**

ein leeres Blatt Papier

☐ **unvollständig**

22.4 Vergleich, Eigenschaften

☐ **known** *adj* [nəʊn]
There's no **known cure for** AIDS.

☐ **well-known** *adj* [ˌwelˈnəʊn]

22 Allgemeine Begriffe

22.4 Vergleich, Eigenschaften

- [ ] **bekannt**
  Es ist kein Heilmittel gegen Aids bekannt.
- [ ] **bekannt, berühmt**

22.4 Vergleich, Eigenschaften

- ☐ **indefinite** *adj* [ɪnˈdefɪnət]
- ☐ **abstract** *adj* [ˈæbstrækt]
- ☐ **vague** *adj* [veɪg]

  I haven't the vaguest idea what you're talking about.

22.4 Vergleich, Eigenschaften

- ☐ **unbestimmt**
- ☐ **abstrakt, nicht gegenständlich**
- ☐ **vage, undeutlich, nebelhaft**

  Ich habe nicht die geringste Ahnung, wovon du sprichst.

22.4 Vergleich, Eigenschaften

☐ **additional** *adj* [əˈdɪʃᵊnᵊl]

22.4 Vergleich, Eigenschaften

☐ **zusätzlich**

22.4 Vergleich, Eigenschaften

- [ ] **outstanding** *adj* [ˌaʊtˈstændɪŋ]
  an outstanding ability
- [ ] **incredible** *adj* [ɪnˈkredɪbᵊl]

22.4 Vergleich, Eigenschaften

- ☐ **hervorragend, außergewöhnlich**
  eine außergewöhnliche Begabung
- ☐ **unglaublich, sagenhaft**

22.4 Vergleich, Eigenschaften

- [ ] **handy** *adj* ['hændi]
  It's very handy to have a mobile phone.
- [ ] **useless** *adj* ['juːslɪs]

22.4 Vergleich, Eigenschaften

☐ **praktisch, nützlich**
Es ist sehr praktisch, wenn man ein Handy hat.

☐ **nutzlos**

22.4 Vergleich, Eigenschaften

☐ **fake** *adj* [feɪk]

I knew the ID was fake as soon as I looked at it.

22.4 Vergleich, Eigenschaften

☐ **falsch, unecht, gefälscht**
Ich wusste sofort, dass der Ausweis gefälscht war, als ich ihn ansah.

22.5 Art und Weise

☐ **merely** *adv* ['mɪəli]
You don't have to take my advice; it's merely a suggestion.

☐ **scarcely** *adv* ['skeəsli]
He scarcely had enough money to live on.

22.5 Art und Weise

☐ **bloß, lediglich**
Du musst nicht auf meinen Rat hören; es ist bloß ein Vorschlag.

☐ **kaum**
Er hatte kaum genug Geld zum Leben.

22.5 Art und Weise

- [ ] **specially** *adv* ['speʃᵊli]
- [ ] **awfully** *adv* ['ɔːfᵊli]

  I'm **awfully sorry**. I didn't hear you come in.

22.5 Art und Weise

- ☐ **besonders**
- ☐ **furchtbar, unheimlich, schrecklich**
  Es tut mir furchtbar leid, ich habe dich/Sie nicht reinkommen hören.

22.5 Art und Weise

☐ **luckily** *adv* [ˈlʌkɪli]
Peter fell off the roof of his house, but luckily he wasn't hurt badly.

22.5 Art und Weise

☐ **glücklicherweise, zum Glück**
Peter ist vom seine Hausdach gefallen, aber er wurde zum Glück nicht schwer verletzt.

23 Sprache, Kommunikation

23.1 Sprachliche Handlungen

☐ **verbal** *adj* [ˈvɜːbᵊl]
verbal communication
verbal skills

23 Sprache, Kommunikation

23.1 Sprachliche Handlungen

☐ **mündlich; sprachlich**
mündliche Kommunikation
sprachliche Fertigkeiten

23.1 Sprachliche Handlungen

☐ **chat** *n* [tʃæt]
The women stopped and **had a chat about** their children.

☐ **gossip** *n; v* [ˈgɒsɪp]
Have you heard the **latest gossip about** Margaret and Cliff?
Oscar's **an awful gossip**, isn't he?

On Saturday mornings, many people meet in town and gossip a bit before doing their shopping.

23.1 Sprachliche Handlungen

- ☐ **Plausch, Schwätzchen**
  Die Frauen blieben stehen und plauderten über ihre Kinder.
- ☐ **Klatsch; Klatschtante; tratschen**
  Hast du schon den neuesten Klatsch über Margaret und Cliff gehört?
  Oscar ist eine schreckliche Klatschtante, nicht wahr?
  An Samstagvormittagen treffen sich viele Leute in der Stadt und tratschen ein bisschen vor dem Einkaufen.

23.1 Sprachliche Handlungen

☐ **fluent** *adj* ['fluːənt]
Clara speaks fluent Russian.

23 Sprache, Kommunikation

23.1 Sprachliche Handlungen

☐ **fließend, flüssig**
Clara spricht fließend Russisch.

23.1 Sprachliche Handlungen

☐ **recommendation** *n* [ˌrekəmenˈdeɪʃᵊn]

☐ **version** *n* [ˈvɜːʃᵊn]

Let's wait until we've heard Keith's **version of** the story.

23.1 Sprachliche Handlungen

- [ ] **Empfehlung, Rat**
- [ ] **Version, Darstellung**

  Warten wir, bis wir Keiths Version der Geschichte gehört haben.

23.1 Sprachliche Handlungen

☐ **greet** *v* [griːt]
We waited at the door to greet our guests when they arrived.

☐ **compliment** *n* [ˈkɒmplɪmənt]
Ron's always **paying** Lara **compliments on** her appearance.

23 Sprache, Kommunikation

23.1 Sprachliche Handlungen

☐ **(be)grüßen**
Wir stellten uns an die Haustür, um unsere Gäste zu begrüßen, wenn sie eintrafen.

☐ **Kompliment**
Ron machte Lara laufend Komplimente zu ihrem Aussehen.

23.1 Sprachliche Handlungen

☐ **apology** *n* [əˈpɒlədʒi]

23 Sprache, Kommunikation

23.1 Sprachliche Handlungen

☐ **Entschuldigung**

23.1 Sprachliche Handlungen

- ☐ **yell** *v* [jel]
- ☐ **whisper** *n* [ˈwɪspə]
  She **spoke in a whisper** because there were people in the next room.
- ☐ **insult** *n* [ˈɪnsʌlt]

23 Sprache, Kommunikation

23.1 Sprachliche Handlungen

- ☐ **gellend schreien**
- ☐ **Flüstern**
  Sie sprach im Flüsterton, weil im Nebenzimmer Leute waren.
- ☐ **Beleidigung**

23.2 Soziale Kontakte

☐ **sir** *n form* [sɜː]

☐ **madam** *n form* [ˈmædəm]

Can I help you, madam/sir?

23.2 Soziale Kontakte

☐ **mein Herr** *(Anrede)*
☐ **meine Dame, gnädige Frau** *(Anrede)*
Kann ich etwas für Sie tun (, meine Dame / mein Herr)?

23.2 Soziale Kontakte

☐ **good morning** *interj form* [gud'mɔːnɪŋ]
Good morning! – Good morning!

☐ **good evening** *interj form* [gud'iːvnɪŋ]
Good evening! – Good evening, Paul!
How nice of you to come!

☐ **welcome** *interj* ['welkəm]
Welcome home!
Welcome to London!

☐ **good night** *interj* [gud'naɪt]
Good night! – Good night!

23.2 Soziale Kontakte

☐ **guten Morgen!**

Guten Morgen! – Guten Morgen!

☐ **guten Abend!**

Guten Abend! – Guten Abend, Paul!

Wie nett, dass du kommst!

☐ **willkommen!**

Willkommen zu Hause!

Willkommen in London!

☐ **gute Nacht!**

Gute Nacht! – Gute Nacht!

23.2 Soziale Kontakte

☐ **congratulations** *n pl*
[kənˌgrætʃʊ'leɪʃənz]
Congratulations on your new job!

☐ **bless** *v* [bles]
Bless you! – Thank you.

☐ **cheers** *interj* [tʃɪəz]
Cheers! – Cheers!

23.2 Soziale Kontakte

☐ **Glückwunsch, Glückwünsche**

Glückwunsch zur neuen Stelle!

☐ **segnen**

Gesundheit! – Danke

☐ **Prost!, zum Wohl!**

Zum Wohl! – Prost!

23.3 Im Gespräch

☐ **pardon** *v* ['pɑːdᵊn]
Pardon me! Can I speak to you for a moment?

☐ **pardon** *interj* ['pɑːdᵊn]
Pardon? / I beg your pardon?

23.3 Im Gespräch

- [ ] **verzeihen, entschuldigen**
  Entschuldigen Sie, bitte! Kann ich Sie einen Augenblick sprechen?
- [ ] **Verzeihung!, Entschuldigung!**
  Wie bitte? / Wie meinten Sie, bitte?

23.3 Im Gespräch

☐ **namely** *adv* [ˈneɪmli]
I'm particularly interested in one point, namely the cost of the project.

23.3 Im Gespräch

☐ **nämlich, das heißt**
Ich bin besonders an einem Punkt interessiert, nämlich an den Projektkosten.

23.4 Gedanken, Meinungen, Gefühle

☐ **damn** *interj inform* [dæm]
Damn! I've lost my credit card!

☐ **shit** *interj vulg* [ʃɪt]
Shit! I've got tomato sauce on my new shirt!

☐ **bloody** *BE adj inform* [ˈblʌdi]
That's a bloody stupid suggestion!

Bloody hell! What do you think you're doing?

☐ **fuck** *interj vulg* [fʌk]
Fuck! I've cut my finger and it really hurts.

☐ **fuck off** *interj vulg* [ˌfʌkˈɒf]

☐ **piss off** *BE interj vulg* [ˌpɪsˈɒf]
Oh just piss off / fuck off!

23.4 Gedanken, Meinungen, Gefühle

- ☐ **verdammt!, verflucht!, Mist!**
  Verdammt! / Mist! Ich habe meine Kreditkarte verloren!
- ☐ **Scheiße!, Mist!, verdammt!**
  Scheiße! Jetzt habe ich Tomatensoße auf meinem neuen Hemd!
- ☐ **verdammt, Scheiß-**
  Das ist ein verdammt blöder Vorschlag!
  Verflucht noch mal! Was machst denn du da überhaupt?
- ☐ **Scheiße!, verflucht!**
  Scheiße! Ich habe mir in den Finger geschnitten und das tut verdammt weh!
- ☐ **Verpiss dich!**
- ☐ **Verpiss dich!**
  Du kannst mich mal!

23.4 Gedanken, Meinungen, Gefühle

☐ **bitch** *n vulg* [bɪtʃ]

Just leave me alone, you stupid bitch!

Piss off, you stupid son of a bitch!

☐ **bastard** *n vulg* [ˈbɑːstəd]

- [ ] **Miststück, Hexe** *(Beleidigung; wird nur auf Frauen angewandt)*
  Lass mich bloß in Frieden, du blödes Miststück!
  Verpiss dich, du blöder Mistkerl! *(Beleidigung, wird nur auf Männer angewandt)*
- [ ] **Scheißkerl, Schweinehund** *(Schimpfwort; wird nur für Männer verwendet)*

23.4 Gedanken, Meinungen, Gefühle

☐ **yeah!** *interj inform* [jeə]

☐ **wow!** *interj inform* [waʊ]

23.4 Gedanken, Meinungen, Gefühle

- [ ] **yeah!, ja!**
- [ ] **hui!, Mann!, Donnerwetter!**

23.5 Bitte, Erlaubnis/Verbot, Rat

☐ **mustn't** *v* [ˈmʌsᵊnt]

You mustn't do that, Tom!

☐ **prohibit** *v form* [prəˈhɪbɪt]

Smoking prohibited.

23 Sprache, Kommunikation

23.5 Bitte, Erlaubnis/Verbot, Rat

☐ **darf/darfst/dürfen/dürft nicht**
Das darfst du nicht tun, Tom!

☐ **verbieten, untersagen**
Rauchen verboten! *(Verbotsschild)*

23.6 Sprache beschreiben

- ☐ **spoken** *adj* ['spəʊkᵊn]
- ☐ **phonetics** *n uncount* [fə'netɪks]
- ☐ **intonation** *n* [ˌɪntə'neɪʃᵊn]
- ☐ **vowel** *n* ['vaʊəl]
- ☐ **pause** *n* [pɔːz]

23.6 Sprache beschreiben

- [ ] **gesprochen, mündlich**
- [ ] **Phonetik, Lautlehre**
- [ ] **Intonation, Sprechmelodie**
- [ ] **Vokal, Selbstlaut**
- [ ] **(Sprech-)Pause**

23.6 Sprache beschreiben

- ☐ **grammatical** *adj* [grəˈmætɪkəl]
  grammatical structure
- ☐ **question tag** *n* [ˈkwestʃən ˌtæg]
- ☐ **main clause** *n* [ˌmeɪnˈklɔːz]
- ☐ **subordinate clause** *n* [səˌbɔːdənətˈklɔːz]
- ☐ **relative clause** *n* [ˌrelətɪvˈklɔːz]

23.6 Sprache beschreiben

- ☐ **grammati(kali)sch**
  grammati(kali)sche Struktur
- ☐ **Frageanhängsel (z. B. Nice,** *isn't it?*)
- ☐ **Hauptsatz**
- ☐ **Nebensatz**

- ☐ **Relativsatz**

23.6 Sprache beschreiben

☐ **direct object** *n* [ˌdɪrektˈɒbdʒekt]

☐ **indirect object** *n* [ˌɪndɪrektˈɒbdʒekt]

23 Sprache, Kommunikation

23.6 Sprache beschreiben

- ☐ **direktes Objekt** *(im Deutschen auch: Akkusativ-Objekt)*
- ☐ **indirektes Objekt** *(im Deutschen auch Dativ-Objekt)*

23.6 Sprache beschreiben

- ☐ **reported speech** *n uncount*
  [rɪˌpɔːtɪd'spiːtʃ]
- ☐ **indirect speech** *n uncount*
  [ˌɪndɪrekt'spiːtʃ]
- ☐ **indirect question** *n*
  [ˌɪndɪrekt'kwestʃən]

23.6 Sprache beschreiben

- [ ] **berichtete Rede**
- [ ] **indirekte Rede**
- [ ] **indirekter Fragesatz**

23.6 Sprache beschreiben

☐ **determiner** *n* [dɪˈtɜːmɪnə]

Articles, demonstratives and possessives are determiners that go with nouns.

☐ **indefinite article** *n* [ɪnˌdefɪnətˈɑːtɪkᵊl]

☐ **definite article** *n* [ˌdefɪnətˈɑːtikᵊl]

23.6 Sprache beschreiben

- [ ] **Begleiter (des Nomens), Bestimmungswort**
  Artikel, Demonstrativa und Possessiva sind Bestimmungswörter, die das Nomen begleiten.
- [ ] **unbestimmter Artikel**
- [ ] **bestimmter Artikel**

23.6 Sprache beschreiben

- ☐ **pronoun** *n* [ˈprəʊnaʊn]
- ☐ **personal pronoun** *n* [ˌpɜːsənəlˈprəʊnaʊn]
- ☐ **demonstrative** *adj* [dɪˈmɒnstretɪv]
  a demonstrative pronoun
- ☐ **possessive** *adj* [pəˈzesɪv]
  a possessive pronoun
- ☐ **reflexive** *adj* [rɪˈfleksɪv]
  a reflexive pronoun
- ☐ **interrogative** *adj* [ˌɪntəˈrɒgətɪv]
  an interrogative pronoun

23.6 Sprache beschreiben

- ☐ **Pronomen, Fürwort**
- ☐ **Personalpronomen, persönliches Fürwort**
- ☐ **Demonstrativ-, hinweisend**
  ein Demonstrativpronomen / hinweisendes Fürwort
- ☐ **Possessiv-, besitzanzeigend**
  ein Possessivpronomen / besitzanzeigendes Fürwort
- ☐ **Reflexiv-, rückbezüglich**
  ein Reflexivpronomen / rückbezügliches Fürwort
- ☐ **interrogativ, Frage-**
  ein Interrogativpronomen/ Fragepronomen

23.6 Sprache beschreiben

☐ **comparative** *n* [kəm'pærətɪv]

☐ **superlative** *n* [suː'pɜːlətɪv]

23.6 Sprache beschreiben

- ☐ **Komparativ, 1. Steigerungsform des Adjektivs**
- ☐ **Superlativ, 2. Steigerungsform des Adjektivs**

23.6 Sprache beschreiben

☐ **preposition** *n* [ˌprepəˈzɪʃᵊn]
☐ **conjunction** *n* [kənˈdʒʌŋkʃᵊn]
☐ **interjection** *n* [ˌɪntəˈdʒekʃᵊn]

23 Sprache, Kommunikation

23.6 Sprache beschreiben

- ☐ **Präposition, Verhältniswort**
- ☐ **Konjunktion, Bindewort**
- ☐ **Interjektion, Ausrufewort**

23.6 Sprache beschreiben

- ☐ **irregular** *adj* [ɪˈregjələ]
- ☐ **modal (verb/auxiliary)** *n* [ˈməʊdəl]
- ☐ **auxiliary verb** *n* [ɔːgˈzɪliəriˈvɜːb]
- ☐ **phrasal verb** *n* [ˌfreɪzəlˈvɜːb]

"Speak up" is a phrasal verb; "speak about" isn't.

23.6 Sprache beschreiben

- ☐ **unregelmäßig**
- ☐ **modales Hilfsverb, Modalverb**
- ☐ **Hilfsverb**
- ☐ *Verb mit fester Präposition und zumeist übertragener Bedeutung*
  „Speak up" ist ein Verb mit fester Präposition, „speak about" nicht.

23.6 Sprache beschreiben

- [ ] **infinitive** *n* [ɪnˈfɪnətɪv]
- [ ] the **imperative** *n sing* [ɪmˈperətɪv]

- [ ] **gerund** *n* [ˈdʒerᵊnd]
- [ ] **participle** *n* [ˈpɑːtɪsɪpᵊl]
- [ ] **present participle** *n* [ˌprezᵊntpɑːˈtɪsɪpᵊl]
- [ ] **past participle** *n* [ˌpɑːstpɑːˈtɪsɪpᵊl]

23.6 Sprache beschreiben

- ☐ **Infinitiv, Grundform des Verbs**
- ☐ **der Imperativ, die Befehlsform des Verbs**
- ☐ **Gerund(ium)**
- ☐ **Partizip**
- ☐ **Partizip Präsens**

- ☐ **Partizip Perfekt**

23.6 Sprache beschreiben

- ☐ the **singular** *n* ['sɪŋgjələ]
- ☐ the **plural** *n* ['plʊərᵊl]
- ☐ the **active** *n sing* ['æktɪv]
- ☐ the **passive** *n sing* ['pæsɪv]

23 Sprache, Kommunikation

23.6 Sprache beschreiben

- ☐ **der Singular, die Einzahl**
- ☐ **der Plural, die Mehrzahl**
- ☐ **das Aktiv**
- ☐ **das Passiv**

23.6 Sprache beschreiben

- ☐ **tense** *n* [tens]
- ☐ the **present tense** *n sing* [ˌprezᵊntˈtens]
- ☐ the **perfect** *n sing* [ˈpɜːfɪkt]
- ☐ the **present perfect** *n sing* [ˌprezᵊntˈpɜːfɪkt]
- ☐ the **past tense** *n sing* [ˌpɑːstˈtens]
- ☐ the **past perfect** *n sing* [ˌpɑːstˈpɜːfɪkt]
- ☐ the **future tense** *n sing* [ˌfjuːtʃəˈtense]
- ☐ the **future perfect** *n sing* [ˌfjuːtʃəˈpɜːfɪkt]

23.6 Sprache beschreiben

- ☐ **Tempus, Zeitform des Verbs**
- ☐ **das Präsens**
- ☐ **das Perfekt**
- ☐ **das Perfekt**

- ☐ **das Präteritum**
- ☐ **das Plusquamperfekt**
- ☐ **das Futur I**
- ☐ **das Futur II**

23.6 Sprache beschreiben

☐ **progressive** *adj* [prə'gresɪv]
the progressive form

23.6 Sprache beschreiben

☐ **Verlaufs-**
die Verlaufsform des Verbs

23.6 Sprache beschreiben

☐ **cluster** *n* [ˈklʌstə]
a word cluster

☐ **alphabetical** *adj* [ˌælfəˈbetɪkəl]
in alphabetical order

☐ **collocation** *n* [ˌkɒləˈkeɪʃən]

"Get into hot water" is an idiom;
"a hot pepper" is a collocation.

☐ **idiom** *n* [ˈɪdiəm]

☐ **abbreviation** *n* [əˌbriːviˈeɪʃən]

- [ ] **Haufen, Bündel**
  eine Wortgruppe, ein Wortbündel *(bedeutungsmäßig eng zusammengehörige Wörter/Ausdrücke; entspricht der „Lernportion" in diesem Buch)*
- [ ] **alphabetisch**
  in alphabetischer Reihenfolge
- [ ] **Kollokation, typische Wortverbindung**
  „In Teufels Küche kommen" ist eine Redewendung; „eine scharfe Paprikaschote" ist eine Kollokation.
- [ ] **Idiom, feste Redewendung**
- [ ] **Abkürzung**

23.6 Sprache beschreiben

- ☐ **synonym** *n* [ˈsɪnənɪm]
- ☐ **antonym** *n* [ˈæntənɪm]

- ☐ **false friend** *n* [ˌfɔːlsˈfrend]

"Handy" is a false friend for German learners.

23.6 Sprache beschreiben

- ☐ **Synonym, bedeutungsgleiches Wort**
- ☐ **Antonym, Wort mit entgegen gesetzter Bedeutung**
- ☐ **„falscher Freund"** *(in Mutter- und Fremdsprache ähnlich oder gleich geschriebene Wörter mit unterschiedlicher Bedeutung)*
  „Handy" ist für deutsche Lernende ein falscher Freund.

23.6 Sprache beschreiben

- ☐ **countable** *adj* ['kaʊntəbᵊl]
  a countable noun
- ☐ **uncountable** *adj* [ʌn'kaʊntəbᵊl]
  an uncountable noun
- ☐ **derive** *v* [dɪ'raɪv]
  The adjective "colourful" **is derived from** the noun "colour".
- ☐ **compound** *n* ['kɒmpaʊnd]

  "Full stop" is a compound, "period" isn't.

23.6 Sprache beschreiben

- ☐ **zählbar**
  ein zählbares Nomen
- ☐ **nicht zählbar**
  ein nicht zählbares Nomen
- ☐ **ableiten**
  Das Adjektiv „colourful“ ist vom Substantiv „colour“ abgeleitet.
- ☐ **Kompositum, zusammengesetztes Wort**
  „Full stop“ ist ein Kompositum, „period“ nicht.

23.6 Sprache beschreiben

- ☐ **upper case** *n uncount* [ˌʌpəˈkeɪs]
- ☐ **lower case** *n uncount* [ˌləʊəˈkeɪs]

23.6 Sprache beschreiben

- ☐ **Großbuchstaben**
- ☐ **Kleinbuchstaben**

23.6 Sprache beschreiben

- ☐ **punctuation** *n uncount* [ˌpʌŋktʃu'eɪʃᵊn]
- ☐ **full stop** *BE n* [ˌfʊl'stɒp]
- ☐ **period** *AE n* ['pɪriəd]
- ☐ **question mark** *n* ['kwestʃᵊnˌmɑːk]
- ☐ **exclamation mark** *n* [ekskləˈmeɪʃᵊnˌmɑːk]

23 Sprache, Kommunikation

23.6 Sprache beschreiben

- ☐ **Interpunktion, Zeichensetzung**
- ☐ **Punkt**
- ☐ **Punkt**
- ☐ **Fragezeichen**
- ☐ **Ausrufezeichen**

23.6 Sprache beschreiben

- ☐ **comma** *n* ['kɒmə]
- ☐ **semicolon** *n* [ˌsemɪ'kəʊlən]
- ☐ **colon** *n* ['kəʊlɒn]
- ☐ **dash** *n* [dæʃ]

- ☐ **hyphen** *n* ['haɪfᵊn]

- ☐ **apostrophe** *n* [ə'pɒstrəfi]

23.6 Sprache beschreiben

- ☐ **Komma**
- ☐ **Semikolon, Strichpunkt**
- ☐ **Doppelpunkt**
- ☐ **Gedankenstrich (zwischen Satzteilen/Wortgruppen)**
- ☐ **Bindestrich (zwischen einzelnen Wörtern)**
- ☐ **Apostroph, Auslassungszeichen**

23.6 Sprache beschreiben

- [ ] **brackets** *BE n pl* ['brækɪts]
  in brackets/parentheses
- [ ] **parentheses** *AE n pl* [pə'renθəsiːz]
- [ ] **quotation marks** *n pl*
  [kwəʊ'teɪʃən,mɑːks]

23.6 Sprache beschreiben

- [ ] **Klammern**
  in Klammern
- [ ] **Klammern**
- [ ] **Anführungszeichen**

23.6 Sprache beschreiben

- ☐ **dialect** *n* ['daɪəlekt]
  a local dialect
- ☐ **colloquial** *adj* [kə'ləʊkwiəl]
- ☐ **slang** *n uncount* [slæŋ]
- ☐ **vulgar** *adj* ['vʌlgə]
  a vulgar joke/comment

23.6 Sprache beschreiben

- ☐ **Dialekt, Mundart**
  ein lokaler Dialekt
- ☐ **umgangssprachlich**
- ☐ **Slang; lokaler Jargon**
- ☐ **vulgär**
  ein vulgärer Witz / eine vulgäre Bemerkung

24.1 Artikel, Determiner und Pronomen

☐ **oneself** *pron form* [wʌn'self]
For many people, learning to control oneself is extremely hard.

24.1 Artikel, Determiner und Pronomen

☐ **sich (selbst)**
Es fällt vielen Leuten extrem schwer, sich beherrschen zu lernen.

24.1 Artikel, Determiner und Pronomen

☐ **whichever** *det; pron* [wɪtʃˈevə]
I'm sure the two of you will have a great time whichever holiday you finally decide to go on.

They're all good tools; take whichever of them you want.

24 Funktionswörter

24.1 Artikel, Determiner und Pronomen

☐ **welche(r, s) auch immer**

Ich bin sicher, dass ihr beide euch gut amüsieren werdet, egal für welches Urlaubsziel ihr euch schließlich entscheidet.

Das sind alles gute Werkzeuge; nimm, welche du willst.

24.2 Konjunktionen, Präpositionen

☐ **whereas** *conj form* [weər'æz]
She loves lying in the sun, whereas her husband hates it.

24.2 Konjunktionen, Präpositionen

☐ **während, wogegen**
Sie liebt das Sonnenbaden, während ihr Mann es hasst.

INHALTSVERZEICHNIS

LERNKARTEI Thematischer Aufbauwortschatz Englisch

basiert auf 978-3-12-519515-8

Internetadresse: www.klett.de / www.lektueren.com

Autoren: Gernot Häublein M.A., Englischlehrer und Autor, Landshut und Recs Jenkins, B.A., Fachbereichsleiter für Sprachen an der VHS Emden
Redaktion: Paul Newcomb
Layoutkonzeption: Elmar Feuerbach
Satz: Dörr + Schiller GmbH, Curiestraße 4, 70563 Stuttgart
Umschlaggestaltung: Elmar Feuerbach

Printed in China

ISBN 978-3-12-**519508**-0

9 783125 195080

SO LERNEN SIE MIT IHRER LERNKARTEI

Thematischer Aufbauwortschatz Englisch (TAWS)

Richtiges Wiederholen verbessert die Gedächtnisleistung und damit den Lernerfolg. Am wirkungsvollsten wiederholt man neue oder schwierige Wörter, Ausdrücke und Sätze im „Intervalltraining", also mehrere Male in größer werdenden Zeitabständen.
Die TAWS -Lernkartei ist dafür der ideale Trainingspartner.
Nehmen Sie zuerst den Deckel der Kartei ab und stellen Sie ihn umgedreht neben den Boden der Kartei, in dem alle Lernkarten in der Reihenfolge des Inhaltsverzeichnisses stehen. Heben Sie dann alle Lernkarten aus dem Boden in den Deckel der Kartei. Nun wählen Sie im Inhaltsverzeichnis ein Thema aus, das Sie interessiert oder das in der Schule / im Kurs „dran" ist. Die Themen sind durch eine Markierung am oberen Kartenrand gekennzeichnet und in der Schachtel gut als eigener kleiner Block von Karten zu erkennen. Nehmen Sie diesen Kartenblock heraus und platzieren Sie ihn vorne im Karteiboden, vor die niedrige Schmalseite. Stecken Sie dann 4 der größeren Reiterkarten hinter das ausgewählte Karten-

päckchen. (Tipp: An der linken Außenkante des Deckels finden Sie eine Markierung, die die optimale Größe der 5 Lernfächer anzeigt. Befestigen Sie mit Hilfe dieser Vorgabe die 4 Reiterkarten in Ihrer Lernbox, z. B. mit einem Klebeband, in immer größer werdenden Abständen.)
Gehen Sie nun lernend durch den übersichtlichen Kartenblock – nie länger als 15-20 Minuten auf einmal! Die „gelernten" Karten wandern ins 2. Fach, also hinter den ersten Reiter. Die Karten, bei denen Sie noch unsicher sind, bleiben im 1. Fach. Beim nächsten Durchgang wandern die „gelernten" Karten dann aus dem 2. Fach in das 3. Fach. Die „vergessenen" Karten dagegen wandern immer zurück ins 1. Fach. Gelerntes aus dem Ausgangsfach wandert dann wieder ins 2. Fach usw. Wenn Sie die Karten Ihres ersten Themas einmal durchgearbeitet haben, können Sie sich ein weiteres Thema auswählen und das zugehörige Kartenpäckchen vorne ins 1. Fach stellen.
So werden bald die ersten Lernkarten das 5. Fach erreichen. Dort werden diejenigen Lernkarten, die auch hier den Status „gelernt"

erreichen, aus der Box genommen, denn dieses Vokabular haben Sie nun sicher in Ihrem Langzeitgedächtnis verankert.
Wiederholen Sie die Karten jedes der Fächer 1-5, wenn dieses „voll" ist. Die unterschiedliche Größe der Fächer sorgt dabei für ein optimales Intervalltraining. (Der TGWS-Lernkartei liegen weitere Reiterkarten bei, sodass Sie jederzeit Ersatz für abgenutzte Reiter haben.)

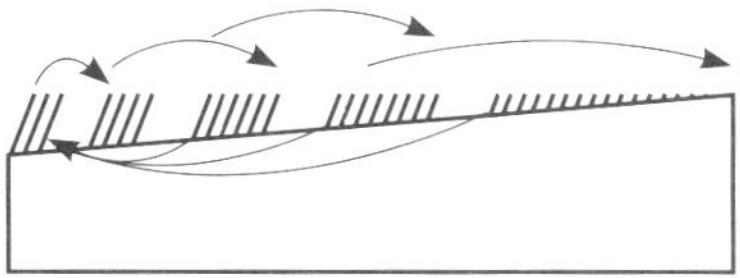

Jede Lernkarte enthält bis zu 8 inhaltlich zusammenhängende englische Wörter (meist mit Beispielsätzen und Ausdrücken), die eine ideale Lernportion darstellen. Beim Lerndurchgang markieren Sie die Kästchen nur vor *den* Wörtern, die Sie als „gelernt" betrachten. Wenn Ihnen ein Wort noch Probleme macht, bleibt das zugehörige Kästchen frei. So sehen Sie beim nächsten Durchgang schnell, auf welche Wörter Sie sich besonders konzentrieren sollten. Erst wenn *alle* Wörter einer Karte „abgehakt" sind, wandert sie wirklich weiter. Arbeiten Sie mit Bleistift, damit Sie die Markierungen von Wiederholung zu Wiederholung jederzeit ändern können.

LERNTIPPS

► Jedes Thema mit seinen Unterthemen besteht aus überschaubaren Wortgruppen, die man als **kleine zusammenhängende Lernportionen gut im Gedächtnis speichern** kann. Dafür sind kurze Lernphasen von täglich 15–20 Minuten weit wirksamer als ein- oder zweimal pro Woche ganze „Büffelstunden" im Zusammenhang!

► Sammeln Sie eigenes Vokabular, das Ihnen im Alltag oder im Unterricht begegnet. Beschriften Sie dafür Blankokarten nach dem Muster der gedruckten Karten: Auf der Vorderseite stehen die englischen Wörter, Sätze und Ausdrücke, auf der Rückseite die deutschen Bedeutungen. Versuchen Sie möglichst viele Angaben zu jedem neuen Wort zu finden; ergänzen Sie z. B. unregelmäßige Verb- und Pluralformen, Beispielsätze, wichtige Ausdrücke und Angaben zur Aussprache aus Ihrem Wörterbuch. Und ordnen Sie Ihre persönlichen Lernkarten immer dem passenden Themenbereich zu!

► Wenn Sie das zugehörige Buch *Thematischer Grund- und Aufbauwortschatz Englisch*

haben, können Sie von der beiliegenden CD-ROM den kompletten englischen Wortschatz nach Unterkapiteln sortiert anhören.
Auf S. 557 finden Sie im Buch in einer Übersicht, welche Track-Nummer Ihr ausgewähltes Unterthema auf der CD-ROM hat.